ES V

AUSBILDUNG · FORTBILDUNG · PERSONALENTWICKLUNG

HERAUSGEGEBEN VON PROFESSOR DR. JOACHIM MÜNCH,
UNIVERSITÄT KAISERSLAUTERN

BEGRÜNDET VON PROFESSOR DR. ALFONS DÖRSCHEL

BAND 31

Betriebspädagogik

Von Professor Dr. Rolf Arnold

Zweite, überarbeitete und erweiterte Auflage

ERICH SCHMIDT VERLAG

Die Deutsche Bibliothek – CIP-Einheitsaufnahme

Arnold, Rolf:
Betriebspädagogik / von Rolf Arnold. – 2., überarb. und erw. Aufl. –
Berlin : Erich Schmidt, 1997
    (Ausbildung, Fortbildung, Personalentwicklung ; Bd. 31)
    ISBN 3-503-04018-8

ISBN 3 503 04018 8

Dieses Buch ist auf säurefreiem Papier gedruckt
und entspricht den Frankfurter Forderungen zur Verwendung
alterungsbeständiger Papiere für die Buchherstellung.

Druck: Regensberg, Münster
Printed in Germany

Inhaltsverzeichnis

Vorwort zur zweiten Auflage

Die erneute Vorlage der 1990 in erster Auflage erschienenen „Betriebspädagogik" stellt einerseits eine Reaktion auf die überwiegend positive Rezeption dieses Buches in der Fach-Öffentlichkeit dar, andererseits ermöglicht die Überarbeitung und Aktualisierung auch eine Überprüfung der zu Beginn der 90er Jahre entwickelten betriebspädagogischen Perspektive. Insbesondere dieser zweite Aspekt ließ es dem Verfasser angeraten erscheinen, einige Passagen im nunmehr vorgelegten Text zu streichen, andere verkürzt oder in neuer Form aufzunehmen. Betroffen davon waren insbesondere die empirisch basierten Einschätzungen zum Entwicklungsstand und zur pädagogischen Begründbarkeit der betrieblichen Weiterbildung, welche sich insbesondere in der ersten Hälfte der 90er Jahre in vielen Unternehmen zu einem strategischen Element der Personalentwicklung entwickelt hat, die auch – und in immer stärkerem Maße – auf eine umfassende Entwicklung der methodischen und sozialen Kompetenzen der Mitarbeiterinnen und Mitarbeiter wie in einem lernenden Unternehmen bezogen ist. Aus diesem Grunde wurde die Darstellung der betrieblichen Weiterbildung in der nunmehr vorliegenden Fassung der Betriebspädagogik in den Kontext der Diskussion um das Organisationslernen gestellt.

Als weiterhin aktuell erwiesen sich demgegenüber die bereits in der Erstauflage aufgezeigten Perspektiven und Ansätze zu einem stärker handlungsorientierten und auf die Vermittlung von Schlüsselqualifikationen gerichteten Lernen in der betrieblichen Erstausbildung. Die Tendenz in Richtung einer erweiterten Qualifizierung hat sich in den letzten Jahren in vielen Unternehmen weiterentwickelt, so daß man heute im Bereich der beruflichen Erstausbildung auf breiter Front von einem Lernkulturwandel sprechen kann, der zu in vielfacher Hinsicht lebendigeren und subjektorientierteren Lernformen als denen führt, die sich in anderen Bereichen unseres Bildungssystems noch finden lassen. Diese Tendenz zum selbstorganisierten Lernen darf jedoch keineswegs generalisiert werden. Insbesondere im Bereich der betrieblichen Bildungsarbeit zeigt sich die Ungleichzeitigkeit und die Paradoxie der Qualifikationsstrukturentwicklung auf dem Arbeitsmarkt: Es lassen sich Belege und Beispiele für selbstorganisierte Lernformen einerseits und fremdorganisierte Lernformen andererseits finden, während gleichzeitig der institutionell definierte Gegensatz von Allgemeinbildung und Berufsbildung verschwimmt und sich in den betrieblichen Ansätzen einer erweiterten Qualifizierung auch persönlichkeitsorientierte Bildungswirkungen ereignen, die von den Subjekten auch autonom und gegen die Verzweckungsabsichten des Unternehmens genutzt werden können.

Diese Tendenzen lassen es immer schwieriger erscheinen, eine einheitliche Theorie betrieblicher Bildungsarbeit vorzulegen. Aus diesem Grunde wurde auch in der zweiten Auflage ein solcher Anspruch nicht vertreten. Vielmehr liefern die historischen und systematischen Hinweise in den einleitenden Kapiteln einen begrifflichen Referenzrahmen, mit dessen Hilfe eine theoriebegründete Sicht von betrieblicher Bildungsarbeit in unserer modernen Gesellschaft entwickelt werden kann, die sich gleichermaßen von erzwungenen Generalisierungsaussagen (z. B. allgemeiner Verzweckungsvorwurf betriebsgebundener Qualifizierung) sowie auch andererseits von Generalisierungszwängen frei macht und einen differenzierten Blick auf die betriebliche Bildungsarbeit eröffnet. Dieser Rückgriff auf die historischen und theoretischen Grundlagen der Betriebspädagogik ermöglicht es auch, Begriffe aus der alltäglichen Debatte, wie z. B. der Unternehmenskulturbegriff oder der Begriff der Schlüsselqualifikationen, aufzugreifen, inhaltlich zu prüfen und mitzugestalten und damit auch in einem begrifflichen Kontext zu argumentieren, der auf die in der Praxis vorherrschenden und allzu häufig nur als Begriffsmoden präsenten Konzepte Bezug nimmt.

Kaiserslautern, den 7. Oktober 1996   *Rolf Arnold*

Geleitwort

Mehr noch als in anderen Ländern sind in der Bundesrepublik Deutschland die Betriebe die wichtigsten Träger der beruflichen Bildung. Dies hat seine Begründung vor allem in der überragenden Bedeutung des Dualen Systems der Berufsausbildung und damit der Betriebe als Partner der Berufsschule. Aber auch in der beruflichen Weiterbildung dominieren die Betriebe – nach Quantität und Vielfalt der Weiterbildungsangebote – gegenüber anderen Formen und Trägern der beruflichen Weiterbildung. Seit 1969 sind mit dem in diesem Jahre verabschiedeten Berufsbildungsgesetz, als der „Magna Charta" der Berufsbildung in den Betrieben, die Bildungsaktivitäten der Betriebe sowohl stärker ins Bewußtsein der Fachöffentlichkeit gerückt als auch – wenigstens teilweise – in die öffentliche Verantwortung einbezogen. Die Aus- und Weiterbildungsprogramme großer Betriebe nehmen zunehmend den Umfang von Büchern an, deren Studium eine ungewöhnlich große Mannigfaltigkeit pädagogischer Aktivitäten offenbart. Die Personalentwicklung als das insgesamt von Maßnahmen, die eine Verbesserung der Qualifikationen der Mitarbeiter zum Ziele haben, und zwar ebenso im Interesse der Betriebe wie zum Vorteile der Mitarbeiter, sind in wachsendem Maße eine entscheidende Voraussetzung für erfolgreiches wirtschaftliches Handeln der Betriebe. Demgemäß nimmt in allen Betrieben pädagogisches Handeln einen mehr oder weniger breiten Raum ein: Als Personal- und Bildungsbedarfsplanung, als Planung, Organisation, Durchführung und Evaluation von Bildungsaktivitäten, als Rekrutierung, Beratung und Förderung von Bildungsteilnehmern. Haupt- und nebenberufliche Ausbilder, Trainer, Ausbildungsleiter und Leiter des Bildungswesens sind von ihrer Qualifikation her Pädagogen oder handeln zumindest als Pädagogen. Handeln des Betriebes und im Betrieb ist also nicht nur betriebswirtschaftliches, sondern auch pädagogisches Handeln.

Die Begründung, kritische Reflexion und Steuerung dieses Handelns obliegt der Betriebspädagogik als einer Spezialdisziplin der Erziehungswissenschaft. Die Ausformung der Betriebspädagogik zu einer wissenschaftlichen Disziplin im Sinne einer pragmatischen Handlungswissenschaft hat allerdings bisher mit den neueren Entwicklungen und Fragestellungen pädagogischer Praxis in den Betrieben kaum Schritt gehalten.

Die ersten Ansätze einer Betriebspädagogik waren entweder auf eine Industriepädagogik verengt oder sind mit großer, einer Überprüfung nicht standhaltender Selbstverständlichkeit davon ausgegangen, daß es in den Betrieben eine nicht zu hinterfragende und nicht zu korrigierende pädagogische Praktizität gibt. Die früher (gelegentlich noch heute) nicht selten anzutreffende Bezeichnung Personal „wirtschaft" – heute sprechen wir von Personalentwicklung – war ein Indiz für das Vorherrschen betriebswirtschaftlicher Denkmuster auch in solchen Bereichen und Zusammenhängen des Betriebes, die nach unserem heutigen Verständnis und vor dem Hintergrund neuer Problemlagen in den Betrieben und neuer Bewußtseinslagen der Mitarbeiter pädagogische Ansätze und Lösungen erheischen. Einen wesentlichen und verdienstvollen Schritt in diese Richtung stellte die von Alfons Dörschel in dieser Reihe vorgelegte „Betriebspädagogik" (1975) dar. Die zwischenzeitlichen Entwicklungen, Veränderungen und neuen Problemlagen – es sei hier nur an Begriff und Realität der Unternehmenskultur im Zusammenhang mit der Personalentwicklung erinnert – machen es jedoch erforderlich, die Betriebspädagogik neu zu vermessen und zu akzentuieren. Als Herausgeber der Reihe *Ausbildung – Fortbildung – Personalentwicklung* freue ich mich, für diese Aufgabe einen vergleichsweise noch jungen, aber schon vielfältig ausgewiesenen Autor gewonnen zu haben.

Rolf Arnold legt mit dem Band Nr. 31 ohne Zweifel eine geschlossene und konsistente, ebenso problemorientierte wie facettenreiche Betriebspädagogik vor. Sie erfüllt in hohem Maße den Anspruch einer theoretischen Grundlegung und Durchdringung des betriebspädagogischen Problem- und Handlungsfeldes und vermag gleichzeitig dem Praktiker Richtschnur für sein Handeln zu sein. Ich wünsche dem Band eine möglichst große Verbreitung in Wissenschaft und Praxis.

Kaiserslautern, im März 1990 *Joachim Münch*

Einleitung und Fragestellungen

Vor zwanzig Jahren vollendete Alfons Dörschel seine „Betriebspädagogik", die als Band 11 der von ihm begründeten Schriftenreihe „Ausbildung und Fortbildung" im Jahre 1975 erschien (Dörschel 1975). Wenn
nach nunmehr zwei Jahrzehnten bereits in zweiter Auflage ein Band
zur Betriebspädagogik in derselben – heute „Ausbildung – Fortbildung –
Personalentwicklung" genannten – Schriftenreihe erscheint, so geschieht
dies nicht mit der Absicht, den älteren Band durch eine neuere Veröffentlichung zu „ersetzen". Vielmehr erweist sich das Bemühen von
Dörschel um eine pädagogische Begründung der Betriebspädagogik gerade angesichts der jüngsten Entwicklungen in der Arbeitsorganisation
und der Personalentwicklung der Betriebe insofern als aktuell, als diese
Entwicklungen immer deutlicher die Notwendigkeit einer Verankerung
des Pädagogischen in den betrieblichen Intentionen ins Bewußtsein heben.

Schlagworte, wie „Unternehmenskultur", „Neues Denken" (vgl.
Mann 1988; Schein 1995), „Ganzheitlichkeit" (Ulrich/Probst 1988) sowie
„Organisationslernen" (Arnold/Weber 1995, Geißler 1994; 1995; Sattelberger 1991), markieren einen Wandel der Managementtheorien, der zunehmend auch die betriebliche Praxis durchdringt. Lag nach Dörschel
noch „das entscheidende pädagogische Grundproblem beim betrieblichen Bildungsangebot" in der Frage begründet, „ob die freie Entfaltung
der Persönlichkeit nicht nur gewährleistet, sondern auch beabsichtigt ist"
(Dörschel 1975, 10), so ist man heute – angesichts der rhetorischen
„Praxis" von Betrieben und Wirtschaftsverbänden – jedoch eher gehalten
zu prüfen, ob die freie Entfaltung der Persönlichkeit nicht nur „beabsichtigt" – an Absichtserklärungen herrscht wahrlich kein Mangel (vgl.
Schlaffke 1994) -, sondern diese auch „gewährleistet" ist.

Es ist das Ziel der vorliegenden Veröffentlichung, die pädagogische
Auslotung, Begründung und Orientierung der betrieblichen Bildungsarbeit, wie sie von Dörschel intendiert wurde, weiterzuentwickeln, zu
einem zeit- und herausforderungsgemäßen Verständnis des Verhältnisses
von Bildung und Qualifikation im Kontext betrieblicher Arbeits- und

Lebenswelt beizutragen und dadurch das fortzusetzen, was als Leitmotiv auch die Dörschel'sche „Betriebspädagogik" durchdringt: Das Bemühen um eine „in praktischer Absicht" erfolgende Orientierung der Betriebspädagogik „aus ihrem Gliedcharakter innerhalb einer umfassenden Erziehungswissenschaft" (Schmiel 1977, 849f).

Damit ist bereits angedeutet, worum es der vorliegenden Arbeit in erster Linie geht: um eine erziehungs- bzw. bildungswissenschaftliche Konzeptualisierung betrieblicher Bildungsarbeit. Sie versteht sich somit als notwendige Ergänzung zu den vielfach vorherrschenden betriebswirtschaftlichen Konzeptionen zur Personalentwicklung bzw. zur (Weiter-)Bildung als „Produktionsfaktor" (Gaugler/Schlaffke 1989), die die „Entwicklung menschlicher Ressourcen" vornehmlich in einem strategischen Kontext der für die „Entwicklung von Organisationen" erforderlichen Maßnahmen zu begründen suchen (vgl. Jeserich 1989).

Die wissenschaftliche Betriebspädagogik befindet sich allerdings seit einigen Jahren in einer ambivalenten Situation. Versucht man ihren Standort zu bestimmen, so gelangt man zu der Einschätzung, daß diese Teildisziplin der Erziehungswissenschaft in ihrer „Mutter"-Disziplin selbst eine in mehrfacher Hinsicht marginale, wenig profilierte und ungesicherte Position einnimmt. Es ist ihr – trotz ermutigender Ansätze – bisher kaum gelungen, eine eigene Identität als pädagogische Disziplin aufzubauen und im Diskussionsprozeß um die Gestaltung von betrieblichen Arbeits- und Lernprozessen eine gewichtige Rolle zu spielen. Die Folge ist u. a. eine fach(gebiets)fremde „Infiltration" bei den Forschungs- und Entwicklungsprojekten, die sich mit den Qualifikations- und Bildungsfolgen technologischen und arbeitsorganisatorischen Wandels befassen, so daß man bisweilen den Eindruck gewinnt, betriebspädagogische Fragen seien Gegenstand des genuinen Zuständigkeitsbereiches von Ingenieur- und Wirtschaftswissenschaften sowie der Industriesoziologie. Gleichwohl bleibt der „Zugriff" dieser Disziplinen selektiver, er blendet die Frage nach dem Humanen als Kern jeglicher Persönlichkeitsentwicklung i. d. R. aus und läuft Gefahr, auch diese allzu vordergründig für die Erreichung betrieblicher Lernziele bzw. Bildungszwecke zu funktionalisieren.

Die auf den ersten Blick eher defizitäre Ausgangslage der erziehungs-wissenschaftlichen Teildisziplin „Betriebspädagogik" steht in eklatantem Gegensatz zu der wachsenden Bedeutung, die der betrieblichen Bildungsarbeit in der gesellschaftlichen Realität der letzten Jahre zugewachsen ist und in Zukunft wohl noch zuwachsen wird. Die betrieblich organisierten Ausbildungs- und Weiterbildungsprozesse erweisen sich zunehmend als flexible und nahezu einzig innovative Strategie der aktuellen Qualifizierungspolitik; gerade die berufliche Weiterbildung, die in überwiegendem Maße von den Betrieben durchgeführt wird, entwickelt sich in immer stärkerem Maße zu der Bildungsform der Zukunft, während Jugendbildung und Allgemeinbildung ihre Vormachtstellung in der Bildungspolitik tendenziell verlieren (vgl. Arnold 1995 a; 162 ff.; 1995 b).

Was in zunehmendem Maße „auf den Markt kommt", sind praxisorientierte Zeitschriften, wie z. B. „Manager-Seminare" oder „Wirtschaft und Weiterbildung" – Das Managermagazin (vormals: „Weiterbildung, das Magazin für lebenslanges Lernen"), sowie „Handbücher", wie z. B. das achtbändige – fast ausschließlich von Personalwirtschaftlern geschriebene – „Handbuch der Weiterbildung für die Praxis in Wirtschaft und Verwaltung" (vgl. zusammenfassend: Jeserich 1989). Diese Literatur bezieht ihre „Theoriezuflüsse" jedoch kaum aus der Betriebspädagogik, sondern vielmehr aus der Organisations- und Personalentwicklung sowie der Humanistischen Psychologie (vgl. Saaman 1988) und besticht fraglos durch ihre rezeptologisch-instrumentelle Entschlossenheit (Stichwort: „tool-box"), woran es den betriebs- und erwachsenenpädagogischen Veröffentlichungen zugegebenermaßen bisweilen mangelt. Sarkastisch kommentierte J. Dikau diesen Boom mit den Worten: „Weiterbildung ist salonfähig geworden für die Protagonisten der Yuppie-Kultur", und er stellt die berechtigte Frage: „Ist es die gesamte Weiterbildung?" (Dikau 1988, 51). Ähnliche Skepsis ist jedoch auch für die betriebliche Ausbildung angezeigt, die in zunehmendem Maße mit Argumentationen begründet wird, die der Idee der allgemeinen Menschenbildung zu entstammen scheinen und einen „Paradigmenwechsel durch neue Technologien" konstatieren: „Nicht erst durch die Technik gebildet, sondern als

Gebildeter die Technik gestaltend" (Maier 1988, 40) soll als Paradigma für eine Neuorientierung der betrieblichen Ausbildung fungieren. Gleichzeitig finden sich aber auch Tendenzen, die in einer eher gegenläufigen Bewegung den Bildungsbegriff verkürzt verwenden, die betriebliche Bildungsarbeit auf Qualifizierung reduzieren, Bildung gewissermaßen „instrumentalisieren" und einer auf die organisatorischen Bedürfnisse zentrierten Konzeption betrieblicher Bildungsarbeit anhängen, die als wirtschaftswissenschaftliche Konzeption ihre Berechtigung haben mag, bei der es sich jedoch keineswegs um eine pädagogische, d. h. erziehungs- oder bildungswissenschaftlich begründete Konzeption betrieblicher Bildungsarbeit handelt. Erst recht gilt dies für sogenannte „management-andragogische" Zugriffe, die zwar häufig mit dem agressiven Gestus einer marktschreierischen Bescheidwisserei einhergehen und „Lektionen" erteilen (Stiefel 1996), bei genauerer Betrachtung aber weder das Technologiedefizit von Bildung, noch die Unvermeidbarkeit ihrer ungewollten Nebenwirkung professionstheoretisch wirklich tiefgehend reflektiert haben und somit weit hinter dem Stand der erziehungswissenschaftlichen Debatte zurückfallen.

Diese pointierte Einschätzung gilt es, in der vorliegenden Untersuchung genauer zu überprüfen, wobei sich – wie bereits erwähnt – das „neue Bewußtsein" in den Betrieben bzw. das Credo der „neuen Produktionskonzepte" (Kern/Schumann 1984, 32; vgl. Baethge/Baethge-Kinsky 1995) als die zentrale betriebspädagogische Herausforderung von Gegenwart und Zukunft darstellen, scheinen mit ihnen doch Absichten sowie ein Menschenbild verbunden zu sein, das dem der Bildungstheorie in zentralen Punkten sehr wesensverwandt ist, weshalb sich auch die erziehungswissenschaftliche Betriebspädagogik veranlaßt sehen könnte, die vom Aufklärungspostulat hergeleitete prinzipielle „Unversöhnlichkeit" von ökonomischem Prinzip einerseits und pädagogischem Prinzip der Persönlichkeitsentwicklung andererseits neu zu überdenken (vgl. Arnold 1996 b).

Die Darstellung wird sich in einem ersten Schritt um „theoretische Zugänge zur Betriebspädagogik" bemühen. Im Vordergrund steht dabei zunächst der Versuch, die Betriebspädagogik als eine pädagogische Disziplin zu begründen (1. Kapitel). Im einzelnen sollen dabei folgende Fragestellungen untersucht werden: Worin liegt die „Besonderheit" einer pädagogischen Theorie betrieblicher Bildungsarbeit? Ist die Betriebspädagogik als pädagogische Disziplin bzw. als eine erziehungswissenschaftliche Teildisziplin möglich? Wie stellt sich die Entwicklung der Betriebspädagogik in Geschichte und Gegenwart dar? Wie sind die Beiträge ihrer wichtigsten Repräsentanten unter den Gesichtspunkten einer pädagogischen Betrachtung zu beurteilen? Welche Bedeutung hat der Bildungsbegriff für eine Theorie betrieblicher Bildungsarbeit? Inwieweit läßt sich der Identitätsbegriff als „zeitgemäße" Kategorie einer pädagogischen Theorie betrieblicher Bildungsarbeit („betriebliche Bildungsarbeit als Beitrag zur Identitätsfindung und Identitätssicherung") begründen?

Ein zweites Kapitel wendet sich den aktuellen Begründungen betrieblicher Bildungsarbeit zu, die von den Betrieben selbst beziehungsweise in der von der betrieblichen Praxis stark rezipierten betriebswirtschaftlichen Literatur zunehmend als eine wesentliche Strategie zur „Entwicklung von Organisationen und menschlichen Ressourcen" (Jeserich 1989) verstanden und dementsprechend entwickelt wird (vgl. 2. Kapitel). Folgende Fragestellungen sollen in diesem Zusammenhang bearbeitet werden: Welche betrieblichen und außerbetrieblichen Bedingungen (Determinanten) beeinflussen Ausmaß und Art der Bildungsaktivitäten eines Betriebes? Wie planen Betriebe ihre Personalentwicklung? Welche Zusammenhänge bestehen zwischen der Personalentwicklungsplanung und der Bildungsbedarfsanalyse sowie der Bildungsplanung im Betrieb? Was bedeutet es, von der Personalentwicklung als einer Strategie der Organisationsentwicklung zu sprechen? Wie müßten entsprechende Personalentwicklungsstrategien und Bildungskonzeptionen ausgelegt sein? Welche neuen Führungskonzeptionen sind mit den integrativen Ansätzen zur Personal- und Organisationsentwicklung verbunden?

Im dritten Kapitel wird ein Schlüsselbegriff der augenblicklichen Diskussion, die Rede von den „Unternehmenskulturen" aufgegriffen und hinsichtlich seiner Bedeutung für die Bildungsarbeit im Betrieb (besonders für die betriebliche Weiterbildung) analysiert. Für die Pädagogik, die sich immer schon auch als Wissenschaft von den „Schwierigkeit(en), eine Kultur weiterzugeben" (Mollenhauer 1989), verstanden hat, eröffnet – so die Auffassung, die in diesem Kapitel entwickelt wird – der Unternehmenskultur-Ansatz spezifische Zugänge; Unternehmenskultur kann als eine pädagogische Kategorie verstanden werden, aus der sich grundlegende Anforderungen bzw. „Standards" für eine betriebspädagogische Beurteilung betrieblicher Weiterbildung ableiten lassen (vgl. Kapitel 3). Im einzelnen ist das dritte Kapitel folgenden Fragen gewidmet: Von welchen Überlegungen geht der Unternehmenskulturansatz aus? Inwieweit ist mit diesem Ansatz eine Abkehr vom Technozentrismus verbunden? Welche Zusammenhänge bestehen zwischen der Unternehmenskultur und der „Lernkultur" betrieblicher Bildungsarbeit? Wie „entsteht" „Unternehmenskultur?" Wie kann sie „erforscht", wie „entwickelt" bzw. „gefördert" werden? Welche Vorteile bringen der Unternehmenskultur-Ansatz und eine „kulturbewußte Unternehmensführung" für die Mitarbeiter im Betrieb mit sich? Welche Gefahren und möglicher Mißbrauch können mit ihm „einhergehen"? Welche Folgerungen ergeben sich aus dem Unternehmenskultur-Ansatz für eine „kulturbewußte Bildungsarbeit" im Betrieb?

Das vierte Kapitel befaßt sich mit den aktuellen Tendenzen in der betrieblichen Ausbildung. Dabei werden vor allem Fragestellungen untersucht, die sich auf den Zusammenhang zwischen Technik (bzw. Technologieentwicklung) und der Entwicklung der Qualifikationsanforderungen beziehen (vgl. Kapitel 4): Welche Qualifikationsanforderungen gehen mit der Anwendung der neuen Technologien (Informations- und Kommunikationstechnologien) und den neuen Produktionsverfahren in der „Fabrik der Zukunft" einher? Welche Bedeutung kommt den Mitarbeiterqualifikationen (den „human resources") für die Bewältigung dieser Wandlungs- und Umstellungsprozesse zu? Was sind Schlüsselqualifikationen? Ist mit ihnen eine „Pädagogisierung" der betrieblichen Ausbildungspraxis verbunden? Mit welchen neuen Ausbildungsmethoden versuchen Betriebe, den sich wandelnden Qualifikationsanforderungen in der Entwicklung des Fachkräfte-Nachwuchses Rechnung zu tragen? Welcher Forschungs-, Entwicklungs- und Handlungsbedarf ergibt sich aus den Neuansätzen der betrieblichen Ausbildung für die Berufs- und Betriebspädagogik?

Im fünften Kapitel wird der augenblickliche „Wachstumssektor" der betrieblichen Bildungsarbeit in den Blick genommen: die betriebliche Weiterbildung. Die Analyse beschränkt sich dabei gleichwohl nicht nur auf eine bloße Darstellung der quantitativen und qualitativen Strukturmerkmale dieses Bereiches unternehmerischer Bildungsarbeit; versucht werden soll vielmehr auch eine „Würdigung" unter erwachsenenpädagogischer Perspektive, wobei gleichwohl auch – im Sinne einer realistischen Betrachtungsweise – zu diskutieren sein wird, ob und inwieweit eine solche „Würdigung" angemessen und „zulässig" ist (vgl. Kapitel 5). Folgende Fragestellungen werden die Analyse leiten: Was wäre von einer betrieblichen Weiterbildung zu erwarten, die nicht nur Qualifikationen vermittelt, sondern auch die Bildung der Mitarbeiter im Betrieb fördert? Durch welche Strukturmerkmale (Zielgruppen, Inhalte, Methoden etc.) ist die betriebliche Weiterbildungsrealität gekennzeichnet? Löst die betriebliche Weiterbildung die betriebspädagogischen Anforderungen an eine Bildung Erwachsener ein? Welche Folgerungen und Forderungen ergeben sich im Hinblick auf das Ziel einer erwachsenenpädagogischen Weiterentwicklung der betrieblichen Weiterbildung? Welche Funktionen hat die betriebliche Weiterbildung im lernenden Unternehmen zu erfüllen?

Das letzte Kapitel wendet sich der Professionalisierungsfrage betrieblicher Bildungsarbeit zu. Dabei sollen folgende Fragestellungen untersucht werden (vgl. Kapitel 6): Welche betriebspädagogischen Funktionen müssen im Betrieb wahrgenommen werden? Welche Berufsrollen (Ausbilder, Weiterbildner etc.) sind damit befaßt? Über welche Kompetenzen müssen Betriebspädagogen zur pädagogisch professionellen „Wahrnehmung" dieser Funktionen verfügen? Wie sollten Betriebspädagogen auf ihre Rolle in der betrieblichen Bildungsarbeit vorbereitet werden?

Die vorliegende zweite Auflage wurde gründlich durchgesehen, aktualisiert und an entscheidenden Stellen überarbeitet und ergänzt. Gleichwohl kann nicht der Anspruch erhoben werden, nunmehr sämtliche der aktuellen Entwicklungen in den Bereichen der betrieblichen Personalentwicklung (vgl. Münch 1995) und der Weiterbildung (vgl. Arnold 1996 c) berücksichtigt zu haben. Für ein solches Vorhaben entwickeln sich beide Bereiche zu dynamisch; es bleibt deshalb das vornehmliche Anliegen der hier vorgelegten Betriebspädagogik, einen erziehungswissenschaftlichen Zugang zu den Fragen der betrieblichen Aus- und Weiterbildung zu markieren.

1. Theoretische Zugänge zur Betriebspädagogik

> *„Eine empirische Wissenschaft vermag niemanden zu lehren, was er soll, sondern nur, was er kann, und unter Umständen – was er will" (Weber 1973, 190).*
>
> *„Die Form einer Technologie kann also die Theorie der Erziehung unter keinen Umständen annehmen" (Litt 1969, 283).*

In diesem Kapitel soll die Betriebspädagogik als eine erziehungswissenschaftliche Disziplin begründet und hinsichtlich ihrer genuinen Fragestellungen, ihres Erkenntnisinteresses sowie ihres Entwicklungsstandes in systematischer sowie historischer, aktueller und zukunftsbezogener Weise entfaltet werden. Die beiden, diesem Kapitel vorangestellten Zitate von Max Weber und Theodor Litt sollen dabei als Orientierungen dienen und gleichzeitig bereits darauf hinweisen, worin die „Schwierigkeiten" eines solchen Vorhabens liegen, nämlich darin, die Balance zu halten zwischen den begründeten Erwartungen der betrieblichen Bildungspraxis nach eindeutigen „Vorgaben" und instrumentell „nutzbaren" Handlungsorientierungen einerseits und der Fragwürdigkeit, um nicht zu sagen: Unmöglichkeit, einer solchen normativen und technologischen Betriebspädagogik andererseits.

Dieses Kapitel versteht sich deshalb auch als eine erste Einführung in die „Besonderheiten" eines pädagogischen Nachdenkens über betriebliche Bildungsarbeit, wobei ich mir durchaus bewußt bin, daß es sehr viel einfacher und wohl auch für einige akzeptabler wäre, würde man versuchen, die Betriebspädagogik „einzupassen" in das zweckrationale Wissenschaftsmuster, welches der betrieblichen Praxis und den in ihr Tätigen aus den anderen Bereichen der Unternehmensentwicklung eher vertraut ist. Eine solche Einpassung der Betriebspädagogik in den in „ihrem" Bereich verbreiteten technologisch-instrumentellen Denkmodus wäre allerdings nur möglich um den Preis einer Verfälschung und Reduzierung des genuinen Wissenschaftscharakters der Betriebspädagogik, wie er seriös nicht verantwortet werden kann. Eine seriöse „Einführung in pädagogisches Denken" hat m. E. demgegenüber vielmehr den Charakter der Pädagogik als einer auch „verstehenden" Geistes- und Sozialwissenschaft herauszuarbeiten und die sich hieraus ergebenden Folgerungen für die Konzeption, Planung und Gestaltung betrieblicher Bildungsarbeit zu skizzieren. Damit unterscheidet sich eine solche tiefergreifende theoretische Auseinandersetzung mit den Bedingungen und Möglichkeiten betrieblicher Bildungsarbeit grundlegend von den bisweilen ärgerlichen, aber auch verführerischen Formen einer technokratischen Betriebspädagogik, wie sie u. a. als „Managementandragogik" oder als „Führungspädagogik" mit oftmals deutlich marktstrategischen Ansprüchen daherkommt. Solche marktstrategischen Konzeptionen sind zwar verbreitet, aber immer weniger zeitgemäß, beginnen doch immer mehr Betriebe zu begreifen, daß sie selbst es sind, die die Lernpotentiale ihres Unternehmens gestalten und das Lernen der Mitarbeiterinnen und Mitarbeiter fördern müssen. Diese Selbstorganisation des betrieblichen Lernprozesses verweist nachdrücklich auf die Selbsttätigkeits-Tradition der Pädagogik, und dort wo Betriebe glauben, diese Aufgaben durch technokratische Modelle externer Berater bewältigen zu können, müssen sie recht bald erkennen, daß auf diesem Wege ein nachhaltiges und sich selbst tragendes Lernen ihres Unternehmens nicht erreicht werden kann. Dort wo managementandragogische Konzepte die Abhängigkeit von externer Expertise auf Dauer stellen, gilt es heute vielmehr „aus eigener Kraft" die Potentiale und die Dynamik des Organisationswandels durch Lernen selbst zu gestalten (vgl. Böse 1995). Ein Anschluß der Theorie betrieblicher Bildungsarbeit an die erziehungswissenschaftliche Theorieentwicklung und ihrem besonderen Fokus eröffnet demgegenüber auch weiterführende Handlungsperspektiven.

Folgende Fragestellungen sollen den Versuch einer Begründung der Betriebspädagogik als eine pädagogische Disziplin leiten:

– Worin liegt die „Besonderheit" einer pädagogischen Theorie betrieblicher Bildungsarbeit? Ist die Betriebspädagogik als pädagogische Disziplin bzw. als eine erziehungswissenschaftliche Teildisziplin möglich?

– Wie stellt sich die Entwicklung der Betriebspädagogik in Geschichte und Gegenwart dar? Wie sind die Beiträge ihrer wichtigsten Repräsentanten unter den Gesichtspunkten einer pädagogischen Betrachtung zu beurteilen?

– Welche Bedeutung hat der Bildungsbegriff für eine Theorie betrieblicher Bildungsarbeit? Inwieweit läßt sich der Identitätsbegriff als „zeitgemäße" Kategorie einer pädagogischen Theorie betrieblicher Bildungsarbeit („betriebliche Bildungsarbeit als Beitrag zur Identitätsfindung und Identitätssicherung") begründen?

1.1 Der besondere Fokus einer pädagogischen Theorie betrieblicher Bildungsarbeit

Der besondere Fokus der Pädagogik ist die „individual-pädagogische Orientierung".[1] Hieraus ergibt sich eine weitere „Besonderheit" dieser Wissenschaft von der Bildung und Erziehung des Menschen, nämlich das „*Verstehen*" als die genuine Methode der Erkenntnis pädagogisch bedeutsamer Sachverhalte sowie als Bedingung pädagogisch angemessenen Handelns. Pädagogische Theoriebildung ist darüber hinaus durch eine „*Multidimensionalität*" gekennzeichnet: sie bezieht ihre wesentlichen Orientierungen und Maßstäbe aus dem geschichtlichen Entwicklungsprozeß, in deren „Lichte" sie ihre Gegenstände analysiert, doch nicht um nüchterne Abbilder der Realität zu liefern, sondern um diese zu bewerten, handelnd zu gestalten und zu verändern.

Diese drei Besonderheiten eines pädagogischen Fokus sollen zunächst dargestellt werden.

---

1. Mit dem Begriff der *individualpädagogischen* Orientierung wird die notwendige Subjektorientierung pädagogischen Denkens und Handelns besonders betont. Insofern diese Orientierung in der abendländischen Pädagogik sich als dominanter Gehalt der Bildungstheorien herausgebildet hat, mag dieser Begriff wie ein Pleonasmus anmuten. Wenn er gleichwohl hier verwendet wird, dann deshalb, weil gerade in der Betriebspädagogik diese Orientierung häufig durch eine Dominanz des Fachlichen oder des Zweckhaften überlagert bzw. sogar verdrängt wird.

a) Die individualpädagogische Orientierung

Ansatzpunkt der Pädagogik ist das Individuum und nicht die Organisation oder der Betrieb. Die „pädagogische Frage" ist die nach den Bedingungen der Möglichkeit, um die Kräfte des einzelnen Individuums emporzu*bilden*. So, wie schon Dilthey in seiner „Einleitung in die Geisteswissenschaften" erklärt hatte, er wolle den „ganzen Menschen (...) in der Mannigfaltigkeit seiner Kräfte, dies wollend fühlend vorstellende Wesen auch der Erklärung der Erkenntnis (...) zugrunde legen" (Dilthey 1923, XVII; zit. nach: Bollnow 1989, 54), so findet sich auch in der Geschichte der Pädagogik durchgängig das Bemühen, den einzelnen Menschen, das Individuum, als den eigentlichen Ansatzpunkt der theoretischen Analyse und den letztlichen Maßstab pädagogischen Handelns zu begründen. Aus dieser Priorität des Individuums ergibt sich für die Pädagogik eine gewisse „Posteriorität" der „äußeren", d. h. der von außen an das Individuum herangetragenen Anforderungen (z. B. von Gesellschaft und Arbeitswelt). So erklärt H. Nohl im Blick auf die Jugendbildung: „Der Pädagoge muß seine Aufgabe, ehe er sie im Namen der objektiven Mächte nimmt, im Namen des Kindes verstehen. In dieser eigentümlichen Umdrehung (...) liegt das Geheimnis des pädagogischen Verhaltens und sein eigenstes Ethos (...). *In dieser Einstellung auf das subjektive Leben des Zöglings liegt das pädagogische Kriterium:* was immer an Ansprüchen von der objektiven Kultur und den sozialen Bezügen an das Kind herantreten mag, muß sich eine Umformung gefallen lassen, die aus der Frage hervorgeht: welchen Sinn bekommt diese Forderung im Zusammenhang des Lebens des Kindes für seinen Aufbau und die Steigerung seiner Kräfte?" und er fügt hinzu: „*Insofern ist aber jede Pädagogik eine Individualpädagogik*" (Nohl 1935, 160; Hervorhbg. R. A.).

Bei dieser individualpädagogischen Orientierung der Pädagogik handelt es sich jedoch keineswegs um eine historisch überwundene Position, wie die aus ihrer Geschichte stammenden Zitate vermuten lassen könnten. Vielmehr stellt diese Orientierung bis zum heutigen Tage auch in der Berufs- und Betriebspädagogik den eigentlichen Fokus des pädagogischen Nachdenkens über die zeitgemäßen Formen eines auch Bildung ermöglichenden berufs- und betriebsbezogenen Lernens dar (vgl. u. a. Ott 1995; Kade/Geißler 1980). Die Begriffe, unter denen dieses Nachdenken erfolgt, haben sich zwar gewandelt – statt von ‚Bildung‘ wurde lange Zeit von ‚Qualifikation‘ geredet, statt ‚Individualität‘ Begriffe wie ‚Subjektivität‘ oder ‚Identität‘ verwendet –, doch blieb das Erkenntnisinteresse gleich. Für die Betriebspädagogik ließe sich dieses zusammenfassend durch folgende Formulierung kennzeichnen, welche gleichzeitig als ein erster „Baustein" für eine pädagogische Theorie betrieblicher Bildungsarbeit angesehen werden kann:

▷ Die Betriebspädagogik als die Wissenschaft von der betrieblichen Bildungsarbeit hat nicht die betrieblichen Organisations- und Funktionszusammenhänge als solche zum Gegenstand, sondern das Individuum (den Mitarbeiter bzw. die Mitarbeiterin) als das in seinen Möglichkeiten zu entwickelnde und zu bildende Subjekt. Betriebliche Organisations- und Funktionszusammenhänge stellen für die Betriebspädagogik deshalb nur insofern einen Gegenstand dar, als sie diese Bildungsprozesse determinieren, d. h. auslösen, fördern oder auch behindern.

Für die Betriebspädagogik resultieren aus diesem besonderen Fokus ihrer Mutterdisziplin allerdings in besonderer Weise Konstitutionsprobleme, da sie – anders als wohl alle anderen Spezialpädagogiken – „ihren" Bereich eben nicht *nur* nach den Maßstäben von Bildung „vermessen" kann, sich vielmehr auch mit ganz anderen Prinzipien, wie technischen Zwängen, Marktgegebenheiten und Eigentumsverhältnissen, zu „arrangieren" hat, die den Lebensraum Betrieb nachhaltig bestimmen und dem Idealmodell einer umfassenden Diskursfähigkeit, d. h. der Diskussion und Prüfung von Geltungsansprüchen durch alle Beteiligten bzw. Betroffenen nach den Maßgaben von Vernunft und Mündigkeit, keineswegs sämtlich „zugänglich" sind. Betriebspädagogen, die die individualpädagogische Orientierung bis zur „Betriebsdemokratie" (Lempert 1971a) weiterentwickeln wollten, sahen sich deshalb in der Debatte bisweilen recht herben Stigmatisierungen ausgesetzt (vgl. Dauenhauer 1977). Doch – so bleibt zu fragen – „gehören zur Humanisierung der industriellen Arbeit, wenn sie denn ernst gemeint ist, nicht immer auch demokratisch verfaßte Kooperationsformen" (Münch 1984, 143)? Hiermit tritt das kritische Potential einer pädagogischen Theorie betrieblicher Bildungsarbeit deutlich zutage, welches jedoch – wie noch zu zeigen sein wird – nur in einer sehr vordergründigen und handlungslähmenden Betrachtungsweise dazu „benutzt" werden kann, eine vermeintliche Unvereinbarkeit von ökonomischem und pädagogischem Prinzip zu begründen. Als wesentlich konstruktiver hat es sich in der Vergangenheit vielmehr erwiesen, die individualpädagogische Orientierung z. B. pragmatisch in die Diskussion über die soziale Gestaltbarkeit von Technikanwendung und die Schaffung von Arbeitsplätzen, die selbst bildungs- und lernförderlich sind, einfließen zu lassen.

Es gibt zahlreiche Wissenschaften, die sich mit dem „Betrieb" als einer Grundeinheit des Wirtschaftslebens befassen. An erster Stelle zu nennen ist die Betriebs*wirtschaftslehre*, die sich mit der Planung, Organisation und Finanzierung der Produktion in Betrieben befaßt. Für sie ist das „ökonomische Prinzip" von grundlegender Bedeutung, d. h. das Bemühen, „ein bestimmtes Ziel mit dem Einsatz möglichst geringer Mittel zu erreichen" (Wöhe 1976, 1). Die Betriebswirtschaftslehre geht dabei von einer formalen, wertfreien Betrachtung von Wirtschaft, Betrieb und Unternehmung aus. Ein „Betrieb" ist für sie „(...) eine planvoll organisierte Wirtschaftseinheit, in der eine Kombination von Produktionsfaktoren (dispositive und ausführende Arbeit, Betriebsmittel und Werkstoffe) mit dem Ziel erfolgt, Sachgüter zu produzieren und Dienstleistungen herzustellen" (ebd., 2). Entsprechend sind die Verfahren und Methoden, die die Betriebswirtschaftslehre bereitstellt, darauf bezogen, Modelle einer ökonomisch erfolgreichen „Faktoren-Kombination" zu entwickeln und in der Praxis der Unternehmensentwicklung anzuwenden.

Der individualpädagogische Fokus der Betriebspädagogik ist demgegenüber ein „außerbetrieblicher". Zwar steht der Begriff ‚Betriebspädagogik' nicht nur für die Bezeichnung eines spezifischen Forschungsfeldes der Erziehungswissenschaft, sondern auch für die *in den Betrieben selbst* stattfindende Bildungsarbeit, er bezeichnet somit gleichermaßen die Praxis der betrieblichen Bildungsarbeit wie ihre Theorie, doch stehen beide Verwendungskontexte in einer durchaus spannungsreichen Beziehung zueinander, wie sie für die Berufspädagogik insgesamt in viel-

Betrieb	Pädagogik
Bedeutungshöfe „Reich der Notwendigkeit"	„Reich der (pädagogischen) Freiheit"
zweckrationales Handeln Gewinnorientierung	sinn- und wertbezogenes Handeln Bildungsorientierung
„harte", „rücksichtslose" Realität	„behütete" Realität
„Verwertung" der menschlichen Arbeitskraft	umfassende Entwicklung und Förderung der menschl. Fähigkeiten
„Unterwerfung" unter die „Gesetze" des Arbeitsmarktes	Selbstentwicklung, Selbstfindung (Identität)

Abb. 1: Assoziierbare semantische Bedeutungshöfe der Begriffsbestandteile „Betrieb" und „Pädagogik"

facher Hinsicht typisch ist: dem Gegensatz zwischen dem (außerpädagogischen) „ökonomischen Prinzip" und dem (außerbetrieblichen) „pädagogischen Prinzip", ein Spannungsverhältnis, das bereits in den assoziierbaren „Bedeutungshöfen" der Worte „Betrieb" und „Pädagogik" selbst deutlich zutage tritt (vgl. Abb. 1).

Während die Pädagogik ihren Wissenschaftsanspruch, wie noch zu zeigen sein wird, aus einem der europäischen Aufklärung entstammenden Bildungsbegriff herleitet und „Bildung" geradezu als „Widerspruch zum Gesetzten, zu allem, was nicht weiter befragt werden darf oder befragt wird" (Heydorn; zit. nach: Stratmann/Bartel 1975, XXIII), versteht, stellt der moderne Industriebetrieb gewissermaßen die Inkarnation eines „Gesetzten", d. h. eines vornehmlich durch die erfolgreiche Anwendung eines „ökonomischen Prinzips" gesicherten Lebensraumes dar (vgl. Arnold 1994 b). Die faktische Dominanz des ökonomischen Prinzips resultiert dabei aus der Tatsache, daß ein Betrieb, der ökonomisch nicht „überleben" kann, auch keine Bildungsarbeit veranstalten kann, eine für die Pädagogik „ärgerliche" Tatsache, von der sie realistischerweise gleichwohl nicht absehen kann. Aus dieser „ärgerlichen" Tatsache leiten sich die grundlegenden wissenschaftstheoretischen Konstitutionsprobleme der

Betriebspädagogik her, sieht sie sich doch mit ihrer individualpädagogischen Orientierung „wehrlos" der strukturierenden Macht außerpädagogischer Gegebenheiten ausgeliefert und ihrerseits zur Posteriorität verdammt. Von einer „pädagogischen Autonomie" kann in ihrem Bereich wohl am wenigsten die Rede sein. Können die Bildungsansprüche des Individuums – so lautet die grundlegende Konstitutionsfrage – aus einer Abhängigkeit des pädagogisch Notwendigen vom wirtschaftlich, technologisch und unternehmerisch Möglichen heraus realisiert werden?

Mit dieser nachgeordneten Relevanz des pädagogischen Prinzips ist die Betriebspädagogik in unterschiedlicher Weise umgegangen. Hierbei lassen sich in einer stark vereinfachten Darstellung *fünf idealtypische Reaktionsformen bzw. Argumentationsmuster* identifizieren, denen sich auch unterschiedliche betriebspädagogische Theorien zuordnen ließen:

Erstens: Die *Aufgabe* des pädagogischen Prinzips

Dieses „Argumentationsmuster" steht für betriebspädagogische Ansätze, die sich darauf beschränken, Bildungstechnologien zu erarbeiten (Planungshilfen, Lernzielsammlungen, didaktische Pakete, Evaluierungsinstrumente usw.), um die Aus- und Weiterbildungsmaßnahmen der Betriebe zu „effektivieren", d. h. didaktisch präziser und methodisch wirksamer zu gestalten, ohne damit einen grundlegenden Dialog über den „Bildungsgehalt", die Ziele und Funktionen dieser betrieblichen Praxis zu verbinden. „Unterrichtsführung" in der betrieblichen Bildungsarbeit wird als nüchterne „Sachgestaltungsaufgabe" (Decker 1984, 189) angesehen, die sich sozusagen ausschließlich „von der Sache her" professioneller gestalten läßt. Hierzu zählen m. E. die aus der Betriebswirtschaft, genauer: der Personalwirtschaft (vgl. 2. Kapitel), kommenden Ansätze, deren rezeptologischer Gehalt und teilweise mitarbeiterorientierte Ausrichtung für die Betriebspädagogik gleichwohl eine „Herausforderung" (Geißler 1988 b) darstellen.

Zweitens: Die *Ausklammerung* des pädagogischen Prinzips

Es finden sich jedoch auch zahlreiche Ansätze, die das „pädagogische Prinzip" nicht „aufgeben", sondern lediglich „ausklammern" wollen. Diese

Ansätze gehen von einer pragmatischen Einschätzung der betrieblichen Gegebenheiten und Möglichkeiten aus, die es ihnen als „bedenklich" erscheinen lassen, „dem Betrieb allgemeine Bildungsfunktionen zuzuweisen, die gemeinhin dem öffentlichen Schulwesen zukommen", weil Bildungsfunktionen „in Verantwortung gegenüber unserer ganzen Gesellschaft geleistet werden müssen" (Blättner/Münch 1965, 163). Es wird deutlich, daß diese Ausklammerung des Bildungsanspruchs auch der nicht unberechtigten Sorge entspringt, daß „Bildung im Betrieb" letztlich nicht ohne eine gewisse Verfälschung des Bildungsgedankens realisiert werden würde, wenn diese nicht der öffentlichen Berufsbildung vorbehalten bliebe. Angesichts der zunehmenden Bedeutung der betrieblichen Bildungsarbeit, die auch und gerade mit einer Verlagerung wesentlicher Elemente eines beruflichen Kompetenzerwerbs in die Weiterbildung einhergeht, stellt sich allerdings das Problem der öffentlichen Verantwortung beruflicher Bildung heute neu und in einem erweiterten, nicht mehr nur auf die betriebliche Erstausbildung eingegrenzten Sinne. Bleibt doch zu klären, welcher „öffentliche" Lernort im Bereich der Weiterbildung Bildung zu „garantieren" vermag, womit allerdings die bildungspolitische Frage einer zeitgemäßen Realisierung des pädagogischen Prinzips angesprochen ist (vgl. Kapitel 5).

Drittens: Die *Verfälschung* des pädagogischen Prinzips

Dieses Reaktionsmuster verkürzt den Bildungsgedanken auf seine Anpassungsfunktion und geht häufig mit einer Ideologisierung des Betriebslebens einher; unterschlagen bzw. „eingeebnet" wird der pädagogische Anspruch, den einzelnen auch zur Kritik und zum Widerstand gegen entmündigende Realitäten zu befähigen. Bisweilen überdeutlich treten in diesen Ansätzen vielmehr die Ziele der Disziplinierung und Befriedung der Arbeitskräfte zutage. In der Geschichte der Betriebspädagogik ist diese Verfälschung des pädagogischen Prinzips in den Ansätzen einer autoritären Betriebspädagogik häufig anzutreffen, in der Frühphase ihrer Entwicklung – wie noch zu zeigen sein wird – sogar vorherrschend. Mit einiger Berechtigung weist K. Stratmann deshalb darauf hin, daß die Betriebspädagogik anderes und mehr umfassen muß als den bloßen Versuch einer pädagogischen Rechtfertigung betrieblicher Führungs- und Bildungspraxis: „Will sie anderes sein als bloße Methodologie für Ausbildungsmaßnahmen der Betriebe und die pädagogische Version betriebswirksamer Ideologien, will sie vor allem über die zu realisierenden Ziele mit argumentieren oder gar mit entscheiden, dann muß sie" – so stellt er fest – „mit ihrer eigenen Tradition brechen. Das aber führt sie vor sehr schwierige erziehungswissenschaftliche Probleme – vor die Frage nämlich, ob und gegebenenfalls wie überhaupt über Ziele mit Hilfe wissenschaftlich akzeptierter Mittel inhaltlich entschieden werden könne" (Stratmann/Bartel 1975, XX).

Viertens: Das *Beharren* auf dem pädagogischen Prinzip

Unter diesem Reaktionsmuster lassen sich die Ansätze zusammenfassen, die die Bildungsarbeit der Betriebe unter einen generellen Ideologieverdacht stellen. Als besonders widersprüchlich erscheint diesen Ansätzen das nahezu völlige Abstrahieren der optimistischen und idealisierenden Begründungsansätze der betrieblichen Bildungsarbeit „von den restriktiven betrieblichen Arbeitsbedingungen und den negativen sozialen Auswirkungen der Lohnarbeit" (Görs 1983a, 129), worin sie eher ein Indiz für die bloß ideologische Bezugnahme der Betriebe auf die Bedürfnisse des Individuums zu erkennen glauben. Die Betonung von Vertrauen, Menschenwürde und sozialen Beziehungen als den wesentlichen Bestandteilen der Unternehmenskultur mutet diesen Ansätzen widersprüchlich an, „(...) in einem Umfeld, das sich andererseits stets auf individuelle Konkurrenz beruft und in dem die individuelle Karriere nicht zuletzt das Erkennen und Ausnutzen von Vorteilen auch gegenüber dem Arbeitskollegen notwendig macht" (Jung/Rolff 1977, 762).

Demgegenüber „beharren" diese Ansätze auf einer umfassenden Pädagogisierung betrieblicher Arbeitsverhältnisse und weisen auch auf die „Unteilbarkeit" von Menschenwürde und Bildungsrechten der Mitarbeiter hin. Sie interessieren sich deshalb auch nicht nur bzw. nicht in erster Linie für diejenigen, deren Arbeitsplätze sich im Zuge des technologischen und arbeitsorganisatorischen Wandels in Richtung auf mehr Autonomie und Anforderungsvielfalt entwickeln; sie nehmen vielmehr die Modernisierungsverlierer, d. h. die „Opfer der Qualifizierungsoffensive" (Geißler u. a. 1987) bzw. die „Überflüssigen" (Nieke/Peters 1989) oder die „Rationalisierungsverlierer" (Kern/Schumann 1984, 22 und 116) und die „Substituierbaren" (Haefner 1985, 170 f.) in den Blick und wenden sich gleichzeitig gegen die breite Ausgrenzung von Risiken und Problemen der Technikanwendung im Beschäftigungssystem. Zum betriebspädagogisch ebenfalls bedeutsamen Sachverhalt wird für diese Ansätze die „(...) dauerhafte Ausschließung größerer Bevölkerungsteile von (interessanter) Arbeit. Diese beginnt bereits in den Betrieben durch eine vertiefte Segmentation zwischen *qualifizierten Stamm- und gering qualifizierten Randbelegschaften* und setzt sich außerhalb der Unternehmen auf dem Arbeitsmarkt durch *verschärfte Formen negativer Selektion* fort (Arbeitslosigkeit, unterwertige und/oder periodische Beschäftigung). Externalisiert werden bisher auch die mit fortschreitendem Wirtschaftswachstum verbundenen *ökologischen Bedrohungen*. Sie sind vielfach aus der betrieblichen Perspektive nicht einmal erkennbar" (Baethge 1989, 12).

Dieses *Beharren auf dem pädagogischen Prinzip* weist somit in doppelter Hinsicht über die häufig vorherrschende betriebliche Bildungseuphorie hinaus: Zum einen durch eine umfassende individualpädagogische Orientierung, die sich auf potentiell *alle* Individuen bezieht, d. h. nicht nur die Mitarbeiter bzw. die Noch-Mitarbeiter des Betriebes berücksichtigt, sondern auch die „ehemaligen" (bzw. „freigesetzten")[2] oder die potentiell von Arbeitslosigkeit betroffenen Betriebsangehörigen. Zum anderen ist diese betriebspädagogische Entschiedenheit auch gekennzeichnet durch eine Einbeziehung der gesellschaftlichen Auswirkungen und Folgen fortschreitender Technisierung und fortschreitenden Wachstums.

Die Praxisrelevanz dieses Reaktionsmusters kann allerdings nicht sehr hoch veranschlagt werden, da die Betriebe selbst in der Vergangenheit eher

---

2. So berichtet J. Münch z. B. über ein amerikanisches Modell betrieblicher Bildungsarbeit, das „UAW-Ford National Development and Training Center", welches Aus- und Weiterbildungsmöglichkeiten für aktive und entlassene Arbeiter bereitstellt (Münch 1989, 157).

Distanz zu den einseitig von einem pädagogischen Prinzip her argumentierenden Betriebspädagogen hielten. Diese suchten allerdings häufig auch selbst diese Distanz, hielten sie es doch bisweilen geradezu für illegitim, selber einen Bereich mitzugestalten, der auch durch Machtinteressen und nach Gesichtspunkten der Kostenwirtschaftlichkeit (Gaugler 1989) und des ökonomischen Prinzips strukturiert ist (vgl. Schäffner 1989). Eine auf konkrete Wirksamkeit, auf Handeln hin ausgelegte Betriebspädagogik kann aus einer solchen Distanz, um nicht zu sagen: Berührungsangst, heraus allerdings nicht begründet werden, zumal der Vorwurf an eine pragmatische Berufspädagogik, an der Stabilisierung ungerechtfertigter Formen von Herrschaft beteiligt zu sein, die entschiedenen Berufspädagogen ebenso trifft: Denn auch wer durch seine wissenschaftlichsprachlichen Anschlußmöglichkeiten „vorbaut" und Gestaltungschancen „versäumt", obwohl diese gegeben wären, nützt den „Herrschenden".

Fünftens: Die *pädagogische (Mit-)Gestaltung* des Betriebs

Hat die Betriebspädagogik heute nicht mehr zu bieten als das wohlbegründete, doch gleichwohl wirkungslose Beharren auf einem „pädagogischen Prinzip"? Lassen sich die unternehmerischen Bildungsaktivitäten und Personalentwicklungsansätze heute noch glaubwürdig als „bloße Menschenbehandlung auf psychologischer Grundlage, die ein möglichst reibungsloses Zusammenleben im Betrieb anstrebt" (Krasensky 1952, 17), charakterisieren und somit aus dem pädagogischen Anspruch einer „Entfaltung der Persönlichkeit des Belegschaftsmitgliedes" (ebd.) ausgrenzen? Haben sich nicht gerade in den letzten Jahren in vielen Betrieben die Führungsstile und Kooperationsformen in einer mitarbeiterorientierten Weise gewandelt, die einer ganzen Reihe von pädagogischen Zielen sowie gesellschaftlichen Werten entgegenkommt? Und steht eine Betriebspädagogik, die sich „an traditionellen pädagogischen Auffassungen orientiert", nicht in der Gefahr, die Bildungsarbeit der Betriebe zu „trivialisieren" und das interessanterweise zu einem Zeitpunkt, zu dem die Organisations- und Managementtheorien sich offensichtlich selbst in einer „Detrivialisierungsphase" befinden (Seiler 1987, 12).

Diese rhetorischen Fragen können hier nicht eingehend analysiert werden (vgl. Kapitel 3). Hingewiesen werden soll in diesem Zusammenhang lediglich darauf, daß ein Beharren auf dem pädagogischen Prinzip im Sinne einer Ausgrenzung der betrieblichen Bildungsarbeit aus dem pädagogischen Anspruch möglicherweise auch auf Trivialisierungen fußt, die von einem Bild ausgehen, das der Realität nicht (mehr) uneingeschränkt gerecht wird. Mit diesem Hinweis geht es mir nicht um eine harmonisierend-euphorische Darstellung des pädagogischen Gehalts der aktuellen Tendenzen betrieblicher Personal- und Organisationsentwicklung. Ich bin mir vielmehr durchaus bewußt, daß z.B. im Konzept der „Unternehmenskultur" auch alte betriebspädagogische Ideologien, wie die der „Betriebsgemeinschaft" (vgl. Krasensky 1952, 25f.), zu neuem Leben erweckt werden (vgl. S. 35 ff.), und daß die Rede von der Unternehmenskultur und der Selbstorganisation betrieblicher Bildung vielfach auch nur der rhetorischen Neuverkleidung einer unverändert fortdauernden oder gar verfeinerten Kontrolle der Arbeitskraft dienen. Dennoch ist mit den aktuellen, technisch und ökonomisch gegebenen Gestaltungsspielräumen m. E. heute auch die Möglichkeit für eine gegenläufige Interpretation gegeben, die auch Ansatzpunkte für eine pädagogische (Mit-)Gestaltung der betrieblichen Realität aufzuweisen vermag.

Überhaupt erweist sich die Konzeption „Befähigung zur Technikgestaltung" (Rauner 1987) immer mehr als möglicher Idealtypus eines betriebspädagogischen Ansatzes, der nicht in Distanz verharrt gegenüber einer nicht-pädagogischen Praxis, sondern sich beteiligt an der pädagogischen Weiterentwicklung dieser Praxis. Als explizit betriebspädagogischer Ansatz ist das Konzept der sozialverträglichen Technikgestaltung bisher allerdings noch kaum entwickelt worden (vgl. Rauner 1995), was auch daran liegen mag, daß „die Diskussion um diesen Begriff noch in ihren Anfängen und sehr offen (ist)" (Roth 1988, 46). Grundlegend ist die Auffassung, daß die technische und arbeitsorganisatorische Entwicklung keineswegs nur nach ökonomischen oder technischen Sachzwängen erfolgt, sondern vielmehr auch durch von Menschen getroffene Entscheidungen „gestaltet" wird. Es besteht somit eine „Interdependenz" zwischen den technischen und den sozialen Gegebenheiten im Betrieb;

gleiche Produkte können mit durchaus sehr unterschiedlich gestalteten Arbeitsplätzen hergestellt werden. „Theoretisch könnte man sagen, daß Arbeit und Technik *elastische* Potenzen sind (ein Begriff von Marx), durch deren gestaltenden Einsatz die Unternehmen ihre Existenz unter sich immer wieder wandelnden wirtschaftlichen und gesellschaftlichen Bedingungen zu sichern haben" (Lutz 1979, 9). Für die Betriebspädagogik „öffnen" sich mit dieser Interdependenz Gestaltungsspielräume, die auch und gerade für die Vermittlung sozialer Kompetenzen genutzt werden können. Damit eine humane und auf die Entwicklung des Individuums bezogene Nutzung dieser Freiheitsgrade gelingen kann, müssen Voraussetzungen auf unterschiedlichen Ebenen geschaffen werden: Auf der Ebene des Managements ist eine größere Aufgeschlossenheit erforderlich, wie sie in vielen Branchen bereits keimhaft festgestellt werden kann. Diese Aufgeschlossenheit geht mit einer Loslösung vom – um mit H. Kern und M. Schumann zu sprechen – „technokratisch-borniertem Produktionskonzept" (Kern/Schumann 1984, 155) einher und nimmt bewußt auch „ein Kontrolldefizit der Leitung" (ebd., 87) in Kauf. Aber auch auf der Ebene der Mitarbeiter selbst müssen für eine Mitgestaltung des Betriebes Kompetenzen entwickelt werden, um die Freiräume für eine humane Gestaltung von Technik und Arbeitsplätzen sinnvoll nutzen zu können. Dafür sind „soziale Kompetenzen" gezielt zu fördern, um sich „mündig" am betrieblichen Geschehen beteiligen zu können. Hierzu zählen u. a. die Fähigkeiten,

– „die Position und Rolle im Betrieb und für den Betrieb bewußt zu gestalten

– die berufliche und betriebliche Position und Rolle kritisch zu reflektieren

– die berufliche und betriebliche Realität in ihrem Bedingungsgefüge zu erkennen, kritisch zu prüfen und im Sinne humaner Daseinsgestaltung zu verbessern

– Konflikte rational auszutragen" (Münch 1984, 139).

Damit ist der Forschungs- und Entwicklungsrahmen für eine Betriebspädagogik grob abgesteckt, die sich als eine pädagogische Disziplin versteht und sich an der Mitgestaltung der sich wandelnden betrieblichen Kooperations- und Qualifizierungsprozesse zu beteiligen sucht. Betriebspädagogik als eine am Individuum und seinen Bildungsmöglichkeiten orientierte und auf ein entsprechendes pädagogisches Handeln bezogene Disziplin findet ihre „Gegenstände" und „Fragestellungen" auf allen Ebenen des betrieblichen Geschehens: Sie nimmt die Managementebene in den Blick, insofern sie nach der Professionalität und der Aufgeschlossenheit derjenigen fragt, die von ihrer hierarchischen Position im betrieblichen Gefüge und ihrer Vorgesetztenrolle her Strukturen setzen, Verhaltensformen bestimmen und dadurch das Organisationsklima und die Unternehmenskultur entscheidend prägen. Sie ist aber auch – und aufgrund ihrer aufklärerischen Wurzeln – auf die sogleich einzugehen sein wird – „Betriebspädagogik ‚von unten'" (Lempert 1989); sie fragt auch nach der Gestaltbarkeit und Entwickelbarkeit der Voraussetzungen für den Erwerb sozialer Kompetenzen.

Als weiterer „Baustein" für eine pädagogische Theorie betrieblicher Bildungsarbeit lassen sich die Überlegungen zum Verhältnis zwischen ökonomischem und pädagogischem Prinzip bzw. die Überlegungen zu den idealtypischen Argumentationsmustern, mit denen die Betriebspädagogik auf die faktische Dominanz des ökonomischen Prinzips „reagiert", folgendermaßen zusammenfassen:

▷ Als eine pädagogische Disziplin kann die Betriebspädagogik nicht von der für sie konstitutiven individualpädagogischen Orientierung abstrahieren. Hierdurch gerät sie in eine Spannungslage zu den ökonomischen Gestaltungskräften betrieblicher Realität. Weder die ‚Aufgabe', noch die ‚Ausklammerung' und schon gar nicht die ‚Verfälschung' des pädagogischen Prinzips können wirklich helfen, diese Spannungslage in einem konstruktiven betriebspädagogischen Handeln aufzulösen. Und auch das bloße ‚Beharren' auf pädagogischen Ansprüchen vertieft eher die bestehenden Akzeptanzprobleme in vielen Betrieben und verstellt dadurch die Möglichkeiten einer praktischen Wirksamkeit pädagogischer Bemühungen. Gleichwohl sind den betriebspädagogisch entschiedenen Ansätzen einer (Ideologie-)Kritik betrieblicher Bildungsarbeit wesentliche Blickausweitungen auf die sozialen, ökonomischen sowie technologisch-ökologischen Folgen von Innovations- und Qualifizierungsoffensiven zu verdanken. Für eine pädagogische Mitgestaltung des Betriebes hat die Konzeption der sozialverträglichen Technikgestaltung paradigmatische Bedeutung, eröffnen sich doch auch für die Betriebspädagogik im Zuge der technologischen und arbeitsorganisatorischen Entwicklungen im Betrieb neue, pädagogisch nutzbare Gestaltungsspielräume.

b) Verstehen – das Vernunft-Paradigma der Pädagogik

Folgt man der einleitend zu diesem Kapitel zitierten wissenschaftstheoretischen Bemerkung von Max Weber, so gilt es zunächst festzustellen, daß auch von der Pädagogik eine unmittelbare Ableitung von berufsethischen Normen, Handlungsempfehlungen, Regeln oder gar Rezepten kaum erwartet werden kann. Deutlich bringt das auch die Bemerkung von Theodor Litt auf den Punkt, wenn er feststellt, daß die Theorie der Erziehung, wozu auch die Berufserziehung und die betriebliche Bildungsarbeit zu rechnen sind, die „Form einer Technologie (...) unter keinen Umständen annehmen (kann)" (Litt 1969, 283). Solche Aussagen mögen so manchem, der – unter alltäglichem Handlungsdruck stehend – eine pragmatische Orientierung der wissenschaftlichen Theoriebildung erwartet, wie die Position einer im Elfenbeinturm verharrenden Wissenschaft vorkommen, eine Beurteilung, die der Besonderheit einer pädagogischen Theorie nicht gerecht werden würde. Paradoxerweise scheint es vielmehr gerade im Interesse einer letztlich möglichst wirkungsvollen Praxis- und Anwendungsbezogenheit pädagogischer Theorien erforderlich zu sein, zunächst auf die *genuine Distanz zwischen beruflichem Alltagswissen und wissenschaftlicher Erkenntnis* hinzuweisen. Eine Vermischung beider Wissensformen (vgl. Luckmann 1989) dürfte letztlich nämlich mit einer Aufweichung des Anspruches auf das Erkennen „objektiver" Zusammenhänge, verbunden sein, eine Einschätzung, die jedoch sogleich wieder Schritt für Schritt relativiert werden muß, sind doch die „objektiven" Zusammenhänge gerade in den Geistes- und Sozialwissenschaften nicht losgelöst von den „subjektiven" Zusammenhängen, in denen die beteiligten Menschen forschend und handelnd stehen, zu „erkennen". Erkenntnis ist deshalb in diesen Wissenschaften – anders als gemeinhin von den Naturwissenschaften erwartet[3] – nur annäherungsweise i. S. eines reflektierend-distanzierten Nachvollzuges der durch Menschen „erzeugten" Bedeutungen, sozialen Gegebenheiten und Kulturprodukte möglich.

Orientierungs- und Beratungsbedarf der Praxis stellen zwar eine legitime Erwartung dar, der bei der Auswahl von Untersuchungsfragen sowie der gesellschaftlichen Anwendung und verständlichen Aufbereitung und Verbreitung wissenschaftlicher Ergebnisse Rechnung getragen werden sollte; im wissenschaftlichen Argumentationszusammenhang selbst wird jedoch zu Recht – und dies hat m. E. für alle wissenschaftstheoretischen Positionen gleichermaßen Gültigkeit – auf einer Distanz zum Alltagsverstand der Praxis beharrt und darauf verwiesen, daß „alle Wissenschaft und Philosophie *aufgeklärter* Alltagsverstand (ist)" (Popper 1974, 46; Hervorhbg. R. A.). Das Handeln eines betrieblichen Ausbilders wird nach dieser Unterscheidung durch das ihm zur Verfügung stehende Routinewissen geleitet. Dieses setzt sich aus lebensgeschichtlichen und beruflichen Erfahrungen, bewährten Deutungsmustern sowie angeeigneten Wissenschaftsbestandteilen zusammen, d. h. aus einem Amalgam unterschiedlichster Wissensformen, das ihm im Alltagshandeln unmittelbar zur Verfügung steht, plausibles Handeln ermöglicht und nicht auf wissenschaftliche Erkenntnis, d. h. auf die für möglichst viele Situationen „gültige" Erklärung von Wirkungszusammenhängen, gerichtet ist. Geschieht die Beschäftigung mit pädagogischen Fragen auch mit dem Ziel, dieses Alltagshandeln von Praktikern „aufzuklären", zu differenzieren und zu relativieren, um „Vorurteile" durch Wissen zu ersetzen, so kann dies nicht

---

3. Die „Ausgrenzung des Subjekts" als eine der entscheidenden Grundlagen für den Erfolg der modernen Naturwissenschaften erweist sich allerdings in diesen zunehmend selber als Fiktion. „Die Rücknahme der objektivistischen Position in der modernen Physik, am eindeutigsten vielleicht in der ‚Kopenhagener Deutung' der Quantenphysik, läßt sich die Ausklammerung des Subjekts aus dem Forschungsprozeß nicht mehr zu" (Holling/Kempin 1989, 46; vgl. Dürr 1987). Damit einher geht eine „Paradigmengleichung" von verstehender und instrumenteller Vernunft (vgl. Capra 1988), die auch zu einer Neubewertung der Idee einer technischen Bildung in der Berufspädagogik drängen (vgl. Rauner 1987).

i. S. eines eindimensionalen Transfers von Modellen „von der Wissenschaft in die Praxis" erfolgen; es kommt vielmehr darauf an, die Besonderheit des Alltagswissens zu erkennen und zu berücksichtigen, daß auch wissenschaftlich „gültige" Erklärungen sich nur in gewachsene Wissensstrukturen „einfügen" können, wissenschaftliches Wissen deshalb auch nur als integraler Bestandteil von Alltagswissen wirksam werden kann. In diesem Sinne wendet sich auch die neuere Forschung, die sich mit der Verwendung bzw. der Verwendbarkeit wissenschaftlichen Wissens im beruflichen Alltag befaßt, gegen „naive Vermittlungsvorstellungen" und gelangt zu der Feststellung: „Die Differenz von Erziehungswissenschaft und Erziehungspraxis wird als eine radikale Differenz der jeweils zugrundeliegenden Realitätskonstruktionen gefaßt, die wechselseitig zwar beobachtet, aber nicht handlungspraktisch aufgelöst werden kann" (Oelkers 1984, S. 36). Der wesentliche Unterschied zwischen Theorie und Praxis ist dabei die unterschiedliche Handlungslogik beider Systeme, denn für das berufliche Alltagshandeln des praktizierenden Pädagogen gilt die Feststellung von Niklas Luhmann: „He must be part of the system. Was er selbst versteht, geht sozusagen zu seinen Lasten. Was er ins Kommunikationssystem Unterricht eingibt, folgt den Eigengesetzlichkeiten dieses Interaktionssystems" (Luhmann 1986, S. 115).[4]

Wissenschaftliche Theoriebildung, von der eine solche Aufklärung und Weiterentwicklung alltäglicher Handlungsorientierungen auszugehen vermag, darf gleichwohl nicht vergessen, daß sie selbst notwendig in den alltäglichen Denk- und Handlungsstrukturen der sie umgebenden oder sich ihr als Gegenstand darbietenden Wirklichkeit verwurzelt bleibt. Insofern „entwachsen" – und hierin liegt eine weitere Besonderheit pädagogischer Theoriebildung – ihre Entwürfe auch zeitspezifischen,

---

4. Mit diesem Problem der „Transformation wissenschaftlicher Informationen in Praxisbedeutungen" (Dewe 1988) hat sich die pädagogische Professionalisierungsdebatte für die Berufsbildung noch kaum befaßt, obgleich diese Frage für eine sich als Handlungswissenschaft verstehende Pädagogik von konstitutiver Bedeutung ist (vgl. auch: Drerup 1987; Künzli 1996). Die neuere allgemeinpädagogische Verwendungsforschung bestätigt allerdings die Differenzperspektive, „(...) da wissenschaftliche Theorien keine handlungspraktisch anwendbaren Regeln, sondern Reflexionswissen hervorbrächten" (Bommes u. a. 1996, S. 10).

historisch bedingten Grundhaltungen und unterliegen dadurch auch einer andauernden Wandlung. So stellte der geisteswissenschaftliche Pädagoge Hermann Nohl fest: „Die großen, durch die Pädagogik aller Zeiten hindurchgehenden Gegensätze sind nicht bloß Folgen falscher Theorien, sondern die Theorien sind Formulierungen von pädagogischen Grundhaltungen, die in verschiedenen Lebens- und Weltstellungen begründet sind" (Nohl 1963, 107). Und an anderer Stelle stellt er fest: „In *dieser* ethischen Situation und aus *diesen* historischen Verhältnissen muß mit der Sicherheit des produktiv-objektivierenden, schaffend-entfaltenden Vorwärtsgehens *diese* besondere historische pädagogische Lösung erwachsen" (ebd., 111). Pädagogische Theoriebildung als Versuch einer Konzeptualisierung der Bedingungen und Möglichkeiten von Bildung ist somit, wie ihr Gegenstand selbst, der Geschichtlichkeit verwurzelt, womit gleichzeitig auf einen zentralen Grundsachverhalt der pädagogischen Anthropologie, auf welcher das Streben nach Bildung sowie das Nachdenken über ihre zeitgemäße Ermöglichung gleichermaßen basieren, hingewiesen wird: „Die Geschichtlichkeit durchdringt alles, was der Mensch ist und tut, namentlich seine Wahrheitsfindung, sein sittliches Streben und sein Kulturschaffen" (Lotz; zit. nach: Braun 1989, 13).

Aus diesem Grunde ist es nicht verwunderlich, daß sich die frühen Ansätze der Betriebspädagogik in den zwanziger Jahren (vgl. Müller 1973, 22 f.) kaum mit Fragen kooperativer Arbeits- und Führungsstile befaßten, während z. B. das Lempert'sche Bemühen um „berufliche Autonomie" und „Betriebsdemokratie" (Lempert 1971a) ganz offensichtlich auch als Ausdruck und Ergebnis des Anspruchs auf eine umfassende gesellschaftliche Demokratisierung angesehen werden kann, wie er sich seit dem Ende der sechziger Jahre in der Bundesrepublik Deutschland verbreitete. Aufgrund dieser *Zeitgebundenheit* der pädagogischen Theoriebildung verbietet es sich letztlich auch, z. B. betriebspädagogische Theorieansätze „epochenübergreifend" miteinander zu vergleichen und dabei letztlich anhand von Maßstäben zu beurteilen, die dem damaligen Reflexions- und Argumentationsniveau nicht gemäß sind.

Diese *Relativierung* darf allerdings nicht im Sinne eines völligen historischen Relativismus verstanden werden. Für die Pädagogik konstitutiv ist vielmehr die Auffassung, daß der historische Prozeß sich als ein „Fortschritt" realisiert, in dessen Verlauf sich spätestens mit der Aufklärung Vorstellungen von „Mündigkeit" und „rechtem Vernunftgebrauch" durchgesetzt haben, die für die heutige Pädagogik maßgeblich sind. „Die geschichtliche Erfahrung" – so stellt Dietrich Benner fest –, „daß ein jeder für alle Tätigkeiten grundsätzlich bildsam sei, wenn er nur zur freien Selbsttätigkeit aufgefordert und nicht auf die Bestimmungen seines jeweiligen Herkunftsstandes hin sozialisiert werde, konnte erst gemacht werden, als unter dem Einfluß bürgerlicher Produktion und neuzeitlicher Wissenschaft die traditionelle Gesellschaftsordnung zerbrach" (Benner 1987, 83). Aus diesen historisch erkämpften Rechten sowie gesellschaftlichen und individuellen Möglichkeiten leitet jedoch nicht nur die neuzeitliche Pädagogik selbst ihre Wurzeln her (vgl. Blankertz 1982, 21 ff.), sie bezieht hieraus auch die letztlich normativen Gehalte eines Bildungsbegriffs, der auf Mündigkeit i. S. der „Befreiung aus selbstverschuldeter Unmündigkeit" (Kant) gerichtet ist. Für die Pädagogik ist nämlich das (pädagogische) Prinzip konstitutiv, „das besagt, daß Erziehung und Bildung ihren Zweck in der Mündigkeit des Subjekts haben; dem korrespondiert, daß das erkenntnisleitende Interesse der Erziehungswissenschaft das Interesse an der Emanzipation ist" (Mollenhauer 1977, 10). Die Pädagogik ist somit eine „wertfreie" Wissenschaft nur insoweit, als sie willkürliche normative Setzungen, die keinem Diskurs standzuhalten vermögen, vermeidet bzw. ideologiekritisch decouvriert. Sie ist gleichwohl Werten verpflichtet, als sie selber als Teil einer historischen Entwicklung sich den mit dieser erreichten Möglichkeiten des Vernunftgebrauchs verbunden weiß und ihre Aufgabe gerade darin findet, die Realisierungsmöglichkeiten für Mündigkeit und Vernunftgebrauch zu erforschen und in dem Bewußtsein zu gestalten, daß – wie es der französische Kultursoziologe Pierre Bourdieu ausdrückte – „Vernunft eine historische Errungenschaft (ist), wie die Sozialversicherung" (Bourdieu 1985). Dieser historisch „begründete" *Wertbezug der Pädagogik* ist interpretativ, d. h. *verstehend*, immer wieder neu aus dem historischen Prozeß und den gesellschaftlichen Gegebenheiten zu begründen; diese Interpretation unterliegt dabei selbst den Mechanismen rechten Vernunftgebrauchs und ist offen für Infragestellungen, Kritik und Falsifikationen.

Eine weitere „Besonderheit" pädagogischer Theoriebildung ergibt sich aus der Art ihres Handlungsbezuges. Damit wird auf das Theorie-Praxis-Problem hingewiesen, von dem bereits festgestellt wurde, daß man es nicht im Sinne einer rezeptologisch-technologischen Beziehung auflösen kann. Denn die Logik pädagogischen Handelns selbst ist von der des Technikers grundlegend verschieden. Kann dieser „seinen" Gegenstand „willkürlich" nach den dem Gegenstand äußerlichen Regeln und naturwissenschaftlichen Gesetzmäßigkeiten bearbeiten, so ist das Gegenüber des Pädagogen immer auch „eigensinnig" und „widerständig", pädagogisches Handeln mithin nur im Sinne einer „gebrochenen" Willkürlichkeit möglich. „Hier wirkt das, was im Inneren angelegt ist und das, was von außen her an das Ich herantritt, in einer Weise ineinander, für die es außerhalb dieser Dimension des Seins keinerlei Analogie gibt" (Litt 1969, 286).

Verbunden mit dieser Überlegung ist auch die Vorstellung von der „Macht" der kulturellen Eingebundenheit des Individuums in die es umgebende, immer schon vorinterpretierte soziale Wirklichkeit als einer unhintergehbaren Gegebenheit, in die es sich im Prozeß seiner psychosozialen Entwicklung, im Prozeß seiner Erziehung und Bildung gewissermaßen „einfädelt". Pädagogik als Wissenschaft von der Bildung und Erziehung ist damit auf einen „Gegenstand" verwiesen, dessen Bestandteil auch das erkennende, z.B. pädagogische Theoriebildung treibende Subjekt selbst ist. „So bildet" – wie es schon Wilhelm Dilthey ausdrückte – „der Ausgang vom Leben und der dauernde Zusammenhang mit ihm den ersten Grundzug in der Struktur der Geisteswissenschaften; beruhen sie doch auf Erleben, Verstehen und Lebenserfahrung" (Dilthey 1970, 137).

Nicht das „Leben" als eine „objektiv" identifizierbare Gegebenheit, sondern vielmehr die Deutungen, Symbole und Interpretationen, mit denen die Individuen diese Wirklichkeit abbilden und für sich plausibel „erklären", stellen demzufolge den wissenschaftlichen Ansatzpunkt für eine Rekonstruktion der Lebenspraxis dar. Diese Auffassung, die über die Phänomenologie und die Ethnomethodologie auch zu einer erneuten Renaissance der pädagogischen Hermeneutik im Sinne einer „sozialwissenschaftlichen Hermeneutik" geführt hat (vgl. Heinze 1987) und des Konstruktivismus (vgl. Arnold/Siebert 1995), geht von einer pragmatischen Theorie der Wahrheit aus, wie sie u.a. Herbert Blumer in seinen Prämissen des Symbolischen Interaktionismus definiert hat. Seine Ausgangsprämisse besagt, „(...) daß Menschen ‚Dingen' gegenüber auf der Grundlage der Bedeutungen handeln, die diese Dinge für sie besitzen" (Blumer 1975, 81).

Die Pädagogik ist somit in einer doppelten Hinsicht auf *verstehende* Rekonstruktion ihres Gegenstandsbereiches verwiesen: zum einen *historisch-verstehend*, indem die Maßstäbe ihrer Praxis selbst der historischen Entwicklung „verwurzelt" sind, und zum anderen *aktuell-verstehend*, indem sie die Deutungsmuster und die „Eigensinnigkeit" der Subjekte ebenfalls nur verstehend rekonstruieren kann.

Diese Überlegungen lassen sich nunmehr ebenfalls als ein weiterer „Baustein" zu einer pädagogischen Theorie betrieblicher Bildungsarbeit zusammenfassen:

▷ Die Besonderheit einer pädagogischen Theoriebildung ergibt sich erstens aus der Gleichzeitigkeit von reflektierender Distanz gegenüber dem Alltagshandeln und ihrer eigenen Verwurzelung im Alltagsverstand. Der Gegenstand der Pädagogik ist dem „erkennenden" Wissenschaftler nicht äußerlich; er ist vielmehr selbst ein Bestandteil der zu erforschenden Realität.

Pädagogische Theoriebildung ist zweitens selbst der Geschichtlichkeit verwurzelt, die sie verstehend rekonstruieren, deren sie sich aber kaum durch die Entwicklung „zeitlos" gültiger Orientierungen bzw. „Gesetze" entheben kann. Ihre Maßstäbe (Wertbezug) erhält sie aus den historisch erreichten Möglichkeiten von Mündigkeit und „rechtem Vernunftgebrauch".

Drittens ist der Handlungsbezug pädagogischer Theoriebildung nicht instrumentell, sondern reflexiv. Ihr „Gegenstand", das zu bildende Individuum, tritt ihr aktiv und widerständig gegenüber; es trägt die Möglichkeiten seiner Bildung „in sich". Diese müssen verstanden werden, um ihre Entwicklung fördern zu können. Sie können sich entwickeln, aber kaum nur nach Maßgabe äußerer Kriterien entwickelt werden.

c) *Paradigmenpluralismus und Multidimensionalität pädagogischer Theoriebildung*

Die Betriebspädagogik kann jedoch nicht nur als eine verstehende Wissenschaft begründet werden. Wenn in den bisherigen Ausführungen der Akzent besonders auf die Entfaltung der *verstehenden* Dimensionen einer pädagogischen Theorie gelegt wurde, so geschah dies deshalb,

– weil die Betriebspädagogik bislang kaum systematisch als eine (auch) verstehende Wissenschaft entwickelt wurde[5],

– sie sich vielmehr stark an dem vorherrschenden, sich an „empirische" Gegebenheiten „haltenden" betrieblichen Denktypus eines zweckrationalen Denkens und Handelns orientierte, und

– weil – wie noch zu zeigen sein wird (s. Kapitel 3) – gerade von einer betriebspädagogischen Hermeneutik wesentliche Aufschlüsse über das Entstehen von Unternehmenskulturen durch betriebliche Sozialisations- und Enkulturationsprozesse erwartet werden können.

Gleichwohl ist auch für die Betriebspädagogik ein „Paradigmenpluralismus" (vgl. Arnold 1994a, 125ff.; Lempert 1980) zu fordern, d.h. pädagogische Theoriebildung ist multidimensional, sie bezieht sich auf Fragestellungen und Gegebenheiten, die empirisch gut geklärt werden können (z.B. Sozialstruktur von Weiterbildungsteilnehmern) sowie auf Fragestellungen, die einen eher verstehenden Zugriff nahelegen (z.B. Teilnahmemotivation, Lernschwierigkeiten etc.). Darüber hinaus gibt es Fragestellungen, die eine Kombination von „erklärenden" und „verstehenden" Forschungsmethoden angezeigt erscheinen lassen.

Demnach gilt folgende, als „weiterer Baustein" für eine pädagogische Theorie betrieblicher Bildungsarbeit formulierte Feststellung, mit der eine

---

5. Es finden sich allenfalls sehr vereinzelt Hinweise, die sich als „Aufforderung" zur Entwicklung einer betriebspädagogischen Hermeneutik interpretieren lassen. So etwa bei W. Dürr, der eine lebensweltorientierte Betriebspädagogik entwickelt sehen möchte, d.h. „eine Theorie also für pädagogisches Handeln in einem Ausschnitt der für den Menschen bedeutsamen Lebenswelt" (Dürr 1973, 89), wofür nach seiner Auffassung „auch Aussagen interaktionistischer Sozialisationstheorien geeignet (sind)" (ebd., 99). Auf diese Überlegungen werde ich in Punkt 3.3 genauer eingehen.

	Paradigmen	
Ebenen pädagogischen Wissens	Hermeneutik (Verstehen)	Empirie (Erklären)
Wozu? Berufsbildungstheorien	Anthropologie, Bildungsphilosphie	Bedarfsforschung, Qualifikationsforschung ...
Was? Gegenstandstheorien	Motive, Deutungsmuster, Lernkultur betrieblicher Bildungsarbeit	Determinanten betrieblicher Bildungsarbeit ...
Wie? Handlungstheorien (Handeln, Gestalten)	pädagogisches Verstehen, situative Anwendung didaktischer Theorien	Curriculumfoschung, Methodenpraxis und -innovation
Erklärung:	Nachvollzug „fremden" Sinns bzw. sozialen Handelns	Variablenisolierung, Zusammenhangsberechnung

Abb. 2: Paradigmenpluralismus und Multidimensionalität der Betriebspädagogik

weitere Annäherung an eine erziehungswissenschaftliche Konzeptualisierung der Betriebspädagogik von einer stärker systematischen Sichtweise her erfolgt. Diese Feststellung soll im folgenden erläutert werden:

▷ Im Unterschied zu technischen und naturwissenschaftlichen Disziplinen ist die Betriebspädagogik als eine pädagogische Disziplin nicht hinlänglich als eine (bloß) erklärende, Gegenstands- und (instrumentelle) Handlungstheorien „erarbeitende" Wissenschaft begründbar. Neben dem „Was?" (= der Frage nach den Gegenständen) und dem „Wie?" (= der Frage nach der Anwendung im Handeln und Gestalten) ist vielmehr für sie auch das „Wozu?" (= die Frage nach der Bildung) von konstitutiver Relevanz. Die Betriebspädagogik ist deshalb auch auf ganzheitliches Verstehen sowie berufsethische Reflexion verwiesen.

Ausgangspunkt einer Analyse betrieblicher Bildungsarbeit von einem betriebs*pädagogischen* Standpunkt aus ist die Frage nach ihren Zielen („Wozu?"), ihren Gegenständen („Was?"), ihrem genuinen Theorie-

Praxis-Bezug („Wie?") sowie den adäquaten Erkenntnisweisen („Paradigmen") dieser – sich als erziehungswissenschaftliche Teildisziplin (vgl. Arnold 1994 b; Schlieper 1964, 121; Schmiel/Laurisch 1973, 81) verstehenden – Wissenschaft von den „geplanten und ungeplanten betrieblichen Lernvorgängen" (Dürr 1983, 189). Hierbei werden letztlich auch wissenschaftstheoretische Aspekte berührt, die hier nicht in extenso dargestellt werden können, zumal über sie im „Richtungsstreit der Erziehungswissenschaft" (vgl. Röhrs/Scheuerl 1989) bislang nur ein Nicht-Konsens erreicht werden konnte. Dies gilt vor allem für den Versuch, die Pädagogik in einer „realistischen Wendung" (Roth) nach dem einheitswissenschaftlichen Programm des Positivismus zu einer bloß „erklärenden" Erziehungswissenschaft zu entwickeln, deren „gesetzesartiges Wissen" dann auch „erziehungstechnologisch zur Aufklärung über Handlungsmöglichkeiten genutzt werden (kann)" (Brezinka 1989, 75).

Zwar hat diese realistische Wendung unbestreitbar auch in der Betriebspädagogik zu einem besseren Verständnis der die betriebliche Bildungsarbeit beeinflussenden Faktoren geführt (vgl. u.a. Münch. u.a. 1975; Heidack 1989), doch kaum wesentliche Neuansätze des „Wozu?" der Betriebspädagogik und auch kaum „Rezepte" für das pädagogische Handeln und Gestalten, dem „Wie?" der betrieblichen Bildungsarbeit, hervorgebracht. Insgesamt erwies sich der individuelle Bildungserfolg vielmehr als in starkem Maße abhängig vom Insgesamt der die jeweilige Handlungssituation konstituierenden soziokulturellen und individuellen, z.B. lebensgeschichtlichen ‚Besonderheiten' der beteiligten Menschen, weshalb spätestens seit Beginn der 80er Jahre hermeneutisch-pragmatische Ansätze in der Pädagogik wieder an Boden gewannen (vgl. u.a. Uhle 1981), die die ‚Totalität', d.h. die „Ganzheitlichkeit" (vgl. Lipsmeier 1989) des pädagogischen Handelns wieder stärker in den Blick rückten, weil – wie festgestellt wurde – dieses „(...) auch bei strenger Methodisierung Situationen gegenüber nie selektiv verfahren kann, will es nicht entscheidende Bestimmungsmomente für seinen Erfolg oder Mißerfolg verfehlen" (Baacke 1978, 322). Forschungsmethodologisch führte diese „reflexive Wende" vom – man könnte sagen – „behavioralen zum epistemologischen Menschenbild" (Groeben/Scheele 1977), zu einer Orientierung am sogenannten „interpretativen Paradigma" (Blumer 1975) anstelle einer Orientierung am „normativen" Paradigma der empirisch-analytischen Sozialforschung und brachte auch in der betriebspädagogischen Forschung eine Weiterentwicklung und Nutzung hermeneutischer bzw. „qualitativer" Verfahren (vgl. Heinze 1987), wie biographisch-narrative Interviews, Lebensweltanalysen (Volmerg u. a. 1986) und Einzelfallstudien. Grundlegend für diese hermeneutischen Ansätze war die Überlegung, daß auch das intensive Verstehen individueller Deutungsmuster und Orientierungen Rückschlüsse auf überindividuell Typisches erlaube.

In der Didaktik wurde neben Modellen zur Planung und Vorbereitung von Ausbildung und Unterricht auch wieder stärker die Frage nach der ‚persönlichen' Kompetenz des Pädagogen diskutiert, d. h. nach seinen Fähigkeiten zum pädagogischen Verstehen und situativ angemessenem Handeln im Sinne einer „mühsam zu erarbeitenden Professionalität" (Arnold 1985, 130), für deren Entwicklung mehr erforderlich zu sein scheint als die Aneignung didaktischer Theorien – eine Überlegung, die für die Aus- und Weiterbildung von Berufs- und Betriebspädagogen noch kaum und in der Lehrerbildung erst ansatzweise aufgegriffen worden ist.

Die Multidimensionalität einer pädagogischen Theorie betrieblicher Bildungsarbeit läßt sich – und dies ist meine letzte „Annäherung" an eine systematische Darstellung ihres „besonderen Fokus" – auch noch anhand der unterschiedlichen Frage-Ebenen einer Theoriebildung erhellen. Hierbei bietet es sich an, eine „Ebene", die der ‚Gegenstandsbestimmung', der ‚Bedingungsanalyse', der ‚Funktionsanalyse' sowie der ‚Kritik' gewidmet ist, zu unterscheiden von einer „vorgelagerten" Ebene, die die individuellen und gesellschaftlich-historischen Verwurzelungen und Voraussetzungen der betrieblichen Bildungsarbeit umfaßt, und von einer „nachgelagerten" Ebene, die die „Anwendung" (Handlungsorientierung) der gewonnenen Ergebnisse zum Ziel hat. Aus dieser Zugriffsweise ergibt sich ein weiterer „Baustein" für eine pädagogische Theoriebildung zur betrieblichen Bildungsarbeit:

▷ Eine pädagogische Theoriebildung ‚im engeren Sinne' ist auf die ‚Bestimmung des Gegenstandes', die ‚Analyse der Bedingungen', unter denen sich dieser Gegenstand entwickelt, eine ‚Analyse der Funktionen' (der manifesten und latenten), die dabei „wahrgenommen" werden, sowie eine ‚Kritik' unter Zugrundelegung pädagogischer Ansprüche bezogen. Davon zu unterscheiden ist eine Theoriebildung (‚im weiteren Sinne'), die sich mit den „vorgelagerten" individuellen und gesellschaftlich-historischen Voraussetzungen einerseits oder mit der „nachgelagerten" Frage einer Anwendung und Nutzung wissenschaftlicher Erkenntnisse andererseits befaßt.

1.2 Geschichte und Entwicklungsstand betriebspädagogischer Theoriebildung

Im folgenden soll die Entwicklung der Betriebspädagogik in Geschichte und Gegenwart skizziert werden, wobei ich mich darauf beschränken werde, zunächst einige historische Entwicklungslinien nachzuzeichnen, um dann – in einem zweiten Schritt Karl Abraham (1957) als ausgewählten Repräsentanten mit Hilfe der vorstehend erarbeiteten „Anforderungen an eine pädagogische Theorie betrieblicher Bildungsarbeit" kurz zu analysieren.

a) Von der Betriebsgemeinschaft zur Personalentwicklung – historische Entwicklungslinien der Betriebspädagogik

Die Herausbildung der Betriebspädagogik als einer eigenständigen pädagogischen Disziplin läßt sich bis in das 19. Jahrhundert zurückverfolgen, wenn auch der Begriff selbst wohl erstmals im Jahre 1922 von W. Hellpach verwandt wurde (Müller 1973, 21). Am Anfang standen praktische, patriarchalisch-humanitär motivierte Maßnahmen einzelner Unternehmer, wie die bereits von A. Dörschel erwähnten betriebspraktischen Reformen des englischen Unternehmers Robert Owen (1771–1858), der sich nachhaltig um eine Verbesserung der wirtschaftlich-sozialen Lage der

Arbeiter seiner Baumwollspinnerei bemühte: „Seine Ideen sind neu und realisierbar: Reduktion der täglichen Arbeitszeit auf 10,5 Stunden, Lohnfortzahlung bei Arbeitslosigkeit, Verbot der Kinderarbeit unter 10 Jahren, Sanierung der Arbeitsplätze und der Arbeiterwohnungen, Gründung einer Konsumgenossenschaft, Einrichtung von Kranken- und Alterspensionskassen, Errichtung einer Fabrikschule, Förderung landwirtschaftlichen Nebenerwerbs" (Dörschel 1975, 13). Die Betriebspädagogik wurzelt somit in einer sozialen bzw. sozialpolitischen Motivation, wie sie für die frühen industrieschulpädagogischen und arbeitspädagogischen Ansätze typisch ist. In einem weiteren Verständnis ließen sich deshalb die Wurzeln des betriebspädagogischen Motivs bis zu den frühbürgerlichen Ansätzen der Arbeitserziehung im Zusammenhang mit der manufakturellen Produktion zurückverfolgen (vgl. Alt/Lemm 1970).

Weitere betriebspädagogische „Vorläufer" können nach A. Dörschel in den Betriebsuntersuchungen des Vereins für Sozialpolitik, den sozialpolitischen Bemühungen des Deutschen Instituts für technische Arbeitsschulung (DINTA), den industrie- und wirtschaftspädagogischen Beiträgen von Heinrich Kautz und Franz Schürholz, Human-Relations-Konzepten in den USA (Elton Mayo) und den arbeitswissenschaftlichen Ansätzen des Taylorismus gesehen werden (Dörschel 1975, 13 ff.). Alle diese industriebezogenen Vorläufer-Konzeptionen wurden auch „pädagogisch" ausgedeutet, wofür u. a. die „Industriepädagogik" von Erwin Krause (1963) und die von Johannes Riedel verfaßte „Arbeitspädagogik im Betrieb" (Riedel 1958) stehen. Von der berufspädagogischen Theoriebildung heben sich diese Ansätze allerdings dadurch ab, „daß sie sich nicht auf eine berufliche Erst- oder Weiterqualifizierung, sondern generell auf die Verbesserung der institutionellen Gegebenheiten, sozialen Beziehungen und individuellen Arbeitsbedingungen im Betrieb beziehen" (Manstetten 1978, 102). Besonders deutlich wird die dabei vorherrschende ingenieur- bzw. arbeitswissenschaftliche Perspektive bei Johannes Riedel, der unter dem Titel „Rationell Arbeiten" Hinweise für eine „Allgemeine Arbeitsschulung" vorgelegt hat (Riedel 1955). Auch heute noch hat die Arbeitspädagogik eine eigenständige, stärker interdisziplinär orientierte, auf die Zusammenhänge von Arbeit und Lernen bezogene Perspektive ausgebildet, die neuerdings stark inspiriert wird von den arbeitspsychologischen Theorien der Handlungsregulation (Schelten 1987), die auch von der Berufspädagogik und der Berufsbildungsforschung in den letzten Jahren verstärkt aufgegriffen worden ist (u. a. Tippelt 1981). Es wäre eine insgesamt lohnende Aufgabe, eine deutlichere Abgrenzung zwischen Betriebs- und Arbeitspädagogik herauszuarbeiten, da beide zwar in der „betrieblichen Arbeitspädagogik" (Schelten 1987, 10) einen gemeinsamen Gegenstand haben, diesen aber auf der Grundlage unterschiedlicher Theorietraditionen untersuchen. Der Ansatz der Arbeitspädagogik wird dabei von verschiedenartigsten Traditionen her entwickelt: Neben der Kerschensteiner'schen Arbeits*schul*pädagogik bzw. seinem „pädagogischen Begriff der Arbeit" wird auf die marxistische Arbeitslehre ebenso rekuriert, wie auf tätigkeitspsychologische Konzeptionen (vgl. u. a. Faulstich 1981). Sowohl die Arbeits- als auch die Betriebspädagogik folgen – im Unterschied zur Berufs- und Wirtschaftspädagogik – einer „berufspädagogischen Regionalisierung", d. h. sie gehen „vom betrieblichen Lern- und Arbeitsort aus und untersuchen die Berufserziehung eher als eine auch funktional-sozialisierende und berufsbegleitende Aktivität" (Arnold 1994 a; 37).

Was die Entwicklung des Begriffs der ‚Betriebspädagogik' anbelangt, so läßt sich der eigentliche Beginn einer systematischeren Erforschung der betrieblichen Erziehungsprobleme m. E. erst in den 30er Jahren dieses Jahrhunderts datieren. Die wesentlichen Schritte der weiteren Entwicklung der Betriebspädagogik lassen sich danach grob in drei Epochen einteilen:

(1) die *Konzeptionsphase* (1935–1960)
(2) die *Diversifizierungsphase* (1960–1980)
(3) die *Innovationsphase* (1980–heute)

ad 1: die Konzeptionsphase (1935–1960)

In diese Phase fallen zahlreiche Bemühungen um „Gesamtentwürfe" einer Betriebspädagogik, d. h. Theorieentwürfe, die eine umfassende Konzeption zu den verschiedenen „Ebenen" einer Betriebspädagogik (vgl. Abb. 2), d. h. zu dem „Wozu?", dem „Was?" und dem „Wie?" betrieblicher Bildungsarbeit zu erarbeiten versuchen. Dabei ist der hermeneutische Zugriff vorherrschend, wobei allerdings die Zeit- und Standpunktverwurzeltheit der Entwürfe kaum reflexiv aufgearbeitet wird und „Kritik" als Theorieelement – von wenigen Ausnahmen abgesehen[6] – nahezu völlig entfällt; die in dieser Epoche entstandenen Entwürfe sind in der Regel zeitverwurzelte Theorien, die sich auf eine Gegenstandsbestimmung sowie eine Bedingungs- und Funktionsanalyse „beschränken" und in einzelnen Fällen zu sehr apodiktisch gefolgerten Handlungsempfehlungen gelangen.

Die wichtigsten „Produkte" dieser Epoche stellen in den 30er Jahren die Arbeiten von F. Feld (1936) und Geck (1939) sowie in den fünfziger Jahren die Beiträge von Krasensky (1952), Geck (1953 und 1964) sowie Abraham (1957) dar (vgl. Abschnitt b). Alle diese Arbeiten bemühten sich um eine Konzeptionalisierung, d. h. um möglichst geschlossene Entwürfe einer eigenständigen Betriebspädagogik, die als erziehungswissenschaftliche Disziplin bzw. pädagogische Teildisziplin oder auch – wie bei Krasensky – als eine „spezielle Sozialwissenschaft" (Krasensky 1952, 3 ff.) begründet wurden, wobei allerdings anfänglich durchaus keine Einigkeit darüber bestand, „ob die Betriebspädagogik ihren Standort innerhalb der Wirtschaftswissenschaften, der Sozialwissenschaften, der Arbeitswissenschaften oder der Erziehungswissenschaften habe" (Müller 1975, 168). Trotz dieser anfänglichen Zuordnungsprobleme, die letztlich aus der Arbeits-, Betriebs- und Industrienähe des Gegenstandsbereiches selbst resultieren, hat sich die Konzeption der Betriebspädagogik als einer „be-

---

6. Zu erwähnen ist u. a. bereits Fricke, der 1927 in seinem Buch „Sie suchen die Seele. Die neue psychologische Arbeiterpolitik der Unternehmer" feststellte: „Ein großer Umfassungsangriff (...) auf die Seele des deutschen Arbeiters ist im Gange. Das Ziel des Vorstoßes besteht in nichts weniger als in einer völligen Umbildung der Geisteshaltung von Millionen von Arbeitern und Arbeiterinnen. Die Unternehmer haben sich also eine sozial-pädagogische Aufgabe von geradezu gigantischem Ausmaß gestellt. (...) Es ist beabsichtigt, mit allen inneren und äußeren Methoden der modernen Pädagogik (...) die Arbeiterschaft in eine enge Verbindung mit dem Betrieb zu bringen. (...) Es ist eine neue pädagogisch-psychologische Offensive (...), sich der Gehirne der Arbeiter und Angestellten zu bemächtigen" (Fricke 1927, 2).

sonderen (speziellen) Erziehungswissenschaft" spätestens mit den Entwürfen der 50er Jahre durchgesetzt. Konzeptions- und Konsolidierungsbemühungen der dreißiger und fünfziger Jahre[7] waren jedoch auch mit terminologischer Präzisierung verbunden. Die Betriebspädagogik entwickelte ihre eigenen Begriffe, eine Entwicklung, die m. E. bis zum heutigen Tage noch nicht abgeschlossen ist. Zwar entstand kein pädagogischer Betriebsbegriff, obgleich der von der Betriebswirtschaft übernommene Begriff „Betrieb" als unbefriedigend empfunden wurde (Krasensky 1952, 14; vgl. Freyer 1973, 55), doch entstand eine andere Kategorie, die der „Betriebsgemeinschaft", die als ein zentrales Konzept der Betriebspädagogik entwickelt werden sollte. So schwebte Krasensky „eine auf der Betriebsgemeinschaft aufgebaute Betriebspädagogik" vor: „Sie wählt aus den soziologischen Gebilden der Wirtschaft die intimste Gemeinschaftsform zur Erziehungsgemeinschaft. Der zwischenmenschliche Kontakt ist in ihr am stärksten gegeben und damit auch ihre erzieherische Eignung gegenüber anderen wirtschaftlichen Gemeinschaften am größten" (Krasensky 1952, 17). Aufgabe der Betriebspädagogik ist demnach die „erzieherische Gestaltung" der zwischenmenschlichen Beziehungen im Betrieb. Die Betriebsgemeinschaft wird so zur „Erziehungsgemeinschaft", in der die Persönlichkeitsentfaltung des Mitarbeiters das wichtigste Ziel ist. „Unser Ziel" – so Krasensky – „ist die *vollendete*, d. h. also auf *Werterleb-*

---

7. Auch in der Betriebspädagogik gibt es eine gewisse Kontinuität zwischen den Ansätzen vor und nach dem Dritten Reich. Dies darf allerdings nicht darüber hinwegtäuschen, daß es auch während des Dritten Reiches betriebspädagogische Bemühungen gab, die allerdings voll im Geiste der nationalsozialistischen Ziele standen. 1933 wurde das DINTA als „selbständiges" Institut in die der NSDAP unterstellte Deutsche Arbeitsfront (DAF) eingegliedert und ging 1935 gänzlich im „Amt für Berufserziehung und Betriebsführung der Deutschen Arbeitsfront" auf – Carl Arnhold wurde sein Leiter. Nach den Zielen des DINTA war die Lehrwerkstatt mit ihren psychotechnischen Eignungsprüfungen und ihrer strengen Disziplin – die Schlosserei wurde als „Infanterieschule des Lebens" angesehen – geeignet, den neuen „deutschen Arbeitertyp" zu formen; sie wurde zum „Exerzierplatz des praktischen Lebens", in der die „Soldaten der Arbeit" ausgebildet werden sollten. Die Verantwortung für die Berufserziehungsarbeit konnte dort in einer „starken" Führerhand zusammengefaßt werden, und nur die Lehrwerkstattarbeit ermöglichte angeblich die gemeinschaftliche und kameradschaftliche Erziehung der Jugendlichen (Pätzold 1987, 92). Vgl. zur Berufserziehung im nationalsozialistischen Deutschland auch: Kipp/Miller-Kipp 1990.

nis und Wertbeschaffung ausgerichtete Einzelpersönlichkeit" (ebd., 16; zit. nach: Schmittberger 1989, 7) – eine Forderung, die auch neuerdings im Zusammenhang mit den „neuen" Unternehmenskulturen wieder artikuliert wird, und auch in der Forderung nach einer „lebensweltorientierten Betriebspädagogik" (so etwa Dürr 1973, 89) leben Elemente der ursprünglich soziologischen Kategorie der ‚Gemeinschaft' (Tönnies) wieder auf; hierauf wird noch einzugehen sein.

In der neueren betriebspädagogischen Diskussion wird hingegen der Ideologiegehalt der „Betriebsgemeinschafts"-Idee kritisiert, transportiert doch dieser Begriff die Vorstellung von „gefühlsmäßigen, innigen sozialen Beziehungen" (Lipsmeier 1978. 106), wie sie für den Betrieb als Zweckverband eher untypisch sind. In diesem Sinne äußert auch Heinz Golas einen Ideologieverdacht, indem er m. E. zu recht darauf hinweist, daß in diesem Konzept Interessengegensätze eher eingeebnet werden: „Der Appell an das Zusammengehörigkeitsgefühl wird in den Dienst der Arbeitgeber gestellt, das heißt: Ablenkung von divergierenden Interessen. Soziale Spannungen, Auseinandersetzungen um Rolle und Status, Schlichtungswesen, Lohnkämpfe mit Streiks und Aussperrungen zeigen die Diskrepanz der Zielsetzungen, illustrieren die aus der industriellen Produktion resultierende Konfliktsituation zwischen Unternehmern und Managern einerseits sowie Arbeitern und Angestellten andererseits und widersprechen der Rede von der (konfliktfreien) ‚Gemeinschaft'" (Golas 1973, 513). Und auch ein weiterer Einwand von Golas sei erwähnt, kommt ihm doch gerade in Hinblick auf die humanistischen Ansätze neuerer Unternehmenskultur- und Personalentwicklungsstrategien eine hohe Aktualität zu: „Die Betriebsprobleme werden lediglich (...) als menschliche Probleme gesehen, ihre politischen Ursachen und Bezüge werden übersehen" (ebd.).

In der Konzeptionsphase der Betriebspädagogik wurden allerdings noch weitere, für die folgenden Entwicklungsphasen der Betriebspädagogik wesentliche „Grundbegriffe" entwickelt, von denen nur noch der der „funktionalen Erziehung" (Abraham 1957) erwähnt sei (vgl. Abschnitt b). Durch diesen Begriff wurde eine Aufmerksamkeitsrichtung entwickelt, die in unseren Tagen unter der Überschrift „moralische Sozialisation" durch den Betrieb bzw. „heimlicher Lehrplan des Betriebes" (Lempert 1981; 1988) verfolgt wird, gleichwohl einem ganz anderen, eher pädagogisch zu nennenden Erkenntnisinteresse folgend.

ad 2: die Diversifizierungsphase (1960–1980)

Seit den sechziger Jahren ist eine Diversifizierung in der Entwicklung der betriebspädagogischen Theoriebildung feststellbar, die einerseits weitere betriebspädagogische Gesamtentwürfe (Abraham 1978; Dörschel 1975) hervorbringt, aber auch durch Versuche gekennzeichnet ist, auf der Grundlage sozialwissenschaftlicher Paradigmen die Gegenstandbereiche einer Betriebspädagogik neu zu ordnen (u. a. Dürr 1973; Müller 1973; Freyer 1973). Hierbei geben zunächst vornehmlich normative, z. B. system- und entscheidungstheoretische Ansätze den Konzeptionalisierungsrahmen ab, während interaktions- und sozialisationstheoretische Entwürfe erst vereinzelt seit Mitte der 70er Jahre vorliegen (u. a. Geißler 1974; Lempert 1979; Lempert/Thomssen 1974). Neben solchen ‚secondhand'-Konzeptionen, die teilweise auch noch stark von betriebswirtschaftlichen Denkmodellen (z. B. Entscheidungstheorie) beeinflußt zu sein scheinen, hat sich seit den 70er Jahren die empirische Forschungsbasis für eine Theoriebildung wesentlich verbessert (u. a. Münch u. a. 1975). Daneben sind auch von der Lehrlingsdebatte vor und nach dem Berufsbildungsgesetz von 1969 sowie durch dieses selbst ausgelöst weiterführende Arbeiten entstanden, die sich immer stärker auch mit Teilaspekten der betrieblichen Bildungsarbeit befaßten. In diesem Zusammenhang lassen sich „(...) die vielen neueren Arbeiten zur Ausbildung im Betrieb und insbesondere zur Qualifizierung der Ausbilder als Bausteine zu einer (...) betriebspädagogischen Theorie deuten", so bemerkte R. Witt Ende der 70er Jahre (Witt 1978, 90).

ad 3: die Innovationsphase (1980–heute)

Als Innovationsphase lassen sich die Entwicklungen seit Beginn der 80er Jahre, verstärkt jedoch erst seit Mitte der 80er Jahre, charakterisieren, die darauf hinauslaufen,

– betriebliche Ausbildungsgänge nicht nur neu zu „ordnen" (z. B. im Metall- und Elektrobereich), sondern auch eine erweiterte Qualifikation der Auszubildenden durch ein „anderes", stärker auf die Entwicklung der Selbständigkeit der Auszubildenden bezogenes Lernen zu entwickeln (vgl. im einzelnen das 4. Kapitel);

– die betriebliche Weiterbildung nicht nur quantitativ erheblich auszuweiten, sondern sie auch „bewußter" d. h. als integrierten Bestandteil der Unternehmens- und Organisationsentwicklung zu gestalten und – zumindest in den größeren Betrieben – entsprechend zu „professionalisieren" (vgl. im einzelnen Kapitel 5 und 6);

– die Technikanwendung und -innovation selbst partizipationsoffener und lernintensiver zu gestalten und insgesamt den Akzent der Personalentwicklung weniger auf Integration, Loyalität und Kontrolle zu legen, sondern stärker auf Motivation und Mitarbeiterorientierung zu achten.

In der Innovationsphase scheinen von der Praxis der Betriebspädagogik die wesentlichen Impulse auszugehen; gleichzeitig fallen die dynamischen Entwicklungen in den Bereichen betrieblichen Arbeitens und Lernens immer weniger eindeutig in den Zuständigkeitsbereich nur oder in erster Linie der Betriebspädagogik. Vielmehr gewinnt nicht nur bei der Technikanwendung und -gestaltung der „humane Faktor" zunehmend an Gewicht, sondern auch die Personalwirtschaft entwickelt sich stärker zu einer Wissenschaft von der Entwicklung menschlicher Qualifikationen und Potentiale. Der Gegenstand der Betriebspädagogik ist deshalb immer stärker auf interdisziplinäre „Bearbeitung" angewiesen. Gleichzeitig gilt es, den pädagogischen Gehalt, d. h. die Folgen und Möglichkeiten für Bildung und Identitätsentwicklung der Mitarbeiter, ständig neu auszuloten und „fachfremde" Ansätze zur betrieblichen Bildungsarbeit entsprechend zu hinterfragen. Hierzu sind interdisziplinärer Dialog und praxisorientierte Forschung wesentliche Voraussetzungen. Die Betriebspädagogik hat die innovativen Ansätze der betrieblichen Bildungsarbeit erst sehr vereinzelt ausgewertet und zu eigenen Theorieentwürfen weiterentwickelt (vgl. Dürr 1988; Brater 1988; Geißler 1990b). Die Theorieimpulse kommen dabei seit Ende der 80er Jahre sehr stark von der Personalwirtschaftslehre (vgl. Jeserich 1989; Merk 1992), die allerdings ein Modell von Mitarbeiterorientierung und Persönlichkeitsentwicklung favorisiert, in das die individualpädagogischen Einsichten, Erfahrungen und Ergebnisse der Pädagogik erst ansatzweise eingegangen sind.

Zusammenfassend zur historischen Entwicklung der Betriebspädagogik läßt sich feststellen:

▷ Seit den dreißiger Jahren hat sich die Betriebspädagogik zunehmend von einer anfangs um Gesamtentwürfe und die „Klärung" von Grundbegriffen bemühten Wissenschaft (Konzeptionsphase 1935–1960) zu einer stärker ihre Fragestellungen ausdifferenzierenden (Differenzierungsphase 1960–1980) und schließlich innovative Mitarbeiterqualifikationen und entsprechende Qualifizierungskonzepte stärker in den Blick rückenden, interdisziplinär orientierten Wissenschaft entwickelt (Innovationsphase 1985–heute). In der Innovationsphase bieten sich erstmals auch von betrieblicher Seite verbesserte Bedingungen für eine Pädagogisierung betrieblicher Bildungsarbeit, weshalb sich die Betriebspädagogik selbst stärker ihres individualpädagogisch begründeten Auftrages „bewußt" werden sollte, um sich entsprechend an der Weiterentwicklung betrieblicher Lern- und Arbeitszusammenhänge beteiligen zu können.

b) Exkurs: ‚Der Betrieb als Erziehungsfaktor' – Anmerkungen zur Betriebspädagogik Karl Abrahams

Die Frage, wie die Beiträge der wichtigsten Repräsentanten der Betriebspädagogik unter den Gesichtspunkten einer „pädagogischen" Betrachtung zu beurteilen sind, kann im folgenden nicht detailliert untersucht werden (vgl. Arnold 1982, 36–85). Vielmehr soll exemplarisch der Ansatz eines Betriebspädagogen kommentiert werden, der bisweilen als „Wegbereiter der Betriebspädagogik" (Pleiß 1980, 374) bezeichnet wird: Karl

Abraham. Mit diesem Namen werden in der betriebspädagogischen Diskussion allerdings eher kritische, um nicht zu sagen ‚negative' Assoziationen verbunden, die nicht nur die Abraham'sche Theorie der Betriebspädagogik betreffen, sondern auch von seiner Person ein recht widersprüchliches Bild zeichnen.[8] „In seiner kruden Law-and-Order-Variante" – so die zusammenfassende Beurteilung von H. Nölker – „wird der Betrieb schließlich als Abbild der staatlichen Rechts- und der religiösen Weltordnung begriffen" (Nölker 1989, 23), womit sich dieser Ansatz als letztlich nicht durch pädagogische Kriterien legitimierbares normatives Konzept darstellt.

Dies wird bereits deutlich, wenn man nach dem besonderen Fokus einer pädagogischen Theorie betrieblicher Bildungsarbeit im Denken Abrahams sucht. K. Abraham distanziert sich explizit von dem individualpädagogischen Denken der Erziehungswissenschaft, die sich nach seinem Eindruck „(...) meistens darauf beschränkt, das Problem der Erziehung zu wirtschaftlichem Handeln von dem Standpunkt des einzelnen aus zu untersuchen" (Abraham 1957, 55). Demgegenüber sieht er den Auftrag der Betriebspädagogik darin begründet, „(...) die Erziehungsprobleme derjenigen Menschen zu untersuchen, die Glieder eines wirtschaftlichen Betriebes sind und dadurch eine typische Gemeinsamkeit ihrer Existenz besitzen. Sie ist dasjenige Gebiet der Erziehungswissenschaft, in dem die Ergebnisse der Erforschung des wirtschaftlichen Betriebes für die Erforschung des Problems der Erziehung des Menschen zu wirtschaft-

---

8. Bereits zur Zeit des Nationalsozialismus hat sich K. Abraham zu Fragen der betrieblichen Erziehungspraxis in einer Weise geäußert, die ihm den Vorwurf, ein „Apostel der nationalsozialistischen Ordnung" (Seubert 1976; zit. nach Preyer 1978, 75) zu sein, eintrug. K. Preyer zitiert u. a. folgende Äußerung, die diesen Vorwurf stützen soll: „es gibt (...) im Grunde nur einen Weg, um die seelischen Voraussetzungen für eine restlose Auswertung der Körperkräfte der Arbeiterschaft zu schaffen. Er besteht in der Erziehung zu einem unbedingten Willen zur Arbeit. Diese Willensschulung ist das Kernstück der wirtschaftlichen Erziehung" (1937) (zit. nach ebd.). Obgleich sich K. Abraham mit solchen Überlegungen sicherlich in keinen nachvollziehbaren Gegensatz zur nationalsozialistischen „Arbeitserziehung" brachte, weiß G. Hauptmeier zu berichten, daß Abraham berufliche Beeinträchtigungen durch die Nationalsozialisten zu erdulden hatte, die u. a. zum Verbot seiner ursprünglich als Habilitationsschrift geplanten Schrift „Die seelischen und körperlichen Grundlagen der Erziehung zur Arbeit" führten (Hauptmeier 1989, 458 f.).

lichem Handeln ausgewertet werden. Sie ist daher auch für den Problem-
kreis der durch den wirtschaftlichen Betrieb bewirkten funktionalen
Erziehung zuständig" (ebd., 55 f.). Es ist aufschlußreich, daß Abraham die
individualpädagogische Begründung von Bildungszielen nur als beliebige
„Standpunkt"-Orientierung zu denken vermag; ihm entgeht damit völlig
die aus der Macht der Tradition der Aufklärung gewachsene „Unver-
äußerlichkeit" der individuellen Freiheits- und damit Bildungsansprüche
des einzelnen, die für die Pädagogik – wie gezeigt – konstitutiv sind.
Nicht am Individuum, sondern am Betrieb ist das Denken Abrahams ausgerichtet, und dessen Ansprüche (z. B. Qualifizierungs- und Erziehungs-
ziele) werden nicht hinterfragt. Vielmehr argumentiert Abraham hinsichtlich des „originären Erziehungsrechtes" des Betriebes aus einer vor-
aufklärerischen „Macht der Tradition" heraus, wenn er feststellt, daß
dieses „Erziehungsrecht" dem Betrieb „(...) von niemand gegeben worden ist und von niemand genommen werden kann" (Abraham 1978, 14).

Die Abraham'sche Betriebspädagogik folgt damit einer *Verfälschung
des pädagogischen Prinzips,* da sie letztlich einseitig auf die Anpassung des
Individuums auf die funktionalen Erfordernisse des Betriebes ausgerichtet ist, und den Eigenrechten des Individuums keinen systematischen
Stellenwert einräumt. Seine Betriebspädagogik stellt sich somit als ein
subjektloses Anpassungsmodell dar, als der Versuch einer geschichts-
philosophischen und kulturpädagogischen „Verbrämung" betrieblicher
Herrschafts- und Kontrollinteressen, der einem zutiefst autoritären Denken entspringt. Dabei löst seine betriebspädagogische Konzeption die
Dialektik von intentionaler und funktionaler Erziehung zugunsten der
„funktionalen Erziehung"[9] auf. Die Erziehung durch den modernen Industriebetrieb bildet zur Ordnung – so ließe sich sein Ansatz zusammen-

---

9. Das Konzept der „funktionalen Erziehung" wurde wesentlich durch den in den
Nationalsozialismus „verstrickten" Heidelberger Pädagogen Ernst Krieck (1882–1947)
entwickelt, obgleich bereits auch Peter Peterßen (1884–1952), mit allerdings ganz anderen
Schlußfolgerungen, diesen Begriff verwandte. „Auf pädagogischer Seite" – so Friedrich
W. Kron – „gehörte Krieck zu den Wegbereitern einer Funktionalisierung und Totalisierung
der Erziehung, die zu einer allgemeinen und zusätzlichen Unterdrückung und Repres-
sion einer Vielfalt von Einzelnen, Gruppen und Schichten geführt hat" (Kron 1988, 195).

fassen: „Im Betriebe steht der Mensch in gewissen, für diesen Teil seines Lebens charakteristischen Ordnungszusammenhängen, die durch ihre Intensität und ihre Kontinuität sein Ordnungsbewußtsein entscheidend beeinflussen" (Abraham 1957, 126). Schafft und „beeinflußt" der „Mensch" nicht seinerseits die betriebliche Ordnung? – so möchte man fragen. Und: Ist die vorfindbare betriebliche Ordnung ‚per se' „rational"? Das Abraham'sche Denken klammert nicht nur das Individuum als aktiv-gestaltendes „Element" im betrieblichen Geschehen fast völlig aus, es unterstellt auch eine prästabilierte Harmonie zwischen vorfindbarer betrieblicher Ordnung und „Ordnungsbedürfnis" des Menschen. Der einzelne begegnet einem prinzipiell ‚rational' geordneten Betrieb als einem „sinnvoll geordneten Sozialgebilde" (ebd., 120), in welchem er sein „Ordnungsbewußtsein" entwickeln, welches er aber nicht nach Maßgabe eigener Ordnungsvorstellungen (mit-)gestalten kann.

1.3 Der Betriebspädagogik zur Erinnerung: Identitätssuche und Identitätserhalt des Individuums in Beruf und Betrieb

Das funktionale Denken hat die Konzeptionen der Sozialwissenschaften bis weit in die 70er Jahre hinein geprägt. Besonders das Rollen-Modell der Soziologie legte im Anschluß an den sogenannten Struktur-Funktionalismus (Talcott Parsons) das Augenmerk stark auf die Erhellung der Prozesse, in denen das einzelne Gesellschaftsmitglied durch die „Sozialisation" die Fähigkeiten (Kompetenzen) erwirbt, die es in die Lage versetzen, als erwachsener Mensch die Funktionen der Gesellschaft zu erfüllen und damit gleichzeitig den Fortbestand des Sozialsystems insgesamt sichern. Ohne hier im einzelnen die Geschichte der Rollentheorie bzw. der Sozialisationsforschung und ihrer Rezeption in der Pädagogik nachzeichnen zu können (vgl. u. a. Kron 1988, 72 ff.), sollen doch im folgenden wenigstens einige Hinweise[10] gegeben werden, um deutlich zu

---

10. Ich verzichte dabei auch auf die Dokumentation der umfänglichen Literatur zur Identifikationstheorie, die von mir an anderen Stellen ausgewertet wurde (vgl. Arnold 1985).

machen, daß die heutige Sichtweise stärker der dialektischen Verschränkung von Individuum und Gesellschaft im Prozeß der Sozialisation Rechnung trägt und mit dem „Identitätskonzept" einen Rahmen bereitstellt, der auch ein angemesseneres Verständnis der betrieblichen Bildungsarbeit als einer *Bildungs*arbeit ermöglicht.

Grundlegend erscheint mir in diesem Zusammenhang zunächst der Hinweis auf die unterschiedlichen Implikationen des funktionalen Rollenmodells einerseits sowie des interaktionistischen Identitätskonzeptes andererseits. Während ersteres die „Einführung in das Repertoire an (z. B. beruflichen) Rollen, die man als Erwachsener ‚beherrschen' muß" in den Vordergrund stellt, geht das Identitätskonzept davon aus, daß der einzelne flexible Fähigkeiten zum Umgang mit verschiedenen Rollen erwerben (können) muß. In der deutschen Soziologie wurde diese Erweiterung des Rollenmodells von Jürgen Habermas erarbeitet (im Anschluß an Ansätze von G. H. Mead, Erving Goffman u. a.), wobei er zwei wichtige Gesichtspunkte in das Bewußtsein hob:

a) Der einzelne „übernimmt" nicht nur soziale Rollen (role taking), sondern er gestaltet diese auch aktiv (role making), ein Gesichtspunkt, den K. Hurrelmann in seinem Modell des „produktiv realitätsverarbeitenden Subjekts" (Hurrelmann 1983) weiter präzisiert hat.

b) Die Art und Weise, wie der einzelne Rollen übernimmt und gestaltet ist nicht nur abhängig von den Erwartungen seiner augenblicklichen Bezugsgruppen (‚social identity'), sondern auch von den Erwartungen früherer Beziehungspartner, die sich in seinem Selbst als biographische Identität „abgelagert" haben (‚personal identity').

Das Identitätskonzept ermöglicht eine realistischere „Erklärung" der Sozialisationsprozesse, da es in Rechnung stellt, daß es in der Regel keine prästabilierte Harmonie zwischen den funktionalen Rollenanforderungen (z. B. der Berufsrolle) und den Bedürfnissen unterschiedlicher Menschen (z. B. im Betrieb) gibt, sondern vielmehr „Raum" für ein eigenes, subjektspezifisches Ausfüllen der Rollenanforderungen grundlegende Voraussetzung dafür ist, daß die Kooperation zwischen Menschen überhaupt zustandekommt und funktioniert. Insofern das Identitätskonzept somit selbständiges Handeln und Interpretieren bzw. aktive Realitätsverarbeitung des einzelnen „fordert" und dieses gleichzeitig in den Zusammenhang seines Bemühens um lebensgeschichtliche Kontinuität rückt, weist es eine große Nähe zu den Bildungstheorien auf. Identitätsfindung und Identitäserhalt lassen sich nämlich gleichermaßen wie die Bildung als eine „wechselseitige Erschließung" (Klafki) verstehen: das Individuum „erschließt" sich die Anforderungen seiner Umgebung und wird dabei selbst „erschlossen", indem es seine Identität entsprechend weiterentwickelt und fortschreibt.

Dieser etwas komplizierte Gedankengang, der hier auch nur sehr verkürzt und ohne seine theoretischen Verwurzelungen in den „Untiefen" der neueren sozialwissenschaftlichen Diskussion skizziert werden konnte, beinhaltet für die Betriebspädagogik einige Folgen, die zumindest angedeutet werden sollen:

– So ergibt sich aus dem Identitäts-Konzept die Folgerung, daß betriebliche Anforderungen nicht rigide vorgegeben werden können, sondern immer Raum für subjektive Interpretation und Ausgestaltung beinhalten müssen, damit sie von unterschiedlichsten Menschen in ihre Lebensgeschichte integriert werden können.

– Für die Bildungsarbeit selbst ergibt sich, daß eine „rein" sachliche Entwicklung von Lernprozessen kaum möglich ist, da auch in solchen vordergründig „sachlichen" Lernprozessen „die Arbeit an der eigenen Identität" eine wesentliche, manchmal sogar die wesentlichere Rolle[11] spielt (vgl. Voigt 1986, 138) als der Qualifikationserwerb.

– Arbeitsprozesse und Bildungsarbeit müssen deshalb immer auch nach Maßgabe der Chancen beurteilt werden, die sie dem einzelnen zur Wahrung und Weiterentwicklung seiner Identität bieten. Angesichts der Bedeutung des „Identitätsbausteines" Beruf kann deshalb von einem „Ende der Arbeitsgesellschaft" (Ralf Dahrendorf) keine Rede sein.

---

11. So zeigt sich nach H. Tietgens „(...) bei differenzierten Untersuchungen (...), daß auch Veranstaltungen mit sehr konkreten Inhalten nicht der Sache wegen, sondern aus Motiven besucht werden, die nur aus dem lebensgeschichtlichen Zusammenhang heraus zu verstehen sind" (Tietgens 1989 a, 79).

	Rollenkonzept	Identitätskonzept
Sozialisation Postulate, Implikationen	Einführung in das Repertoire an Rollen, die man als Erwachsener beherrschen muß	Ständige Balance von ‚role-taking' und ‚role-making' von personal und social identity
	(1) Übereinstimmung von Rollennormen und Interpretation durch Rolleninhaber	(1) Rollennormen nicht rigide definiert, sondern lassen Spielraum für subjektive Interpretation
	(2) Angesichts divergierender Normen Anlehnung an eine Rolle als konsistenten Bezugrahmen für Interaktion	(2) Im Interaktionsprozeß werden nicht nur die jeweils aktuellen Rollen übernommen, sondern auch auf eigene parallele oder frühere hingewiesen
	(3) Weitgehende Übereinstimmung der Rollenpartner im Hinblick auf ihre gegenseitigen Erfahrungen (Ausschaltung divergierender Interpretationen)	(3) Im Regelfall nur vorläufiger, tentativer u. kompromißhafter Konsens der Partner über die Interpretation ihrer Rollen erreichbar
	(4) Übereinstimmung der individuellen Bedürfnisse der Handelnden mit den institutionalisierten Wertvorstellungen der Gesellschaft (Übereinstimmung von Rollennorm und Bedürfnisdisposition)	(4) Individuelle Bedürfnisdispositionen entsprechen den institutionalisierten Wertvorstellungen nicht voll
	(5) Gegenseitige Bedürfnisbefriedigung der Rollenpartner	(5) Für die Sicherung des Fortgangs von Interaktion auf die von den eigenen verschiedenen Bedürfnisdispositionen des anderen eingehen und auch bei unvollständiger Komplementarität (d. h. teilweiser Bedürfnisbefriedigung) interagieren
	(6) Gleichsam automatische Erfüllung der Rollennormen (Internalisierung)	(6) Stabilität der Institutionen nicht bei automatischer Normerfüllung, sondern bei Möglichkeit, im Rahmen des Interpretationsspielraumes eigene Bedürfnisse in der Interaktion zu befriedigen

Abb. 3: Sechs Implikationen des Rollen-Konzeptes und des Identitätskonzeptes (nach: Krappmann 1971)

Das Identitäts-Konzept nimmt jedoch nicht nur die wesentlichen „Anliegen" des Bildungsbegriffs in sich auf, es ist m. E. auch geeignet, den Rahmen für ein zukunftsbezogenes, weniger ‚material' (inhaltlich), sondern ‚formal' ausgelegtes Bildungskonzept abzugeben. Insofern auch Berufsbildung immer weniger material-instrumentell, sondern zunehmend hinsichtlich ihrer „reflexiven" Anteile zu entwickeln sein wird, wie u. a. die Diskussion um die Schlüsselqualifikationen zeigt (vgl. Kapitel 4), dürfte sich gerade die Flexibilität des Identitäts-Konzeptes (‚role-taking', ‚personal-identity') in Zukunft für die Entwicklung eines zeitgemäßen Konzeptes beruflicher Identität als zunehmend bedeutsam erweisen.

Zusammenfassend läßt sich feststellen:

▷ Während das funktionale Rollenmodell von der eher unrealistischen Erwartung ausgeht, daß der einzelne die Rollenanforderungen der Gesellschaft (bzw. des Betriebes) im Prozeß seiner Sozialisation zu „übernehmen" lernt, beinhaltet das Identitäts-Konzept realistischere Implikationen. Es räumt dem einzelnen die Möglichkeit zur Interpretation vorgegebener Anforderungen und zur Integration neuer Situationen in seine Lebensgeschichte ein. Damit weist das Identitätskonzept eine große Nähe zu den Bildungstheorien auf. Zukünftig dürfte mit der zunehmenden Bedeutung formaler, flexibilitätserfordernder Anforderungen auch die Bedeutung des Identitätskonzeptes wachsen.

2. Betriebliche Bildungsarbeit im Kontext von Personal- und Organisationsentwicklung

> *„Wenn sich Organisationen in ihren Manage-*
> *mentmethoden ausschließlich darauf ver-*
> *lassen, daß die Arbeiter Angst haben, ihren*
> *Arbeitsplatz zu verlieren oder um die Befrie-*
> *digung ihrer Grundbedürfnisse gebracht zu*
> *werden, werden sie Schwierigkeiten haben zu*
> *überleben"* (Gordon 1989, 274).

In einigen Veröffentlichungen wird der Personalentwicklung eine „Führungsrolle im technischen Wandel" (Staudt/Rehbein 1988, 19 ff.) zugewiesen. Sie soll u. a. „mitarbeiterorientiert" (Strube 1982) ausgerichtet werden und sich nicht länger auf die nur „instrumentell-mechanistische Funktion der Beschaffung und des Einsatzes von Personal" (ebd.) beschränken. Als strategisches Element soll sie sich in die Organisationsentwicklung des Betriebes einfügen und mithelfen, Organisationsformen zu entwickeln, die stärker auf die Eigenaktivität und Mitverantwortung der Mitarbeiter setzen (Hölterhoff 1989) und damit die Qualifikationen im Mitarbeiterstamm bereitstellen, die für eine flexible und zukunftsorientierte Unternehmensentwicklung von Bedeutung sind.

Betriebliche Bildungsarbeit hat sich in den letzten Jahren zunehmend von einer anfangs beiläufigen und marginalen Unternehmensfunktion zu einem wesentlichen Element moderner Unternehmensführung entwickelt, wobei sich ein Konzept durchsetzte, das auf eine Integration von Personal- und Organisationsentwicklung hinausläuft (vgl. Staudt 1995). Zwar ist diese Entwicklung erst in den Mittel- und Großbetrieben weitgehend ausgereift, doch dürfte sie in Zukunft auch weitere Bereiche des Wirtschaftslebens erfassen. Von entscheidender Bedeutung scheinen dabei zwei generelle Tendenzen zu sein, auf die in diesem Kapitel deshalb eingegangen werden soll:

- die Entwicklung von einem *Anpassungs-* zu einem *Gestaltungsansatz* betrieblicher Personalentwicklung, ein Trend, der sich auch als Entwicklung von einer *quantitativ* zu einer *qualitativ* orientierten Personalentwicklung beschreiben ließe, und

- die Entwicklung von einer „*konsekutiven*" bzw. „reaktiven" zu einer „*simultanen*", wenn nicht gar „antizipierenden" Personalentwicklung.

Bei der Darstellung und Kommentierung dieser beiden Tendenzen sollen folgende Fragen untersucht werden:

- Welche betrieblichen und außerbetrieblichen Bedingungen (Determinanten) beeinflussen Ausmaß und Art der Bildungsaktivitäten eines Betriebes?
- Wie planen Betriebe ihre Personalentwicklung?
- Welche Zusammenhänge bestehen zwischen der Personalentwicklungsplanung und der Bildungsbedarfsanalyse sowie der Bildungsplanung im Betrieb?
- Was bedeutet es, von der Personalentwicklung als einer Strategie der Organisationsentwicklung zu sprechen? Wie müßten entsprechende Personalentwicklungsstrategien und Bildungskonzeptionen ausgelegt sein?
- Welche neuen Führungskonzeptionen sind mit den integrativen Ansätzen zur Personal- und Organisationsentwicklung verbunden?

In der betriebswirtschaftlichen und betriebspädagogischen Literatur hat sich noch keine einheitliche Verwendung der Begriffe Personalentwicklung und Organisationsentwicklung herausgebildet. Ungeklärt ist insbesondere ihre Verwendung und ihr Stellenwert im Hinblick auf die betriebliche Bildungsarbeit. Diese begriffliche Unsicherheit kann letztlich auch als Ausdruck der Entwicklung des Gegenstandsbereiches und seiner „angestammten" Bezugswissenschaften selbst gewertet werden. Indem sich die Betriebswirtschaftslehre den qualitativen Aspekten der Unternehmensentwicklung verstärkt zuwandte, geriet auch die Bildungsarbeit als wichtige Strategie der Personalentwicklung verstärkt in den Blick. Gleiches ließe sich über die neueren, mehr verhaltens- als strukturorientierten Organisationstheorien sagen. Damit wurde die ursprünglich „nur"-pädagogische Konzeptualisierung betrieblichen Lernens „überlagert" durch die Bedeutungshöfe der betriebswirtschaftlichen Kategorien Personalplanung, Personalentwicklung sowie Organisationsplanung und Organisationsentwicklung, die dadurch aber auch selbst eine mehr pädagogische Reformulierung erfuhren. Diese ‚Begriffsinfiltration' hat aber auch zur Verschwommenheit ursprünglich deutlicher Kategorien geführt, was u. a. darin seinen Ausdruck findet, daß auch Berufspädagogen den Begriff „Personalentwicklung" verwenden und in einem kaum noch betriebswirtschaftlichen Sinne definieren als „zielgerichtete Beeinflussung menschlichen Verhaltens in Betrieben" (Sonntag 1989, 3). Auch der Begriff der Organisationsentwicklung sieht sich durch eine Annäherung an die pädagogischen Intentionen betrieblicher Bildungsarbeit (vgl. individualpädagogische Orientierung) bestimmt, etwa wenn z. B. Wolfgang Jeserich feststellt: „Heute verfolgt die Organisationsentwicklung zwei gleichwertige Hauptziele:

– die Entfaltung der Organisationsmitglieder und

– die Erhöhung der Leistungsfähigkeit der Organisation" (Jeserich 1989, 60).

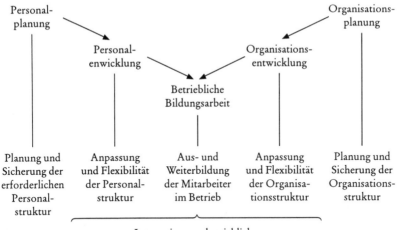

Abb. 4: Paradigmenverschiebung: von der Personal- und Organisationsplanung zur betrieblichen Bildungsarbeit

Der gemeinsame Wortbestandteil „Entwicklung" kann als Ausdruck einer generellen Paradigmenverschiebung der betriebswirtschaftlichen Personal- und Organisationsplanung verstanden werden, die sich zunehmend weniger als Struktur-, sondern als Verhaltensmodelle verstehen. Damit verbunden ist eine Annäherung an eine pädagogische Theorie betrieblicher Bildungsarbeit, die immer schon stärker am einzelnen Menschen und der Entwicklung seiner Verhaltenspotentiale (Bildung, Qualifikation) orientiert ist, möglicherweise aber selbst auch stärker die strukturellen Rahmenbedingungen dieser Entwicklungsbemühungen berücksichtigen sollte.

Der weiteren Verwendung der Begriffe ‚Personalentwicklung', ‚Organisationsentwicklung' und ‚betriebliche Bildungsarbeit' soll folgende Definition zugrundegelegt werden:

▷ *Organisationsentwicklung* bezeichnet alle Maßnahmen, die darauf bezogen sind, die Entscheidungs-, Kooperations-, Realisierungs- und Erneuerungskompetenz in einer Organisation zu verbessern, indem organisatorische Veränderungen durch eine Entwicklung der Problemlösungs- und Innovationskompetenz der betroffenen Mitarbeiter ergänzt oder initiiert werden.

Personalentwicklung ist darauf bezogen, die personellen Voraussetzungen für diesen Wandlungsprozeß zu entwickeln und zu garantieren, indem sie dafür „sorgt", daß die fachlichen und außerfachlichen Qualifikationen, die für die innovative und zukunftsorientierte Entwicklung des Unternehmens erforderlich sind, rechtzeitig und in ausreichendem Maße zur Verfügung stehen.

Betriebliche Bildungsarbeit umfaßt die Gesamtheit der formellen (Aus- und Weiterbildung) und informellen Lernprozesse im Betrieb. Sie stellt eine wesentliche Strategie der Personalentwicklung dar, ist in ihren Begründungen und Zielen jedoch auch auf die Bedürfnisse sowie die Bildungs- und Qualifikationsansprüche der Mitarbeiter bezogen.

2.1 Determinanten betrieblichen Bildungsbedarfs

Die Personalentwicklung wird im folgenden nicht einfach als eine Strategie zur Personal*bedarfsdeckung* neben anderen denkbaren Förderstrategien (z.B. Anreizsysteme, Beförderung usw.) verstanden. Vermieden wird auch eine definitorische Angleichung an die Aufgaben und Ziele der betrieblichen Bildungsarbeit. Ausgegangen wird vielmehr von einem Begriffsverständnis, das in dem Begriff der Personalentwicklung einen *neuen Zugang zur Gesamtheit der betrieblichen Personalplanung* erkennt und damit über eine bloße Verengung auf den Bereich der Aus-, Fort- und Weiterbildung hinausgeht (vgl. Drosten 1996). Gefolgt wird einer Definition von Jürgen Berthel, demzufolge unter „Personalentwicklung eine Summe von Tätigkeiten zu verstehen (ist), die für das Personal nach einem einheitlichen Konzept systematisch vollzogen werden. Sie haben in bezug auf einzelne Mitarbeiter aller Hierarchie-Ebenen eines Betriebes die positive Veränderung ihrer Qualifikationen und/oder Leistungen durch Versetzung, Aufgabenstrukturierung und/oder Fortbildung zum Gegenstand. Sie geschehen unter Berücksichtigung des Arbeits-Konzeptes, wobei ihre Orientierungsrichtung die Erreichung (Erhöhung des Erreichungsgrades) von betrieblichen und persönlichen Zielen ist" (Berthel 1979, 153).

Personalentwicklung ist demzufolge eingebunden in eine Konzeption (der Organisationsentwicklung) und umfaßt ein über die Bildungsarbeit hinausgehendes Instrumentarium. Ein wesentlicher erster Schritt ist – wie im folgenden zu zeigen sein wird – die Ermittlung des jeweiligen Personalbedarfs. Personalentwicklung läßt sich demnach im weitesten Sinne als ein zweistufiger Prozeß darstellen, der zudem – auch das wird noch auszuführen sein – durch Interdependenzen gekennzeichnet ist.

a) Ermittlung des Planungsbedarfs

Bis in die 80er Jahre hinein – und auch heute noch vielerorts – herrscht(e) in den Betrieben im Hinblick auf ihre Personal- und Bildungsbedarfsplanung eine Art *Restgrößendenken* vor, welches einem betriebswirt-

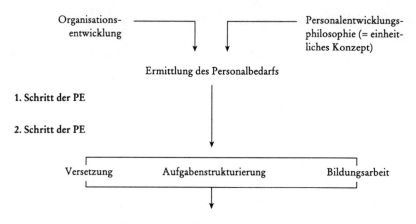

Abb. 5: *Ebenen, Instrumentarien und Wirkungszusammenhang der Personalentwicklung*

schaftlichen Denkmodus entsprang, der sich einseitig an den „harten" Faktoren der Unternehmensentwicklung, wie Organisationsstruktur, Planung und Steuerung sowie Strategien, orientierte und die „weichen" Faktoren, wie Qualifikation, Personalentwicklung und Unternehmenskultur, weitgehend vernachlässigte (vgl. 3. Kapitel). Diesem Denken entsprach ein *Anpassungsansatz* der Personalentwicklung, der diese in eine grundsätzliche „Nachhutsituation" gegenüber den technischen, wirtschaftlichen und organisatorischen Entwicklungsimpulsen brachte. Das klassische Planungsschema dieses Anpassungsansatzes schildern Staudt/ Rehbein mit den Worten: „Ausgehend von bestimmten Marktsituationen – man könnte es auch gleichsetzen mit Produkt- oder Produktionsinnovationen – sind die entsprechenden Absatzmöglichkeiten zu erkunden, die geplanten Absatzmengen festzulegen und darauf entsprechende Fertigungs- oder Dienstleistungsprozesse aufzubauen. Dabei bestimmt dann die jeweils historisch verfügbare zentrale Fertigungs- oder Dienstleistungstechnik Aufbau- und Ablauforganisation. Die Technik wird somit zum Fixpunkt. Aus ihr leiten sich Personalbedarf und Personalqualifikation ab" (Staudt/Rehbein 1988, 21). Diese ersten Schritte einer Bedarfsplanung lassen sich auch der folgenden Abbildung (Abb. 6) entnehmen.

Einflußfaktoren   **Planungsablauf**

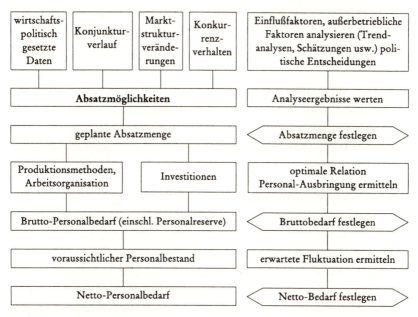

Quelle: RKW-Handbuch 1978, Teil I, S. 31

Abb. 6: Einflußfaktoren und Planungsablauf der Bedarfsplanung nach dem Anpassungs-ansatz (Staudt/Rehbein 1988, 22)

Dieses Planungsschema, das die erste Phase der Personalentwicklung, die *Bedarfsermittlung* betrifft (vgl. Abb. 5), geht nicht nur von einem „hard-fact"-orientierten Ansatz aus, es operiert auch mit einem Bedarfsbegriff, der einer „konkretistischen Ableitungslogik" (Arnold 1990) folgt. Kurz gesagt, geht dieser Ansatz davon aus, daß

- in erster Linie *außerbetriebliche* Faktoren, wie Konjunkturverlauf, Marktstrukturveränderungen usw., die Produktionsplanung determinieren,

- die Investitionsplanung sowie die Entscheidungen über Produktionsmethoden und Arbeitsorganisation sich einseitig aus diesen externen Rahmendaten folgern lassen,

67

– diese Folgerungen auch den Personalbedarf festlegen, über dessen „Befriedigung" dann im nächsten Schritt der „Personalbedarfsdeckungsplanung" entschieden werden kann.

Bereits in diesem frühen Stadium der Personalentwicklungs- und Bildungsplanung ist jedoch zu fragen, ob das zugrundeliegende Schema der Einflußfaktoren (Determinanten) „vollständig" ist. Zu fragen ist auch, ob der Annahme einer konkretistischen Ableitungslogik nicht wesentliche *Interdependenzen*, die besonders an der „Schnittstelle", an der Produktionsmethoden und Arbeitsorganisation „abgeleitet" werden sollen, zutagetreten, entgehen.[12] Dies scheint mir durchaus der Fall zu sein, wenn man sich z. B. fragt, durch welche Faktoren die Absatzmöglichkeiten eines Produktes tatsächlich beeinflußt werden. Unberücksichtigt bleibt in dem Anpassungsmodell die „Qualität" des Produktes im weitesten Sinne, welche für seinen Markterfolg von nicht zu unterschätzender Bedeutung ist. Hierzu zählt auch eine Motivierung der Mitarbeiter in der Form z. B. einer „Kundenfixierung", die, wie Thomas Peters und Robert Watermann in ihrem Buch „Auf der Suche nach Spitzenleistungen" feststellen, für die wirklich erfolgreichen Unternehmen „(...) ein stärkeres Antriebsmodell zu sein (scheint) als die Technologie oder als der Wunsch, kostengünstig zu produzieren" (Peters/Watermann 1986, 190). Die „Servicebesessenheit" (ebd.) der Mitarbeiter stellt nach ihren Erfahrungen eine qualitative Voraussetzung für die Absatzmöglichkeiten und damit für die Absatz- und Produktions(mengen)planung eines Unternehmens dar, die in dem Anpassungsansatz der Personalbedarfsplanung nicht „vorgesehen" ist.

---

12. Bereits das von Joachim Münch u. a. (1975, 29) entwickelte „Paradigma der Einflußfaktoren auf das betriebliche Bildungssystem" stellt eine Zusammenblendung von betriebsexternen und -internen Faktoren dar, welches von Clemens Heidack „unter besonderer Berücksichtigung der Entwicklung und des Fortschritts in der Weiterbildung" (Heidack 1989, 303 ff) um weitere Faktoren (z. B. „Markt für Beratungs- und Weiterbildungsdienstleistungen") erweitert wurde. So verdienstvoll diese weitere Differenzierung auch sein mag, so scheint sie mir doch dem Phänomen der „Unterdeterminiertheit", dem auch die betriebliche Personalentwicklung und Bildungsarbeit unterliegt, nicht ausreichend Rechnung zu tragen; erforderlich ist deshalb eine weitere Differenzierung der betriebsinternen Einflußfaktoren, zu denen auch eine gewisse Eigenvarietät der Personalentwicklungsphilosophie gerechnet werden kann.

Diesem fehlt die „qualitative Komponente" (Hölterhoff 1989, 78); er geht einseitig von quantitativ „faßbaren", externen Einflußfaktoren aus. Im Sinne einer realistischen Personalbedarfsplanung käme es jedoch darauf an, auch die qualitativen, betriebsinternen bzw. mitarbeiter- „abhängigen" Einflußfaktoren bereits im Frühstadium der Planung zu berücksichtigen. Dies könnte geschehen durch eine systematische Einbeziehung der Beteiligten- bzw. Betroffenenperspektive bereits bei Entscheidungen über Produktionsausweitung bzw. -veränderungen. Auf alle Fälle scheint es notwendig zu sein, das Schema der Einflußfaktoren um qualitative, betriebsinterne Einflußfaktoren, d. h. um eine „Potentialanalyse" (Jeserich 1989, 19) zu erweitern. Daß eine frühzeitige Einbeziehung aller Beteiligten auch der Akzeptanz und damit dem Erfolg von Änderungen zugute kommt, haben Leiter u. a. anschaulich demonstriert. Bei dem von ihnen geschilderten Experiment in einer Textilfabrik wird deutlich, „(...) was auch jeder Praktiker bestätigen kann. Innovationen lassen sich schneller und erfolgreicher gemeinsam mit den Betroffenen durchführen, als wenn sie von ‚oben' verordnet werden. Die Betroffenen müssen zu Beteiligten gemacht werden, wenn hohe Akzeptanz einer Innovation erreicht werden soll. Die Beteiligung fängt (...) bei der Vorbereitung – in unserem Fall mit der Bildungsbedarfsanalyse – an" (Leiter u. a. 1982, 275).

b) Qualitative, potential- und partizipationsorientierte Personalbedarfsplanung

Wie kann eine Personalbedarfsplanung, die

– nicht nur den quantitativen, sondern auch den vorhandenen oder zu schaffenden qualitativen Personalbedarf berücksichtigt,

– nicht nur reaktiv und anpassungsorientiert, sondern auch potentialorientiert verfährt und zudem

– die Betroffenen zu Beteiligten werden läßt,

organisiert werden? In diesem Zusammenhang kann kein differenziertes neues Personalentwicklungskonzept entwickelt werden; gleichwohl sollen einige Hinweise erarbeitet werden, die bei einer Personalbedarfsermittlung berücksichtigt werden sollten. Diese Hinweise gehen davon aus, daß der *Anpassungsansatz* der reaktiven Personalentwicklung durch einen *Gestaltungsansatz* abgelöst bzw. ergänzt werden sollte, eine Forderung, die im folgenden nur sehr exkursorisch hergeleitet werden kann.

Begründet wird diese Überlegung in erster Linie durch die bestehenden Interdependenzen im Verhältnis von betriebsexternen Einflußfaktoren (z.B. ‚technische Entwicklung‘) und betriebsinternen Einflußfaktoren, die u. a. durch die Untersuchungen von B. Lutz (1979), aber auch bereits durch die generellen theoretischen Analysen von G. Kühlewind und M. Tessaring (1975), deutlich ins Bewußtsein gehoben wurden.[13] Die Ergebnisse dieser Untersuchungen legten die Einschätzung nahe, daß es keinen gradlinigen und vorgezeichneten Verlauf für die Anwendung von Technik in der Produktion und in speziellen Produktionsverfahren gibt, diese vielmehr in starkem Maße von „sozialen Faktoren" und „subjektiven Interessen" aller Beteiligten mitgeprägt werden. Der Versuch, aus externen Anforderungen *alleine* „zu erwartende" Arbeitsplatzanforderungen und „Personalbedarfe" zu deduzieren, erweist

---

13. Auf der Basis von vergleichenden Studien zum Arbeitskräfteeinsatz in französischen und deutschen Industriebetrieben stellte B. Lutz fest, „(...) daß die deutschen und französischen Betriebe gleiche Produkte unter gleichen oder sehr ähnlichen technischen Bedingungen mit ganz anderen Arbeitskräftestrukturen erzeugten, ohne daß offenkundige Unterschiede in der Rentabilität oder Produktivität bestünden. Diese jeweils ganz anderen Arbeitskräftestrukturen entsprechen auch ganz anderen Formen von Betriebs- und Arbeitsorganisation, wobei offensichtlich ein enger Zusammenhang besteht zwischen dem Niveau beruflicher Qualifizierung der Beschäftigten und dem Grad der hierarchischen und funktionalen Arbeitsteilung im Betrieb andererseits: Die deutschen Betriebe, die in aller Regel aus dem dualen System beruflicher Ausbildung über eine große Zahl von gleich oder ähnlich qualifizierten Fachkräften verfügen, hatten stets eine viel weniger stark ausgeprägte Hierarchie und eine weniger weit vorangetriebene funktionale Arbeitsteilung mit entsprechend größerer Autonomie und reicheren Arbeitsinhalten an den meisten Arbeitsplätzen als die französischen Betriebe. Dies bedeutet im übrigen wieder, daß die deutschen Belegschaften unter sonst gleichen Bedingungen schon deshalb qualifizierter waren, weil die größere Autonomie in der Arbeitsausübung ihnen viel mehr Chancen bot, im Arbeitsprozeß selbst weiter zu lernen, sich an immer wieder auftauchenden neuen Problemen weiterzuentwickeln" (Lutz 1979, 9). Gibt es einen deutlicheren Hinweis auf die „Unterdeterminiertheit", d. h. die nicht-eindeutige Festlegung, und die soziale Gestaltbarkeit des betrieblichen Personalbedarfs?

sich deshalb als verkürzt. Scheint es doch eine gegenläufige Wirkungs-
richtung zu geben: „Vorhandene oder zu schaffende Qualifikationen,
mehr noch das Tätigkeitsangebot, das beruflich wirklich ‚gebildete‘ Menschen machen können, wirken auf die Formen der Arbeit und der Arbeitsorganisation ein“ (Rauner/Heidegger 1989, 217). Aus dieser „rela-
tiven Eigenständigkeit des Faktors Bildung“ (ebd.) ergeben sich auch wesentliche Konsequenzen für eine Neukonzipierung des ersten Schrittes
betrieblicher Personalentwicklungs- und Bildungsbedarfsanalyse: diese
wäre auch im Sinne einer potentialorientierten *Gestaltung* der betrieblichen Qualifikationsstruktur zu entwickeln, wie es die sogenannten *qualitativen Personalentwicklungsansätze* (vgl. Hölterhoff 1989; Jeserich 1989,
31 ff.) vorsehen.

Der Gestaltungsansatz der Personalentwicklung geht bei der Ermittlung des Personalbedarfs somit von anderen Überlegungen aus als die
quantitative Personalplanung. ‚Gestaltung‘ erfordert vielmehr von den
für die Personalentwicklung Verantwortlichen eigenständige, von *Konzeptionen* und *Leitideen* über die wünschbare Personalstruktur geleitete
Entscheidungen; ihre Funktion ist somit auch eine bildungspolitische (i. S.
einer wertbezogenen Gestaltung) und erschöpft sich nicht in der bloßen
Transformation externer Anforderungen in betriebliche Personalarbeit.
Vielfach entwickeln deshalb die Betriebe bereits Personalentwicklungs-

Ansätze/Kriterien	quantitative Personalplanung $\longrightarrow$	qualitative Personalplanung
Einflußfaktoren	*externe:* wirtschaftspolitisch gesetzte Daten, Konjunkturverlauf, Marktstrukturveränderungen, Konkurrenzverhalten	*externe und interne:* interne: vorhandene oder zu schaffende Qualifikationspoten- tiale, Entwicklungsbedürfnisse der Mitarbeiter
Annahmen	Determiniertheit, konkretisierte Ableitungslogik	Unterdeterminiertheit, („Nicht-Festlegung“) Interdependenz
Strategien	Anpassung	Gestaltung

Abb. 7: Von der quantitativen zur qualitativen Personalentwicklung

und Bildungskonzeptionen, in denen sie die grundlegenden Orientierungen für diesen Bereich darlegen. Diese Konzeptionen haben folgenden Überlegungen Rechnung zu tragen:

– Die bereits vorhandenen oder zu schaffenden Qualifikationspotentiale der Mitarbeiter können als eine bedingt unabhängige Variable angesehen werden, die es potentialorientiert, d. h. auch *ohne* Vorliegen konkreter externer Anforderungen – gewissermaßen im Sinne einer Art „Vorleistung" oder Investition – zu entwickeln gilt. Qualitative Personalentwicklung kann ihre Ziele deshalb nie ausschließlich aus der Auswertung externer Anforderungen ableiten; sie ist vielmehr immer auch zu orientieren an „normativen" Vorgaben zu den „gewünschten" Mitarbeiterqualifikationen.

– Grundlegend ist auch die Erfahrung, daß Bildungs- und Qualifikationsbedarfe nur begrenzt konkret prognostizierbar sind; vielmehr sind es häufig die „schlummernden" Mitarbeiterqualifikationen, das sogenannte „tacit-knowledge" (Polanyi 1985), welche sich in entscheidenden Momenten als hoch produktiv erweisen können.[14]

– Weiterhin ist die Berücksichtigung der Interdependenz zwischen Arbeit und Technik wesentlich, derzufolge die Art der Technikanwendung sowie die Formen der mit ihr verbundenen Arbeitsplatzgestaltung stark abhängig sind von den vorhandenen Mitarbeiterqualifikationen sowie den Chancen, die den Mitarbeitern eingeräumt werden, um sich an den Entscheidungen über Innovationen, der „Neuschneidung" von Tätigkeitsfeldern sowie der entsprechenden Arbeitsorganisation zu beteiligen.

Qualitative Personalentwicklung ist somit bei der Ermittlung ihrer Planungsgrundlage sowohl außen- wie innenorientiert; sie ist nicht nur defizitorientiert, i. S. einer „Anpassung" defizitärer Mitarbeiterqualifika-

---

14. Hinzuweisen ist in diesem Zusammenhang auf den Ansatz der „subjektorientierten Weiterbildung" von M. Brater, der seine wesentliche Begründung aus dieser prinzipiellen Unterdeterminiertheit des Bedarfs herleitet: „Man wird hier um die Einsicht nicht herumkommen, daß sich aus der wirtschaftlich-technischen Entwicklung und dem sich daraus angeblich ergebenden Qualifikationsbedarf keine Orientierungs- und Begründungslinien für die berufliche Weiterbildung ableiten lassen" (Brater 1980, 69).

tionen an veränderte Qualifikationsanforderungen, sondern auch potential- und gestaltungsorientiert. Personalbedarfsplanung in diesem Sinne ist somit gleichermaßen eine analytisch-prognostische wie auch eine Gestaltungsaufgabe. Zusammenfassend kann festgehalten werden:

▷ Eine Prognose des Personalbedarfs ist durch eine bloße Auswertung der externen Einflußfaktoren der Unternehmensentwicklung kaum möglich. Fragwürdig und unvollständig ist eine solche Bedarfsermittlung deshalb, weil sie vornehmlich von einer (Außen-)Determiniertheit des betrieblichen Personalbedarfs ausgeht, Bedarf glaubt aus den externen Anforderungen deduzieren zu können und Personalentwicklung als einseitige Anpassung an diese Anforderungen versteht.

Demgegenüber sind jedoch die internen Einflußfaktoren, wie vorhandene oder zu schaffende Qualifikationspotentiale der Mitarbeiter sowie deren Entwicklungsbedürfnisse, zu berücksichtigen, da diese die Art der Technikanwendung sowie die Formen der Arbeitsorganisation mitgestalten (können) und dadurch auch den (verbleibenden) „Ergänzungsbedarf" mitbestimmen. Qualitative Personalentwicklung ist zudem potentialorientiert; sie verfolgt die längerfristige Entwicklung von Mitarbeiterpotentialen nach Maßgaben einer Personalentwicklungs-Konzeption, deren Ziele von den aktuellen und zukünftigen externen Anforderungen bedingt unabhängig sind.

Was bedeutet dies konkret für die Planung und Durchführung einer Personalbedarfsanalyse? Grundlegend für den Gestaltungsansatz einer qualitativen Personalentwicklung ist die systematische Einbeziehung der Betroffenenperspektive. Es ist demnach zu fragen, mit Hilfe welcher professionellen Instrumente diese Entwicklungsbedürfnisse ermittelt werden können. Strube hat solche Instrumente in einer Übersicht zusammengestellt, in „Marketing"-Instrumente und „Partizipations"-Instrumente unterteilt und unter verschiedenen Gesichtspunkten einer Beurteilung unterzogen (Handhabbarkeit, Form der Bedürfnisartikulation u.a.). Diese „tool-box" zur Erhebung von Mitarbeiterbedüfnissen kann m.E. eine erste brauchbare Orientierung für die Praxis einer qualitativen Personalentwicklung darstellen (vgl. Abb. 8).

Instrument	Beurteilungs-kriterium	Handhabbar-keit	Form der Bedürfnis-artikulation	Bedürfnis-sensitivität	Bedürfnis-reflexion	ökonomische Effizienz	soziale Effizienz
Marketing	Dokumen-tenanalyse	Einfache, infolge hoher Standardi-sierung	Vergangenheitsbezogene Verhaltensbeobachtung schränkt Validität sehr stark ein	Nicht gegeben, weil die die Entwicklungsbedürf-nisse beeinflussen-den Faktoren in der Regel nicht erfaßt werden. Somit geringe prognostische Validität	Findet von der Konzeption her nicht statt; des-halb kaum Rele-vanzurteile möglich; diagno-stische Validität gering	Zwar zeit- und kostensparend, aber den spezifi-schen Beschrei-bungs-, Erklä-rungs- und Ge-staltungszwek-ken nicht ad-äquat	Vorzüge be-schränken sich auf die eventu-elle Initiierung interaktiver Re-flexionsprozesse
	Inner-betriebliche Einstel-lungsfor-schung	Relativ hohe Anforderungen an den Anwen-der, weil Stan-dardisierung nur bedingt möglich wegen kaum durchführbarer Duplizierung der Befragungs-situation	Verbal; insofern tendenziell höhere prognostische Vali-dität zu erwarten. Dennoch Wahrnehmungsverzerrun-gen durch Befrager bzw. durch mangelnde Artikula-tionsmöglichkeiten seitens der Befragten möglich. Außerdem Beschränkung auf bewußtseinsnahe Ein-stellungskategorien	Die allenfalls indi-rekt stattfindende Bedürfnisreflexion und die durch sie kaum ermittel-baren latenten Be-dürfnislagen las-sen eine eher ge-ringere prognosti-sche Validität er-warten	Findet nur in in-direkter Form statt; Wahrneh-mungsverzer-rungen lassen sich deshalb nur teilweise behe-ben	Relativ kosten-intensives Er-hebungsinstru-ment das erst rentabel wird, wenn es auf die Gewinnung breit angelegter Informations-kategorien aus-gerichtet ist	Hängt davon ab, ob relevante Be-dürfnisse mani-fest und von da-her abfragbar sind. Entschei-dung über Be-dürfnisberück-sichtigung trifft Bedürfnisemp-fänger allein
	Beschwer-dewesen	Durch Institu-tionalisierung und Standardi-sierung relativ einfach hand-habbar	Schriftlich oder verbal. Psychologische Barrieren und mangelnde Artikula-tionsfähigkeiten können an sich relativ hohe diagnosti-sche Validität einschränken	Kann bei hoher „Beschwerdebe-reitschaft" als „Bedürfnisbaro-meter" sehr sensi-tiv sein	Von der Kon-zeption her nur indirekt; Wahr-nehmungsver-zerrungen lassen sich deshalb nur teilweise be-heben	Kann erheblich gesteigert wer-den, wenn Nut-zungspotential erweitert wird, da als institutio-nelle Errichtung in vielen größe-ren Organisatio-nen bereits vor-handen	Durch ver-stärkte Nutzung des Instruments im Bereich der Personalent-wicklung Steige-rung der sozia-len Effizienz möglich

Partizipation	MBF	Hohe Anforderungen an die Gesprächsführungsfähigkeiten des Bedürfnisempfängers	Verbal. Die diagnostische Validität hängt von der Artikulationsfähigkeit der Mitarbeiter und den Wahrnehmungsverzerrungen bzw. Manipulationsfähigkeiten des Fragenden ab	Relativ hoch, wenn nach den Beweggründen vergangenheitsbezogenen Verhaltens und Wünschen zukünftiger Entwicklungen gefragt wird	Findet bei mitarbeiterzentrierter Gesprächsführung in interaktiver Form statt. Von daher hohe Validität und Relevanz der Informationen zu erwarten	MBF im Anschluß an Personalbeurteilungen möglich; insofern nicht sehr aufwandsintensiv im Vergleich zu relativ hoher Relevanz der erhobenen Informationen	Relativ hoch, da individuelle Beteiligung an Entwicklungsgesprächen mit der Möglichkeit der Artikulation individueller Bedürfnisse gegeben. Bei ungleicher „Machtkonstellation" allerdings erhebliche Manipulationsmöglichkeiten
	pS	Hohe Anforderungen an den Leiter der Systemanalyse. Standardisierung in bezug auf den Prozeßablauf möglich und notwendig, da je nach Konzeptionsphase entweder Repräsentanten oder Betroffene selbst partizipieren	Verbal. Die diagnostische und prognostische Validität hängt von der Artikulationsfähigkeit und faktischen Kenntnissen der Betroffenen über die Entwicklungsmöglichkeiten ab. Sie erfährt außerdem eine Einschränkung, wenn Partizipation durch Dritte stattfindet.	In der Regel relativ hoch; hängt allerdings von den Fähigkeiten der Partizipierenden ab, die ihnen zugedachte Rolle adäquat auszufüllen	Interaktive Reflexion ist Wesensmerkmal der pS. Je nach Partizipationsart (direkt oder indirekt) muß die Relevanz unterschiedlich beurteilt werden, weil Betriebsrat beispielsweise Einzelbedürfnisse zu Mitarbeiterinteressen aggregiert und auch Eigeninteressen durchzusetzen versucht.	Relativ aufwendiges Erhebungsinstrument, das Informationsgewinnung und Systemgestaltung verzögern kann. Partizipation ist stufenweise durchzuführen, um Komplexität zu reduzieren. Das Erkennen bisher ungenutzter Entwicklungspotentiale macht die pS ökonomisch u.U. sehr effizient	Bei unmittelbarer Beteiligung der Betroffenen sehr hoch. Bei Vertretung durch Dritte sind Bedürfnisfrustrationen möglich, da durch die Aggregation u.U. sehr konträre Einzelbedürfnisse zu kollektiven Mitarbeiterinteressen zusammengefaßt werden. Bei ungleicher „Machtkonstellation" allerdings erhebliche Manipulationsmöglichkeiten

Legende: MBF = Mitarbeiter-Fragebogen
pS = partizipative Systemanalyse

Abb. 8: *Übersicht über die zusammenfassende Beurteilung der Instrumente zur Erhebung von Entwicklungsbedürfnissen von Mitarbeitern (Strube 1982, 154)*

c) *Personalentwicklung durch betriebliche Bildungsmaßnahmen*

Die bisherigen Ausführungen haben deutlich werden lassen, daß Personalbedarf eine „plastische" Größe ist. Neben den externen Einflußgrößen bestimmen interne Einflußfaktoren, wie „Eignung und Bedürfnisse der Mitarbeiter" sowie auch langfristige potentialorientierte Zielsetzungen des Unternehmens den Personalbedarf. Ein in diesem Sinne ‚dualistisches' Konzept hat Wolfgang Mentzel entwickelt. Grundlegend für dieses Konzept ist nicht allein die gleichzeitige Berücksichtigung der „Bedarfssituation der Unternehmung" und der „Eignung und Bedürfnisse der Mitarbeiter", die in einem „Anforderungs-Eignungs-Vergleich" miteinander zu einem Abgleich gebracht werden und den Personalentwicklungsbedarf des Betriebes konstituieren, überzeugend ist m. E. vielmehr seine pragmatische Reduzierung auf der „instrumentellen" Ebene: „Förderung und Bildung machen gemeinsam den Inhalt der Personalentwicklung aus" (Mentzel 1983, 23). Neben „positionsorientierten Fördermaßnahmen", womit die „gezielte Vorbereitung auf eine ganz bestimmte Position" gemeint ist, mißt er auch den „potentialorientierten Fördermaßnahmen" i. S. einer „Weiterentwicklung des vorhandenen Qualifikationspotentials" durch ‚job-rotation', Traineeprogramme, Auslandseinsatz u. ä. eine besondere Bedeutung zu (ebd., 140). Davon unterscheidet er betriebliche Bildungsmaßnahmen, die das Ziel verfolgen, das Wissen, Können und die Einstellung der Mitarbeiter weiterzuentwickeln: „Die Mehrung des Wissens, die Erweiterung des Könnens sowie Änderungen der Einstellung der Mitarbeiter machen demnach den eigentlichen Inhalt der betrieblichen Bildungsarbeit aus" (ebd., 171).

Ob Bildungsmaßnahmen als Personalentwicklungsmaßnahmen eingesetzt werden oder der Qualifikationsbedarf durch Neueinstellungen „befriedigt" wird (Beschaffungsbedarf), ist in der Regel abhängig von einer Abwägung der Vor- und Nachteile, die mit diesen beiden Möglichkeiten verbunden sind (vgl. Abb. 9).

In der Regel dürften beide Strategien in einem Mischmodell realisiert werden; allerdings ergibt sich für eine mitarbeiterorientierte Personalentwicklung m. E. ein systematischer Vorrang der Weiterentwicklung des bestehenden Mitarbeiterstammes vor einer Neueinstellung oder vor einer „Neuschneidung" der Arbeitsteilung im Betrieb.

Auch auf der „instrumentellen" Ebene, wo es z. B. um die Auswahl und Zuordnung geeigneter Bildungsmaßnahmen geht, ist eine enge Funktionsorientierung der betrieblichen Personalentwicklung zu ergänzen um mitarbeiterorientierte Angebote zur eigenen Weiterentwicklung. Personalentwicklung durch Bildungsmaßnahmen, die das Ziel einer „Förderung von Qualifikationen, Flexibilitäts- und Innovationsbereitschaft bei den Mitarbeitern" (Strube 1982, 171) verfolgt, ist – so das Credo moderner Ansätze der Personalentwicklung und Weiterbildung – in einem umfassenderen Sinne auf den einzelnen Mitarbeiter hin auszurichten. „Bildungszweck kann und darf auch in der betrieblichen Weiterbildung nur der Mensch sein. Seine Wünsche und Bedürfnisse, sein Verlangen nach Integration, nach Wissen und Können, nach personaler Selbstverwirklichung, bestimmen den originären Zweck betrieblicher Weiterbildung. (...) Betriebliche Weiterbildung dient humaner Selbstverwirklichung" (Hölterhoff/Becker 1986, 15). Durch Mitarbeiterorientierung sowie eine stärkere Professionalisierung ihrer eigenen Arbeit will eine solchermaßen qualitative, d. h. auf die qualitative Verbesserung der Mitarbeiterqualifikation und -motivation bezogene Personalarbeit gleichzeitig einen „originären Beitrag zum Unternehmensergebnis" (Jeserich 1989, 31) leisten.

Professionalisierung der Personalentwicklung meint dabei zweierlei: Zum einen ist damit eine qualitative Verbesserung und Ausreifung der Diagnose- und Prognoseinstrumente sowie eine weitere Ausdifferenzierung der Personalentwicklungsmaßnahmen selbst intendiert; zum anderen soll die Personalentwicklung nicht mehr „reaktiv" sein, d. h. den technologischen und wirtschaftlichen Veränderungen sowie den gewandelten Mitarbeiterbedüfnissen nur „hinterherlaufen", sondern „proaktiv" ausgerichtet werden. „Proaktive Personalentwicklung" verfolgt nach diesem Verständnis das Ziel, „Lernbedürfnisse (Kenntnisse, Fertigkeiten, Motivation), die für die gegenwärtige und zukünftige Aufgabenerfüllung notwendig sind, festzustellen und zu befriedigen" (Hölterhoff/Becker 1986). Hierzu dient eine frühzeitige Einbeziehung der Personalentwicklung in die unternehmensstrategischen Zielüberlegungen und ihre Verknüpfung mit der Technikplanung. Bereits bei der Planung und Entscheidung über technische Neuerungen sind deshalb – unter Einbeziehung der Betroffenen die zu erwartenden Qualifikations-„Folgen" zu prüfen und geeignete Maßnahmen der Anpassungsfortbildung zu planen. „Wer etwa moderne Maschinen im Betrieb anschafft, ohne daß die Mitarbeiter über ausreichende Qualifikationen für die moderne Technik verfügen, verliert Geld. Das heißt: Die Planung von Bildungsmaßnahmen ist wegen des hohen Kostenrisikos von Qualifikationsdefiziten von vornherein in die Unternehmensplanung einzubeziehen" (Zedler 1986a, 2). Ebenso ermöglicht eine regelmäßige Befragung von Mitarbeitern und Vorgesetzten über gegenwärtige und zukünftige Weiterbildungsbedürfnisse die Gewährleistung eines „Bildungsvorlaufs" und „ergänzt die vergangenheitsorientierte Dokumentation der bisherigen Weiterbildung um prospektive Aspekte" (Hölterhoff/Becker 1986, 54). Zu einer Professionalisierung betrieblicher Personalentwicklung zählt jedoch auch immer mehr die Kompetenz der Verantwortlichen zur Weiterbildungsberatung. Neben einer umfassenden Kenntnis der internen und externen Weiterbildungsangebote sind hierfür erwachsenenpädagogische Qualifikationen erforderlich, die es ermöglichen, Bildungsangebote zu identifizieren und zu beurteilen,

	Bildungsbedarf	Rekrutierungsbedarf
Vorteile:	– Entwicklungschance für vorhandene Mitarbeiter – erhöhte Motivation – weniger Umsetzungs- und Freistellungsprobleme	– kurzfristig möglich – Innovation durch neue Mitarbeiter – direkter nutzbar
Nachteile:	– längerfristig – Vorinvestition erforderlich (mit Mobilitätsrisiko) – Umsetzungs- und Freistellungsprobleme	– Frustration des vorhandenen Personals – Einarbeitung nötig – Integrationsrisiko – schwierig bei gefragten Spezialqualifikationen

Abb. 9: Vor- und Nachteile von Bildung und/oder Rekrutierung von Personal

die „auf" den jeweiligen Mitarbeiter, der weitergebildet werden soll, „passen". Immer deutlicher rückt dabei auch die Bedeutung des Transfers in den Blick (vgl. Punkt 2.2). Qualitative Personalentwicklung kann sich kaum mehr damit begnügen, das Gelingen eines Transfers lediglich zu evaluieren; vielmehr gilt es, gezielt transferfördernde Voraussetzungen zu schaffen, z. B. auch durch eine entsprechende Lernberatung von potentiellen Teilnehmern an Bildungsmaßnahmen.

Festgehalten werden kann:

▷ Betriebliche Bildungsmaßnahmen sind ein wesentliches Instrument der Personalentwicklung neben anderen Fördermaßnahmen. Ob Bildungsmaßnahmen durchgeführt werden, ist abhängig von der jeweiligen Prüfung der Vor- und Nachteile, die damit verbunden sind sowie der Vor- und Nachteile, die eine externe Personalbeschaffung mit sich bringen würde.

Professionalisierung betrieblicher Personalentwicklung bedeutet zum einen eine Weiterentwicklung der Diagnose- und Prognoseinstrumente sowie zum anderen eine frühzeitige Integration von Personal- und Qualifikationsentwicklung in die Unternehmensplanung. Zur Professionalisierung zählt auch eine qualifizierte Weiterbildungsberatung der Mitarbeiter.

2.2 Betriebliche Bildungsarbeit als Beitrag zur Organisationsentwicklung

a) Organisationsentwicklung – Zu einem dynamischen Verständnis von betrieblichen Strukturen

‚Organisationsentwicklung' hat sich seit den 60er Jahren, vornehmlich in den Vereinigten Staaten zu einer „relativ eigenständigen Richtung innerhalb der angewandten Sozialwissenschaften" (Sievers 1977) entwickelt. Mit dem Begriff der Organisationsentwicklung, der nicht nur in die betriebswirtschaftliche Organisationstheorie sondern auch in die Betriebspädagogik Einzug gehalten hat (vgl. Comelli 1985; Grunwald 1987;

79

Kurtz/Sattelberger 1980) ist eine veränderte Sichtweise von Organisationen bzw. des Verhältnisses von Individuum und organisatorischem Kontext verbunden, die

- weniger die Strukturen und Organigramme von Organisationen in den Vordergrund stellt als vielmehr das Verhalten der in diesen Organisationen tätigen Menschen,

- Organisationen als systematisch und zielorientiert – geplant – veränderbare soziale Gebilde begreift,

- mit sozialwissenschaftlichen Methoden Aufbaustrukturen und Entwicklungsprozesse sowie Veränderungspotentiale von Organisationen zu analysieren trachtet und

- diese Veränderungen als „Lern- und Entwicklungsprozeß der Organisation und der in ihr tätigen Menschen" (Grunwald 1987, 2) begreift.

In diesem Sinne bezeichnet Zink die Organisationsentwicklung als das Insgesamt der Ansätze, die durch eine „(...) Änderung der Einstellung und des Verhaltens von Einzelnen und Gruppen sowie eine Veränderung von Organisationsstrukturen und Technologien, eine Organisation leistungsfähiger gestalten wollen" (Zink 1989, S. 64). Und ähnlich sieht Ossig das Anliegen der Organisationsentwicklung darin, „die jeweilige Organisation oder Teilorganisation bei der Lösung ihrer Probleme und im Verwirklichen der Zielsetzung effektiver zu machen, indem man sich zielgerichtet und systematisch nicht nur den Veränderungen der Umwelt stellt, sondern selbst System und Verhaltensweisen beeinflußt. (...) D. h. aber, die Betroffenen zu Beteiligten, zu aktiv Mitgestaltenden zu machen" (Ossig 1989, 9). Innerhalb der verhaltensorientierten Organisationsforschung hat sich „Organisationsentwicklung" als ein anwendungsbezogener Ansatz entwickelt, „(...) der auf eine planmäßige mittel- bis langfristig wirksame Veränderung abzielt, und zwar der

- individuellen Verhaltensmuster, Einstellungen und Fähigkeiten von Organisationsmitgliedern,

- Organisationskultur und des Organisationsklimas,

– Organisations- und Kommunikationsstrukturen sowie der strukturellen Regelungen im weitesten Sinne (wie Arbeitszeit, Lohnformen)"
(Staehle 1989, 103).

Organisationsentwicklung ist demzufolge ein stark binnenorientierter
Gestaltungsansatz, dem eine Mikroperspektive von Organisationen zugrundeliegt, d. h. Organisationen werden als ,von unten' zu entwickelnde,
durch Gruppenprozesse sowie individuelle Verhaltens- und Einstellungs-
änderungen gestaltbare soziale Einheiten verstanden. Diese „Mikroorien-
tierung" bzw. „Mikroskopie" (Gebert 1978, 54) hat die Organisationsentwicklung mit der Handlungsforschung bzw. dem sogenannten Survey-
feed-back-Ansatz (Daten-Erhebungs-Rückkopplungs-Ansatz) gemeinsam, in welchem Forschung ausdrücklich der praktischen Problemlösung
für die Betroffenen verpflichtet bleibt und deshalb in erster Linie der
Transparenz und Reflexion der Handlungsbedingungen dient. Im Unterschied zu den üblichen Managementstrategien und der traditionellen Organisationsplanung stellt sich für die Organisationsentwicklung als typisch heraus:

– „die *Träger* von OE-Prozessen sind die echten organisatorischen Einheiten, d. h. die ,organisatorischen Familien' (ein ganz typischer Unterschied zum klassischen Training oder Seminar),

– die *Inhalte der OE-Aktivitäten* sind konkrete Probleme der täglichen
  Zusammenarbeit und der gemeinsamen Zukunft,

– die *Art der Vorgehensweise* ist gekennzeichnet durch offene Informa-
  tion und aktive Beteiligung der Betroffenen,

– bezüglich des *Zeitrahmens* wird OE als ein fortlaufender und regel-
  mäßiger Prozeß angesehen („rollende Planung"),

– der *Ort*, an dem OE stattfindet, ist unmittelbar der Arbeitsplatz bzw.
  der Betrieb und

– die *Zielsetzungen* von OE beziehen sich auf die Leistungsfähigkeit der
  Organisation und auf die Qualität des Arbeitslebens, d. h. auf Produktivität und Humanität gleichermaßen" (Comelli 1985, 95).

b) Organisationsentwicklung in der betrieblichen Bildungsarbeit

Zur betrieblichen Bildungsarbeit steht das Konzept der Organisationsentwicklung in einem doppelten Bezug:

Wandel durch Lernen

„Lernen" erweist sich selbst als ein „Zentralbegriff der Organisationsentwicklung" (Grunwald 1987, 4), so daß Organisationsentwicklung als ein Lernprozeß und damit als Bestandteil der betrieblichen Bildungsarbeit im weitesten Sinne definiert werden kann. Diese Zuordnung ist jedoch wenig anschaulich, da die auf Entwicklung angelegten Lernprozesse in Teams, Abteilungen und Konferenzen als implizite Bestandteile von Führungs-, Management- und Kooperationsformen „ablaufen". Sie können kaum von zentralen Bildungsabteilungen systematisch geplant und organisiert werden, wenn diese auch zunehmend ein Selbstverständnis als OE-Beratungsabteilungen entwickeln und z.B. bemüht sind, „Weiterbildung nach Möglichkeit am Arbeitsplatz, in gewohnter Umgebung und gemeinsam mit Vorgesetzten und Mitarbeitern zu realisieren" (Hölterhoff/Becker 1986, 129). Dies bedeutet, daß in dem Maße, wie sich die betriebliche Bildungsarbeit von dem Modell der klassischen Angebotsorientierung löst, sie sich integriert in die Lern- und Entwicklungsprozesse, die „vor Ort" ablaufen; Sie leistet so einen Beitrag zum Organisationslernen (Arnold/Weber 1995; Geißler 1994). Der Bildungsverantwortliche übernimmt dabei als „internal consultant" (Hölterhoff 1989, 73) die Aufgaben, die sonst ein externer OE-Berater wahrzunehmen pflegt: die Moderation der Entwicklung von Problemszenarios in workshops, die Identifizierung von Lernbedürfnissen durch Gewährsleutebefragungen („wandering around") sowie die Organisierung bzw. Vermittlung geeigneter Weiterbildungsangebote. Die Identifizierung von Weiterbildungs-Bedürfnissen erfolgt dabei in einem unmittelbaren dialogischen Kontakt mit den „Betroffenen".

Transferorientierung betrieblicher Bildungsarbeit

Aber auch bei „herkömmlich" entwickelten, angebotsorientierten Formen betrieblicher Weiterbildung ist der Gesichtspunkt der Organisationsentwicklung von Bedeutung. Gilt es doch zu gewährleisten, daß die zu lernenden bzw. gelernten Inhalte auch im Funktionsfeld, d. h. im Berufsalltag, angewendet werden (können). Eine OE-orientierte Bildungsarbeit wendet sich deshalb in besonderem Maße der Transferförderung zu. Aus diesem Grunde werden bereits vor dem eigentlichen Lernprozeß (z. B. Seminar), während sowie im Anschluß daran geeignete Maßnahmen vorgesehen, die einen Transfer des Gelernten in das spätere Anwendungsfeld hinein ermöglichen. Ein solches „Transfermanagement" erweist sich zunehmend als eine wesentliche Funktion einer OE-orientierten betrieblichen Bildungsarbeit. Dort, wo eine „Einbindung der Trainingsinhalte in die organisatorischen Rahmenbedingungen und ihre Verknüpfung mit der wirklichen Arbeitssituation" (Comelli 1985, 176) nicht oder kaum möglich ist – wie z. B. bei der Entsendung eines Mitarbeiters zu einem externen Weiterbildungsanbieter –, sollten deshalb zumindest andere transfervorbereitende und transferfördernde Maßnahmen vorgesehen werden. Wo diese anzusetzen hätten, deutet Comelli an:

– „gezielte Vorbereitung und vorbereitende Abstimmung nicht nur mit dem Teilnehmer, sondern vor allem mit seinem Vorgesetzten (Transferüberlegungen gehören bereits in die Programmentwicklung) und

– Nachbereitung und Transfersicherung durch Folgeaktivitäten am Arbeitsplatz bzw. Evaluierung des Trainings (z. B. durch Nachseminare, Befragung des Umfeldes des Trainierten u. ä.)" (ebd.).

Zusammenfassend kann formuliert werden:

▷ Der Organisationsentwicklung liegt ein dynamisches Verständnis von betrieblichen Strukturen zugrunde. Organisationen werden verstanden als durch das Verhalten ihrer Mitglieder geprägte und deshalb systematisch veränderbare soziale Gebilde, die durch die Anwendung von sozialwissenschaftlichen Methoden zielorientiert weiterentwickelt werden können. Organisationsentwicklung selbst wird verstanden als Lern- und Entwicklungsprozeß der in der Organisation tätigen Menschen.

Für die betriebliche Bildungsarbeit ergeben sich aus dem Konzept der Organisationsentwicklung zwei Konsequenzen: Einerseits gilt es, betriebliche Bildungsarbeit selbst stärker auf die in den Abteilungen und an den Arbeitsplätzen stattfindenden Lern- und Entwicklungsprozesse (von einzelnen und Gruppen bzw. Abteilungen oder Teams) zu beziehen, andererseits ergibt sich die Notwendigkeit, den Transfer von z. B. Weiterbildungsveranstaltungen systematisch vorzubereiten und zu fördern.

3. „Neues Denken" in der betrieblichen Bildungsarbeit? – Zum Zusammenhang von Unternehmenskultur und betrieblichem Lernen

„Die Entwicklung der Produktivkräfte zeigt Mündigkeit an. (...) Die Revolution der Technik macht die Revolution des Bewußtseins möglich" (Heydorn 1970, 337).

„Ein Führer ist am besten, wenn die Leute kaum merken, daß es ihn gibt, nicht so gut, wenn sie ihm gehorchen und Beifall spenden, am schlechtesten, wenn sie ihn verachten. Aber bei einem guten Führer, der wenig redet, wenn seine Arbeit getan, sein Ziel erreicht ist, werden alle sagen, ,das haben wir selbst gemacht'" (Laotse; zit. nach: Rogers 1989, 101).

3.1 Von der Unternehmenskultur zur Lernkultur

Ein neuer Begriff erfreut sich in der betriebswirtschaftlichen Literatur sowie in der rhetorischen Praxis vieler Betriebe seit Ende der 80er Jahre wachsender Beliebtheit: die Rede ist von der Unternehmenskultur. Und dieser Begriff geht einher mit mitarbeiterorientierten Sichtweisen sowie humanistischen Konzeptionen, die den Eindruck erwecken, viele Unternehmen befänden sich heute in der Situation, daß sie – um leicht verfremdet eine Formulierung Max Frischs aufzugreifen – Menschen rufen und sich beklagen, wenn nur Arbeitskräfte kommen. „Persönlichkeitsbildung" bzw. die Förderung von „Personal Mastery" (Senge 1996, 171 ff.) entwickelt sich mehr und mehr zu einer Leitkategorie der betrieblichen Bildungsarbeit und Personalentwicklung.

Für die Pädagogik, die sich immer schon auch als Wissenschaft von den „Schwierigkeit(en), eine Kultur weiterzugeben" (Mollenhauer 1989), verstanden hat, eröffnet – so die Auffassung, die in diesem Kapitel entwickelt wird – der Unternehmenskultur-Ansatz spezifische Zugänge; Unternehmenskultur kann auch als eine pädagogische Kategorie verstanden werden, aus der sich grundlegende Anforderungen bzw. „Standards" für eine betriebspädagogische Beurteilung betrieblicher Bildungsarbeit ableiten lassen. Im einzelnen sollen folgende Fragen untersucht werden:

- Von welchen Überlegungen geht der Unternehmenskultur-Ansatz aus?

- Welche Zusammenhänge bestehen zwischen der Unternehmenskultur und der „Lernkultur" betrieblicher Bildungsarbeit?

- Wie „entsteht" „Unternehmenskultur"? Wie kann sie „erforscht", wie „entwickelt" bzw. „gestaltet" und „gefördert" werden?

- Welche Vorteile bringen der Unternehmenskultur-Ansatz und eine „kulturbewußte Unternehmensführung" für die Mitarbeiter im Betrieb mit sich? Welche Gefahren und möglicher Mißbrauch können damit „einhergehen"?

- Welche Folgerungen ergeben sich aus dem Unternehmenskultur-Ansatz für eine „kulturbewußte Bildungsarbeit" im Betrieb?

- Inwieweit ist mit diesem Ansatz eine Abkehr vom Technozentrismus verbunden?

Auch die technische Berufsausbildung erhält wesentliche „pädagogische" Impulse seit einiger Zeit aus einem Bereich, um dessen bezugswissenschaftliche Reflexion es eher schlecht bestellt ist: der betrieblichen Ausbildung. Führt doch die Betriebspädagogik in der Erziehungswissenschaft nach wie vor ein eher randständiges Dasein. Ihre Vertreter hegen noch vielfach „Skrupel" gegenüber einer unternehmerischen Teilfunktion, die notwendigerweise *auch* nach Gesichtspunkten der Kostenwirtschaftlichkeit und der Zweckrationalität, d. h. nach Gesichtspunkten des ökonomischen Prinzips, organisiert ist.

Dem Problem der intentionalen Distanz zwischen der Pädagogik und den Betrieben (vgl. Punkt 1.1), zwischen pädagogischem Prinzip und ökonomischem Prinzip, ist mit trivialisierenden Annahmen und generellen „Unvereinbarkeits"-Thesen allein nicht beizukommen. Deshalb werde ich im folgenden versuchen, die wesentlichen Ansatzpunkte des sogenannten „neuen Denkens" nachzuzeichnen, welches Rudolf Mann in vielen Unternehmensführungen bereits zu erkennen glaubt und dessen „Gehalt" er mit den Worten umschreibt: „Das Unternehmen als Ganzheit betrachten, in dem Ganzheiten wirken – Menschen. Die Mitarbeiter als holographisches Abbild des Unternmehmens und ein Unternehmen als ganzheitliches Resultat der Menschen, die darin wirken. Wenn wir begreifen, daß die Menschen im Unternehmen nicht nur Kostenfaktoren, sondern Träger jener Potentiale sind, die die Zukunftschancen des Unternehmens ausmachen, haben wir den anderen Weg an der Gabelung (an der die Unternehmungen derzeit stehen; R.A.) begriffen" (Mann 1988, 13 f.). Diese Nachzeichnung geschieht unter individualpädagogischer Perspektive und stellt den Versuch dar, einen betriebs*pädagogischen* Zugang zu den aktuellen Tendenzen betrieblicher Bildungsarbeit zu umreißen, d. h. einen Zugang, der nicht in Distanz gegenüber einer nicht pädagogischen Institution verharrt, sondern bemüht ist, diese „more paedagogico" zu deuten (Witt 1978, 93), kurz: „Unternehmen als pädagogische Institution zu betrachten" (Geißler 1990a, 11).

Dieser betriebs*pädagogische* Zugang erfolgt auf der Basis dreier Ausgangsüberlegungen, die als Thesen bzw. erste „Bausteine" der Analyse des neuen Denkens und seiner Bedeutung für die betriebliche Bildungsarbeit zugrundegelegt werden sollen. Die drei Ausgangsthesen handeln *„von den Triebkräften des Wandels"*, der *„Paradigmenangleichung zwischen ökonomischer und verstehender Vernunft"* sowie *„von der Gestaltbarkeit der Technik"* und lauten:

Die aktuellen Entwicklungen betrieblicher Bildungsarbeit sind Ausdruck und Resultat der breiten Anwendung neuer Technologien einerseits sowie mitarbeiterorientierter Konzeptionen zur Förderung der Unternehmenskulturen andererseits, zwei Seiten (bzw. Ebenen) desselben soziotechnologischen Wandlungsprozesses (= Ausgangsthese 1).

▷ Das „neue Denken" der betriebswirtschaftlichen Management- und Personalentwicklungstheorien nähert sich zunehmend der ganzheitlichen Sichtweise einer „verstehenden Vernunft" an, wie sie für die pädagogische Hermeneutik konstitutiv ist. Durch diese Paradigmen-

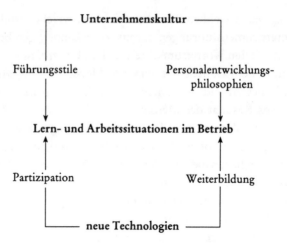

Abb. 10: *Triebkräfte des Wandels*

angleichung sieht sich deshalb die Betriebspädagogik in besonderer Weise herausgefordert, ihre Theorie- und Forschungsarbeit auf der Basis einer „Hermeneutik der betrieblichen Bildungsarbeit" zu begründen und die „Griffigkeit" ihres genuinen Ansatzes im Prozeß ganzheitlicher Unternehmensentwicklung unter Beweis zu stellen (= Ausgangsthese 2).

Mir geht es bei meinen Ausführungen nicht um eine harmonisierend-euphorische Darstellung des pädagogischen Gehalts der aktuellen Tendenzen betrieblicher Personal- und Organisationsentwicklung. Ich bin mir vielmehr durchaus bewußt, daß im Konzept der „Unternehmenskultur", mit dem ich mich im folgenden zunächst befassen werde, auch alte betriebspädagogische Ideologien, wie die der „Betriebsgemeinschaft" (vgl. Krasensky 1952, 25 f.), zu neuem Leben erweckt werden. Dennoch ist mit den aktuellen, technisch und ökonomisch gegebenen Gestaltungsspielräumen m. E. heute – wie bereits erwähnt (vgl. ebd., 24 ff.) auch die Möglichkeit für eine gegenläufige Interpretation gegeben. Hierzu meine dritte Ausgangsthese zur *Technikgestaltung* (vgl. Rauner 1987):

▷ Die soziale Gestaltbarkeit der Technikanwendung birgt auch Möglichkeiten wachsender Identitätschancen von Arbeit in sich. Deren Realisierung ist jedoch gleichermaßen abhängig von der Aufgeschlossenheit
des Managements (Stichworte: Führungsstil, Personalentwicklungs-
Philosophie) einerseits sowie den Partizipations- und Weiterbildungschancen der Mitarbeiter andererseits. „Befähigung zur (Mit-)Gestal-
tung von Technik" erweist sich hierfür als grundlegende Voraussetzung und stellt gleichzeitig die wesentliche Zielsetzung einer zeitgemäßen technischen Bildung dar (= Ausgangsthese 3).

Es ist sicherlich kein Zufall, „daß die mikroelektronische Informationstechnologie und partizipative Organisationsphilosophien gleichzeitig zu
konjunktureller Blüte gelangt sind" (Schmidt 1989, 233). Vielmehr spie-
gelt sich in dieser Parallelität auch die Einsicht vieler Betriebe wider, daß
– so das „Credo" der neuen Produktionskonzepte – der „restringierende
Zugriff auf Arbeitskraft wichtige Produktivitätspotentiale (verschenkt)"
(Kern/ Schumann 1984, 19), die es gerade bei der Anwendung neuer Technologien verstärkt zu nutzen gilt. Die „Unternehmenskultur" – eine also
nur strategische oder auch eine pädagogische Kategorie?
    Was ist eine „Unternehmenskultur"? Nur ein weiterer betriebs-
pädagogischer „catch-all"-Begriff, ein Alles-fänger, wie auch die Begriffe
„Ganzheitlichkeit" und „Schlüsselqualifizierung"? Folgt man einem in
den Betrieben verbreiteten Tagungsbericht, so kennzeichnet dieser Begriff die von allen Mitarbeitern ‚gemeinsam‘ gestaltete und interpretierte
Wirklichkeit, wobei gerade die „nicht-ökonomischen" Werte, die das gemeinsame Arbeiten und das ‚Miteinander-Umgehen‘ bestimmen, die Unternehmenskultur „ausmachen" (AGP 1986, 7). Und E. H. Schein erhebt
in einer neueren Veröffentlichung die Unternehmenskulturanalyse sogar
zu einer zentralen Voraussetzung für erfolgreiches Management: „Die
Lern-, Veränderungs- und Entwicklungsfähigkeit eines Unternehmens
kann nur mit einem tiefen Verständnis unternehmenskultureller Prozesse
erhalten bleiben" (Schein 1995, 11).
    Als „organisationstheoretische Metapher" (Neuberger/Kompa 1987,
20) lassen sich die wichtigsten Beiträge des Unternehmenskultur-An-

satzes nach Neuberger und Kompa in dem Merkwort ELITE zusammenfassen:

„ver-*Einigen*	(Gemeinschaft, Einheit, Wirgefühl schaffen)
ver-*Lebendigen*	(revitalisieren, aktivieren, entkalken, erneuern, begeistern)
ver-*Innerlichen*	(Außensteuerung durch Innensteuerung ersetzen, mentale Programmierung, Ver-Wertung)
ver-*Tiefen*	(hinter die Kulissen sehen, die ‚objektive' Wirklichkeit dechiffrieren und deuten, Sinn suchen und geben)
ver-*Ewigen*	(den Bezug zu Tradition und Geschichte herstellen und in Routine oder Ritualen ver-festigen, verdinglichen, automatisieren)" (ebd., 21).

Ohne hier en detail auf alle Aspekte des Unternehmenskultur-Ansatzes
eingehen zu können, läßt sich doch feststellen, daß diesem Ansatz ein
stärker soziologisches, um nicht zu sagen: kulturtheoretisches, Verständnis des Unternehmens zugrunde liegt. Unternehmen werden als ‚soziale Gebilde' verstanden, die durch das „sinnhaft motivierte soziale Handeln" (Max Weber) konstituiert und in ihrer Entwicklung maßgeblich bestimmt werden. Aus diesem Grunde wendet sich dieser Ansatz der Sinn-
ebene des Unternehmensprozesses zu, die in den Werten und Symbolen
sowie den manifesten und latenten Deutungsmustern der Beteiligten ver-
ankert ist und ihr Handeln orientiert. Sehr vereinfacht ausgedrückt kon-
zipiert der Unternehmenskultur-Ansatz das Unternehmen wie eine
Stammesgemeinschaft, deren Zusammenhalt durch gemeinsame Symbole
und Rituale, durch Werte und Normen gewährleistet und nach außen re-
präsentiert wird. „Unternehmenskultur ist in dieser Sichtweise eine unternehmensspezifische Struktur von Normen und Werten, ein Gerüst und
ein Vorrat an Sinnstrukturen, die der gemeinsamen Wahrnehmung der
Arbeitswirklichkeit eines Unternehmens zugrundeliegt. Dieser Vorrat

kann größer oder kleiner sein.(...). Unternehmenskultur ist dann der Bodensatz übereinstimmender Wertorientierungen, der das Handeln und Entscheiden der Organisationsmitglieder beeinflußt" (Dürr 1988a, 5). Unternehmenskultur beinhaltet demnach – wie A. Wollert feststellt – „die Gesamtheit von Normen und Maximen, die das Denken und Verhalten von Führungskräften und Mitarbeitern prägt" (Wollert 1986, 2).

Diesen integrativen Wertbezug betonen auch Thomas Peters und Robert Waterman in ihrem Bestseller „In search of exellence" (deutsch: „Auf der Suche nach Spitzenleistungen"). Nach ihren Ergebnissen ist der Unternehmenserfolg heute nicht länger nur durch das „rationale Modell" des Managements zu gewährleisten, sondern erfordert vielmehr ein betriebliches Wertsystem, eine Unternehmenskultur, in der Form einer sichtbar gelebten Mitarbeiter- und Kundenorientierung[15] (Peters/Waterman 1986, 321 ff.) die auch dem Grundsatz Rechnung trägt, daß – wie sie es ausdrücken – „gute Manager nicht nur Geld machen, sondern auch Menschenwürde" (ebd., 53).

Von dieser Erkenntnis des „weich ist hart" (ebd., 33) ausgehend, sind in den letzten Jahren in den Management-, Organisations- und Personalentwicklungstheorien unübersehbar „ganzheitliche", die Sinnorientierung von Arbeit und Unternehmensentwicklung, das „‚soziale Biotop' des arbeitenden Menschen" (Conrad 1988, 94) in den Blick rückende Ansätze „auf dem Vormarsch", die – um im Bild zu bleiben – einem „anthropozentrischen", den Menschen stärker in den Mittelpunkt rückkenden, „Entwicklungspfad" folgen (Brödner 1985). Erwähnt seien in diesem Zusammenhang nur die aus St. Gallen (Institut für Betriebswirt-

---

15. Mit dem Begriff der „Kundenorientierung" fordert Lothar Schäffner von den Pädagogen ein Mehr an zweckrationaler, bildungsthechnologischer Kompetenz, das dann erforderlich ist, wenn man Teilnehmer an Bildungsveranstaltungen „ernst" nimmt, d. h. als „Kunden" betrachtet, „(...) die ein Bildungsangebot abrufen und bezahlen" (Schäffner 1989, 15), ein Hinweis, der an dieser Stelle lediglich verdeutlichen soll, daß auch für Bildungsinstitutionen oder -abteilungen der Unternehmenskulturansatz, das „neue Denken" sowie die Frage nach dem (sichtbar) gelebten Wertsystem von einiger Relevanz sind, bislang aber noch kaum wirklich diskutiert wurden, wobei die Frage offenbleibt, ob Subjekte in Lernprozessen wirklich theoretisch begründet als „Kunden" angesehen werden können.

schaft der Hochschule für Wirtschafts- und Sozialwissenschaften) stammenden Ansätze von Hans Ulrich und Gilbert Probst mit ihren Bemühungen, ganzheitliche systemtheoretische und kybernetische Ansätze für das Management von Unternehmen fruchtbar zu machen (Ulrich/ Probst 1988; Probst 1987). „Kulturbewußte Unternehmensführung" (Dürr 1988b, 8) setzt nach diesen Ansätzen bei der Führungskraft ein „ganzheitliches Denken in offenen Systemen" (Probst 1987, 29) voraus sowie die Fähigkeit, Prozesse der „Selbstorganisation" (vgl. Dürr 1995) oder – um mit Luhmann zu sprechen – der „Autopoiesis" (Luhmann 1989, 43 ff.), d. h. der eigendynamischen Ordnungsbildung in sozialen Systemen zu fördern. Führung wird so zur Aufgabe „(...) Systemaktivitäten zu erleichtern, (zu) koordinieren, (zu) integrieren und zu steuern und entsprechende Kontexte zu schaffen, damit potentielle Verhaltensmöglichkeiten erhalten und vergrößert werden. (...) Sie verlangt" – so Gilbert Probst – „nach Facilitatoren, dem Schaffen von Kontexten statt Endprodukten (...)" (ebd., 13). Hierbei wird deutlich, daß der Unternehmenskultur-Ansatz nicht allein darauf gerichtet ist, die Ist-Kultur in einem Unternehmen zu „verstehen" und „ganzheitlich" zu entwickeln bzw. zu fördern; er „transportiert" vielmehr auch Vorstellungen von der Soll-Kultur und stellt somit ein normatives Konzept dar. Deshalb kann der Unternehmenskultur-Ansatz auch als ein Versuch begriffen werden, „(...) eine neue Ethik der Industriearbeit bzw. den Rahmen für ein Arbeitsethos der Beschäftigten zu kreieren" (Merkens 1988, 213). Allen Unternehmenskultur-Ansätzen ist die Auffassung gemeinsam, daß – wie Fritz Oser zusammenfassend charakterisiert – „ein Betrieb heute in besonderem Maße der gelebten Werte bedarf, daß diese durch Interaktion sichtbar gemacht werden müßten und daß der ‚turn-around' hohe Transparenz durch Beteiligung vermittelt" (Oser 1988, 109). So weist Huber darauf hin, daß „die Ist-Kultur an der Basis, in den einzelnen Abteilungen, auch unter Einschluß vieler persönlicher und organisatorischer Mißstände verwirklicht (werde), während die Soll-Kultur als ‚Unternehmens-Philosophie' häufig in Form von schriftlich fixierten Leitsätzen einerseits für die Öffentlichkeit bestimmt ist, andererseits auch in der betrieblichen Bildungsarbeit propagiert wird" (Huber 1987, 178). Für die weitere Verwendung der Kategorie ‚Unternehmenskultur' ist es deshalb notwendig, jeweils zu verdeutlichen, ob sie analytisch-deskriptiv oder normativ verwendet wird. Unter pädagogischem Blickwinkel ist dabei die Rekonstruktion der tatsächlich realisierten Unternehmenskultur wesentlicher, während die propagierte Unternehmensphilosophie allenfalls für die ideologiekritische Analyse von Interesse ist.

Als weiteres Zwischen-„Ergebnis" läßt sich festhalten:

▷ Die neuen Organisations- und Managementtheorien folgen einem anthropozentrischen Entwicklungspfad und erweitern dadurch die bisherigen Modelle der Unternehmensführung um Formen einer stärker mitarbeiterorientierten, kulturbewußten Unternehmensführung, die auf ganzheitliches Erfassen und Gestalten von Kooperations- und Qualifizierungsprozessen im Betrieb angelegt sind. Für eine pädagogische Analyse bedeutsam ist die Frage, ob diese Grundsätze nur Bestandteil der Sollkultur eines Unternehmens sind oder bereits dessen Ist-Kultur bestimmen.

Die Kritik am Unternehmenskultur-Ansatz richtet sich vornehmlich gegen dessen normative Verwendung, wenn z. B. von den „neuen" Unternehmenskulturen die Rede ist. Stark kritisiert wird vornehmlich die „Abwertung formaler Strukturen" (Seidel 1987, 297) sowie die Reduzierung von Mitarbeiterorientierung auf ein bloßes Sinnmanagement, so als wäre die Sinnorientierung der Mitarbeiter in trivialer Weise „beeinflußbar". Dieser trivialen Sichtweise entgeht zudem, daß es Restarbeitsbereiche gibt, wo Menschen Tätigkeiten verrichten, „bei denen die Forderung nach Identifikation mit der Arbeit eher als spezifische Form des Zynismus angesehen werden muß" (Pfoch/Liepmann 1988, 149). Insgesamt gesehen verstellt das bloße Sinnmanagement eher den Blick für die Notwendigkeit, strukturelle Veränderungen an Arbeitsplätzen herbeizuführen, um für die Beschäftigten Handlungsspielräume zu schaffen, deren Nutzung Entfaltungschancen und Persönlichkeitsförderung und damit erst eigentlich Sinnfindung in einer selbstbestimmteren Arbeit ermöglichen kann[16] (vgl. Wiendieck 1989, 58). Doch auch von Organisations- und Betriebswirtschaftlern selbst wird Skepsis gegenüber einem allzu euphorischen Paradigmenwechsel nach dem Motto „Kultur ist in, Struktur ist out" (Seidel 1987, 297) geäußert; sie sehen darin „(...) das ungemein attraktive Angebot eines Ausbruchs aus der Komplexität dieser Welt" (ebd.) und monieren die Überfremdung durch „neue" Unternehmenskulturkonzepte, die gerade von dem Eigentlichen, d. h. der nur aus Tradition heraus entstehbaren Unternehmensindividualität, abstrahieren.

Mit den normativen Unternehmenskulturansätzen sind veränderte Qualifikationsanforderungen an die Führungskräfte im Betrieb verbunden, die m. E. auch Chancen für eine Pädagogisierung der Führungsstile in sich bergen. Auf der Basis einer solchen Pädagogisierung der betrieblichen Führungspraxis ließe sich dabei auch ein „einheitlicher eigener (gemeint: betriebspädagogischer; R.A.) Führungsbegriff" (Huber 1985, 53) entwickeln sowie „ein eigenständiges Konzept für die Qualifizierung von Führungskräften" (ebd., 72) entwerfen, das der „Schwerpunktverschiebung" der Führungspraxis Rechnung trägt: „Weg von der instrumentalistischen Sichtweise rationeller Führungspraxis, hin zu der ideellen Dimension der Führungsverantwortung und des Führungshandelns" (Dürr 1988a, 4). Diese Schwerpunktverschiebung beschreibt Wolfgang Jeserich mit den Worten: „Nur, wer sich selbst als Teil des Prozesses begreift und nicht als herausgehobener Dompteur einer latenten Raubtiergruppe, kann dieses neue Verständnis erleben. In dem Maße, wie man sich selber in diesen Prozeß einbringt, verliert man die Angst, daß einem die Entwicklung entgleitet. Man lernt, den Prozeß von innen heraus zu steuern. Erst dann erlebt man, wie ein Prozeß sich selber optimal steuern kann und findet langsam den Mut, darauf zu vertrauen"(Jeserich 1989, 15).

Zu der Frage, welche Qualifikationen eine solchermaßen veränderte Führungspraxis von den Führungskräften verlangt und wie diese erworben werden können, soll folgende Auffassung begründet werden:

---

16. Fritz Oser bevorzugt deshalb den Begriff „Arbeitskultur" (Oser 1987, 47 ff.), spricht aber auch von „Betriebskultur" (ebd., 61).

▷ Ganzheitliche, kulturbewußte Unternehmensführung setzt bei den Führungskräften methodische und soziale Kompetenzen voraus, wodurch sich deren professionelles Profil an das von Pädagogen annähert. Zweckrationales Theoriewissen (um Wenn-Dann-Zusammenhänge) ist zu ergänzen um Selbstreflexionswissen. Hierfür ist eine „Arbeit" an der eigenen Subjektivität (gemeint: der Führungskräfte) erforderlich.

Die Smith-Taylor-Epoche ständig zunehmender Arbeitszerlegung geht in den technologie- und innovationsintensiven Betrieben zu Ende. Vielmehr bestimmen zunehmende Integration und Verzahnung von Aufgabenbereichen Produktion und Management. Die dadurch entstehenden sozial komplexen und vernetzt-arbeitsteilig „funktionierenden" Betriebe können jedoch – so die Folgerung der ganzheitlichen Managementtheorien – immer weniger funktional-mechanistisch oder gar autoritär-manipulativ – zum Erfolg – geführt werden. Plädiert wird deshalb für „offene" (Mann 1988, 60), „prozeßorientierte" (Jeserich 1989, 76) Führung und für „Sinnmanagement" durch „leitideenorientiertes Führen" (ebd., 20). Burckard Sievers spricht sogar vom „Management der Weisheit", d. h. des Bemühens „reifer" Führungskräfte darum, daß „Unternehmenskultur Weisheit zu beinhalten vermag" (Sievers 1989, 48) und nicht die „Unreife" der Mitarbeiter „durch Führung perpetuiert" wird (ebd., 43).

Nun kann man über den Realitätsgehalt und die praktische Wirksamkeit solcher Konzeptionen geteilter Meinung sein. Unübersehbar ist jedoch das Bemühen, Führungskräfte nicht nur fachlich, sondern auch hinsichtlich ihrer methodischen und sozialen Kompetenzen zu entwickeln. Liest man den Katalog der außerfachlichen Qualifikationen, die vom „Ingenieur der Zukunft" (Faix u. a. 1989, 23) erwartet werden, so begegnen dem Leser Ziele, die genauso gut der pädagogischen Professionalisierungsdiskussion entstammen könnten. So sollen Führungskräfte befähigt werden,

– zur Kommunikations- und Kooperationsbereitschaft, um eigenes Wissen einzubringen, argumentativ zu vermitteln und Wissen anderer an geeigneter Stelle abzufragen und zu nutzen,
– zur Teamfähigkeit und Teamarbeit,

– zum Anleiten von Mitarbeitern, wozu didaktische Fähigkeiten entwickelt werden sollen,

– zur Sinngebung und Akzeptanzsicherung durch Werthaltungen und Konsensbildung,

– zum Führen durch Mitarbeiterentwicklung sowie

– zur Gestaltung (Moderation) von sozialen Prozessen zur Zielerreichung,

um nur einige Aspekte zu nennen (vgl. Jeserich 1989, 23). Die ganzheitliche Professionalität von Führungskräften, die durch die Vermittlung solcher Qualifikationen entwickelt werden soll, steht vor dem Dilemma, daß sie ohne Arbeit an der eigenen Subjektivität (gemeint: der Führungskräfte) nicht gelingen kann, schon gar nicht, wie ich meine, in den so verbreiteten Traineekursen von mehrtägiger Dauer (vgl. Zedler 1989, 4). Folgt man den Ergebnissen der Erwachsenensozialisationsforschung sowie der pädagogischen Professionalisierungsdebatte (u. a. Tietgens 1988), die sich ja *auch* mit Führung als „einer absichtsvollen und etwas bewirken wollenden Kommunikation" (Wimmer 1989, 29) befaßt, so wird deutlich, daß Führungskräftequalifizierung mehr und anderes umfassen muß als eine bloß kognitive Aneignung von zweckrationalem Theoriewissen. Die Entwicklung professioneller sozialer Kompetenzen, d. h. die systematische Entwicklung von Fähigkeiten zu

– kommunikativem Handeln,

– situativem Verstehen und

– produktiver Gelassenheit im Umgang mit offenen, unstrukturierten Situationen,

kann m. E. vielmehr nur in längerfristigen *Bildungs*-Prozessen angebahnt werden, in denen theoriegeleitete Reflexion mit Elementen sozialer Selbsterfahrung sowie autobiographischer (Selbst-)Reflexion eng verbunden sind. Was Hans-Jochen Gamm für das pädagogische Handeln (bei ihm: „Lehre") feststellt, gilt nämlich auch für eine mitarbeiterorientierte,

kulturbewußte Führung: Sie „wird mit den Kräften der Person darge-
boten" (Gamm 1988, 77). Diese Kräfte müssen sich entwickeln (können);
sie können nicht entwickelt *werden* (vgl. Koneffke 1987, 133). Autobio-
graphische Selbstreflexion, in einer methodisch angeleiteten und nicht nur
beiläufig-zufälligen Form, ist hierfür m. E. eine notwendige Voraussetzung[17], schließt doch „das Verstehen von Führungssituationen das Verstehen von sich in diesen mit ein" (Wimmer 1989, 32). Selbstreflexion – so
Rudolf Wimmer – „ist ein Modus des Umgangs mit sich, der gerade für
Führungskräfte zu einem unerläßlichen Professionalisierungsgebiet geworden ist, dessen Aufbau und Stabilisierung an wichtige persönliche und
interaktionelle Voraussetzungen gebunden ist" (ebd.).

Betriebspädagogik ist jedoch mehr als Führungspädagogik. Sie hat
vielmehr die gesamte betriebliche Bildungsarbeit zum Gegenstand und ist
mithin auch „Betriebspädagogik ,von unten'" (Lempert 1989, 198). Im
Rahmen einer betriebs*pädagogischen* Analyse ist deshalb auch zu untersuchen, wie sich die Personalentwicklungs-Philosophien im Kontext
einer (unternehmens-)kulturbewußten Organisationsentwicklung (vgl.
Dürr 1989) darstellen bzw. darzustellen hätten. Dies wirft die Frage nach
dem Verhältnis zwischen der Unternehmenskultur und der „Lernkultur"[18], bzw. hier: der Weiterbildungskultur, im Betrieb auf, dem ich
mich im folgenden widmen werde. Dabei gehe ich von folgender These
aus:

---

17. Eingelebte Verhaltensweisen und Orientierungen können m.E. nur durch selbst-
reflexives Lernen geändert bzw. weiterentwickelt oder gar „professionalisiert" werden, eine
konzeptionell folgenreiche Überlegung, die ich an anderer Stelle identitäts- und professio-
nalisierungstheoretisch entwickelt habe (vgl. Arnold 1983, 209 ff.).

18. Der Begriff der Lernkultur läßt sich als „Ensemble formeller und informeller Prozesse beschreiben, welche die Qualifizierung und Sozialisation im Betrieb ausmachen"
(Zedler 1987, 174), wobei einer demokratischen Gesellschaft nicht gleichgültig sein kann, in
welcher Lernkultur Unternehmen ihre Mitarbeiter weiterbilden. Neuerdings wächst in der
Pädagogik die Einsicht in die kulturelle „Verödung", die mit einem Modell zweckrationaler
Planung und Gestaltung nachempfundenen Arrangement von Lernprozessen einhergeht
(vgl. Rumpf 1987).

▷ Unternehmenskultur und Weiterbildungskultur bedingen einander wechselseitig. So bemißt sich einerseits der ‚Reifegrad‘ der Unternehmenskultur auch am Stellenwert der Bildungsarbeit im Betrieb sowie den Funktionen, die diese erfüllt, während andererseits das betriebliche Lernen selbst eine wesentliche Instanz zur Tradierung („Enkulturation") und Weiterentwicklung der Unternehmenskultur darstellt. Eine Identität zwischen Weiterbildungskultur und (neuer) Unternehmenskultur muß in vielen Betrieben allerdings erst noch entwickelt werden.

Es wurde bereits darauf hingewiesen, daß in neueren Veröffentlichungen der Personalentwicklung eine Führungsrolle im technischen Wandel zugewiesen wird, wobei davon ausgegangen wird, daß Personalentwicklung mitarbeiterorientiert ausgerichtet werden muß und sich nicht länger nur auf die Beschaffung und den Einsatz von Personal beschränken darf. Als strategisches Element soll sie sich in die Organisationsentwicklung des Betriebes einfügen und mithelfen, Organisationsformen zu entwickeln, die stärker auf die Eigenaktivität und Mitverantwortung der Mitarbeiter setzen. Personalentwicklung durch betriebliche Bildungsarbeit wird zunehmend als ein wesentliches Element einer systematischen Organisationsentwicklung verstanden und praktiziert (vgl. Arnold/Weber 1995).

Getragen werden solche Ansätze von einer optimistischen Anthropologie, die sich – zumindest dem Anspruch nach – den individualpädagogischen Begründungen der Pädagogik annähert (vgl. u. a. Bollnow 1989, 65), wird doch davon ausgegangen, daß „die Menschen im Unternehmen nicht nur für- und steuerbare Objekte, sondern auch Subjekte mit eigenem Erfahrungspotential (sind)" (Mann 1988, 60). In solchen Äußerungen zeichnet sich eine Art „reflexive Wende" (i. S. einer „Hinwendung" zum Mitarbeiter) der Personalentwicklungs-Philosophien ab, mit der diese von einem instrumentell-mechanistischen Menschenbild abrücken und sich zunehmend an einem humanistischen Menschenbild (i. S. der Humanistischen Psychologie) orientieren, wie es bereits McGregor 1960 in seinem Buch „The human side of enterprise" der sogenannten „Theorie Y" der Unternehmensführung zugrundelegte. Diese Theorie basiert auf den Annahmen,

– daß Menschen sich über ihre Arbeit definieren und diese nicht von Natur aus scheuen,

– daß sie die Übernahme von Verantwortung anstreben,

– daß sie ihre Phantasie, Erfindungsgabe und Kreativität realisieren möchten und nicht ständig kontrolliert zu werden brauchen,

– daß sie nach Selbstbestätigung streben und persönliche Ziele verfolgen, die mit denen des Betriebes durchaus im Einklang stehen können, und

– daß sie sich nicht nur unter Zwang bzw., unter Zwang gerade *nicht* engagieren (vgl. McGregor 1960, 47 ff.).

Bei der Beurteilung solcher humanistischen Konzeptionen, die in den avantgardistischen Personalentwicklungs- und Führungstheorien eine Renaissance erleben, tut man gut daran, diese nicht mit der vielfach noch ‚grauen‘ Realität in den Betrieben gleichzusetzen. Als „sichtbar gelebtes Wertsystem" (Peters/Waterman 1986, 321 ff.) lassen sich diese Ansätze nämlich erst in einigen größeren Betrieben ausmachen (vgl. Hölterhoff 1989). Dies wird am Beispiel der betrieblichen Weiterbildung besonders deutlich, deren empirische Realität noch keineswegs überall von den Grundsätzen einer humanistischen Weiterbildungskultur „durchdrungen" ist, Grundsätze, die m. E. davon auszugehen hätten, daß alle Mitarbeiter ein Interesse an der Weiterentwicklung ihrer Qualifikationen haben (Prinzip der Freiwilligkeit bzw. der didaktischen Selbstwahl[19]), betriebliche Weiterbildung deshalb

– allen Mitarbeitern offenzustehen[20] habe,

– mit den Mitarbeitern (in sog. Personalentwicklungsgesprächen) zu vereinbaren sei,

---

19. Das Prinzip der „didaktischen Selbstwahl" wurde von Raapke (1976, 104) in die erwachsenenpädagogische Diskussion eingebracht.

20. Auch das Institut der Deutschen Wirtschaft plädiert dafür, Sorge zu tragen, „(...) daß die an- und ungelernten Mitarbeiter in den Unternehmen den Anschluß an die technische Entwicklung behalten und sich entsprechend den veränderten Anforderungen weiterqualifizieren können" (Schlaffke 1989b, 21; Schlaffke/Weiß 1990, 13).

- der Vermittlung fachlicher und außerfachlicher Qualifikationen zu
  dienen habe,
- Mobilität, d. h. auch Unabhängigkeit durch „anerkannte" „Zertifizierung" zu fördern habe und
- sich durch den Einsatz einer selbständigkeitsfördernden Didaktik und
  Methodik auszuzeichnen habe.

Nimmt man die Strukturen und Funktionen der betrieblichen Weiterbildung in den Blick, so stellen sich diese – folgt man den Ergebnissen der
empirischen Weiterbildungsforschung – „auf breiter Front" vielfach noch
eher als Ausdruck einer „mechanistischen Weiterbildungskultur" dar,
sieht man einmal von den Protagonisten Siemens, MAN, BMBW u. a. ab.
Maßnahmen der betrieblichen Weiterbildung sind immer noch sozial
hoch selektiv, sie richten sich vorwiegend an Führungskräfte (Teilneh-
merquote ca. zwei Drittel), während nur 8 Prozent der Facharbeiter und
nur ca. 3 Prozent der An- und Ungelernten an Weiterbildungsmaßnahmen teilnehmen (Bardeleben u. a. 1986, 11). Auch die Methodenpraxis
ist noch überwiegend traditionell ausgerichtet; selbständigkeitsfördernde
Didaktik und Methodik sind zwar in den Betrieben auf dem Vormarsch
(vgl. Arnold 1995c; Müller 1988), finden sich aber z. B. in der Facharbeiterausbildung erst in Ansätzen (Bardeleben u. a. 1986, 70f; Pawlow-
sky/Bäumer 1995).

Es bleibt demnach – so könnte ein vorläufiges Fazit lauten – noch viel
zu tun, um die Lernkulturen betrieblicher Weiterbildung tatsächlich nach
den Maßgaben der optimistischen Anthropologie einer mitarbeiterorientierten, kulturbewußten Unternehmensführung zu entwickeln und eine
Identität zwischen Weiterbildungs- und neuer Unternehmenskultur herzustellen, Unternehmenskultur durch Weiterbildungskultur zu „beför-
dern" (Münch 1988b, 242). Eine Schlüsselrolle kommt bei diesem Trans-
formationsprozeß der Rolle des Betriebspädagogen bzw. des Weiterbild-
ners im Betrieb zu (vgl. Kapitel 6).

Kulturentwicklung im Betrieb geschieht gleichwohl nicht nur durch
intentionales Handeln. Entscheidend ist vielmehr auch, welche „funktionale Erziehung durch den modernen Industriebetrieb" geleistet wird, d. h.

	Mechanistische Konzeption (Theorie X)	Humanistische Konzeption (Theorie Y)
Unternehmenskultur	Menschen – scheuen Arbeit – vermeiden Verantwortung – erwarten Lenkung und Kontrolle – streben nach Sicherheit – engagieren sich nur unter Zwang	Menschen – definieren sich über Arbeit – streben die Übernahme von Verantwortung an – möchten ihre Phantasie, Erfindungsgabe und Kreativität realisieren – streben nach Selbstbestätigung – engagieren sich nicht nur unter Zwang
Weiterbildungskultur	Mitarbeiter – müssen zu Fortbildungsmaßnahmen „entsandt" werden (Prinzip der Unfreiwilligkeit) Weiterbildung – ist vornehmlich für Führungskräfte gedacht – wird als Belohnung „verteilt" – ist nur verwendungsorientiert (Anpassungsfortbildung) – schränkt Mobilität ein (z.B. betriebsgebundene Zertifizierung) – Vorherrschen des Seminarkonzeptes	Mitarbeiter – haben ein Interesse an der Weiterentwicklung ihrer Qualifikation (Prinzip der Freiwilligkeit) Weiterbildung – steht allen Mitarbeitern offen – wird mit den Mitarbeitern vereinbart – dient der Vermittlung fachlicher und außerfachlicher Qualifikationen – fördert Mobilität (z.B. „anerkannte Zertifizierung") – selbständigkeitsfördernde Didaktik und Methodik

Abb. 11: Zusammenhänge zwischen der Unternehmenskultur und der Lernkultur betrieblicher Weiterbildung

wie – um nochmals den betriebspädagogischen „Klassiker" von Karl Abraham zu zitieren – der „Betrieb als Erziehungsfaktor" (Abraham 1957) wirkt. Zu diesem Thema liegen zahlreiche neuere Ergebnisse der betriebspädagogischen Sozialisationsforschung vor, die sich mit den Prozessen der „Enkulturation", d.h. der Übernahme von betrieblichen Werten bzw. der „moralischen Sozialisation" (vgl. Lempert 1988; Oser

101

1988) durch die Ausbildungs- und Arbeitserfahrungen im Betrieb befaßt, mithin das Entstehen der Unternehmenskultur „von unten" zu erhellen versucht. Insofern diese Beiträge verstehend-interpretativ auf die Rekonstruktion der Binnenperspektiven und Deutungsmuster der Beteiligten bezogen sind, d. h. systematisch von der Betroffenenperspektive ausgehen, kann man in ihnen erste Ansätze einer betriebspädagogischen Hermeneutik erkennen, die es – gewissermaßen als notwendiges methodisches Pendant zur Unternehmenskultur- noch zu entwickeln gilt. Dabei wäre das Wechselverhältnis von Kultur und Sozialisation im Betrieb auch in den betrieblichen Lernprozessen selbst noch eingehender zu erforschen, um das Bewußtsein über die Kontraproduktivität betrieblicher Enkulturation zu erhöhen, die z. B. dort gegeben ist, wo eine „mechanistische Weiterbildung" (vgl. Abb. 11) praktiziert wird, die – z. B. nach dem Seminarkonzept des angeleiteten Lernens – die Kreativität des einzelnen unterdrückt, ihn abhängig macht, seine Eigenverantwortlichkeit im Lernprozeß reduziert und dadurch Fremdverantwortung an die Stelle von Eigenverantwortung rücken läßt.

3.2 Abkehr vom Technozentrismus

Es war eine „Eigenart" der sogenannten „klassischen" Berufsbildungstheorien (Kerschensteiner, Spranger, Fischer, Litt), daß sie ihre Entwürfe für eine Berufsbildung „im Zeitalter der großen Industrie" (Blankertz 1969) aus einem Berufsbegriff heraus entwickelten, der die ganzheitliche-handwerkliche Arbeit idealisierte und damit den Beruf just zu einem Zeitpunkt zum Bildungszentrum bzw. zur „Pforte der Menschenbildung" hypostasierte, da dieser längst aufgehört hatte, „dem Menschen ein sinn- und werthafter Lebensinhalt zu sein" (Anna Siemsen; zit. nach: Stütz 1970, 48). Die Berufsbildung im Industriezeitalter entwickelte sich demgegenüber nach Maßgaben einer zunehmend arbeitsteiligen Technikanwendung (Großserie, Fließband), in der „ganz wesentliche Merkmale des Vollberufes grundsätzlich (wegfielen)" (Blättner 1975, 83), weshalb auch

102

die Berufspädagogik der 70er Jahre über andere Leitkategorien nachzudenken begann ("Qualifikation", "Mobilität", "Flexibilität" etc.).[21]

Dieser kurze Exkurs zum ,time-lag' der Berufsbildungstheorie ist insofern auch von einiger Aktualität, als der gegenwärtige "Umbruch der
industriellen Arbeit" (Jäger 1989) wiederum die Gefahr in sich birgt, an
überlieferten Deutungen festzuhalten, die dem Wandel nicht mehr gerecht werden. Als Triebkräfte des Umbruchs wirken – und damit spreche
ich die zweite "Ebene" der "Triebkräfte des Wandels" (vgl. Abb. 10) an –
Entwicklungen, die durch die Neuen Technologien, betriebliche Ratio-
nalisierungsprozesse und internationale Arbeitsteilung ausgelöst worden
sind und in neuen Produktionskonzepten weiter vorangetrieben werden.
In der "Fabrik der Zukunft" – so das Schlagwort der neueren Diskussion – bestimmen nicht mehr Großserien- und Fließbandfertigung die
Produktionsorganisation, sondern der Einsatz von flexiblen Fertigungs-
systemen und ihre effiziente Steuerung durch ein alle relevanten Betriebs-
bereiche vernetzendes multiples rechnergestütztes Kommunikationssystem. "Waren in der herkömmlichen Betriebsstruktur die Bereiche Entwicklung, Planung, Steuerung, Fertigung, Marketing und Service in weit
auseinanderliegende ,Informationsinseln' separiert, so zielt ,Computer
Integrated Manufactoring' (CIM), als Konzepttitel der ,Fabrik der Zukunft', auf einen ungehinderten, kontinuierlichen Informationsstrom
zwischen den produktverantwortlichen Abteilungen. Computer-inte-
grierte Fertigung, mit allen in ihr verknüpften ,Instrumenten' wie CAD,
CAM, CAQ, PPS, BDE, Netzwerken und Datenbanken, Experten-

---

21. Bei der im folgenden wiedergegebenen Abbildung 12 handelt es sich um die überarbeitete und erweiterte Fassung einer Abbildung aus Schmidt (1988, 175). Eine Erweiterung der Abbildung nach links hätte den Übergang von der handwerklichen zur Industrietechnik darzustellen, wobei für die handwerkliche Technik folgende Strukturmerkmale an-
zuführen wären:
– Produktionsorganisation: Einzelfertigung, kleine Serien,
– Arbeitsteilung: Handwerker, Meister in Abstufung gleichermaßen zuständig für Produktion, Instandhaltung und Qualitätssicherung,
– Beruf, Berufstätigkeit: Lebensberuf, Vollberuf, konkret gegenständliche Werkstückbear-
beitung, Befriedigung und Anerkennung aus der Werkvollendung,
– Berufsbildung: Imitatio-Prinzip; Meisterlehre

	Trad. Industrietechnik ⟶	Neue Industrietechnik
Produktions-organisation	• Großserie • Fließband • langer Materialdurchlauf	• flexible Fertigung • C-Verfahren, Roboter • „just-in-time"-Produktion
Arbeits-teilung	Ungelernte ⟶ Produktion Facharbeiter ⟶ Instandhaltung Techniker Ingenieure ⟶ Qualitäts- sicherung	Team von Fach- ⎫ Produktion arbeitern, ⎬ Instandhaltung Technikern ⎪ Qualitäts- und Ingenieuren ⎭ sicherung

Berufs-strukturen	• Mobilität
	• Spezialisierung
	
	• Polarisierung der ⎫
	  Qualifikationsstruktur ⎬
	• hoher Anteil der manuellen ⎪
	  Werkstoffbearbeitung ⎭
		• Flexibilisierung
		• Entspezialisierung
		• Integration von Berufsbereichen
		• Reprofessionalisierung
		
		• Rückgang manueller Eingriffe und
		  Intellektualisierung

Technische Berufs-bildung	• Berufspraxis im Betrieb
	• Berufstheorie in der öffentlichen
	  Berufsschule
	• Weiterbildung als ad-hoc-
	  Ergänzungs- und
	  Anpassungsfortbildung
		• Verallgemeinerung der betrieb-
		  lichen Erstausbildung
		• Verbetrieblichung beruflicher
		  Qualifikation
		• Verlagerung anwendungsbezogener
		  Qualifizierung in die Weiterbildung

Abb. 12: Von der materiellen zur immateriellen Technik (vgl. Anmerkung 21)

systemen etc. verkörpern die technische Komponente dieser ‚just-in-Time'-Produktion" (Faix u. a. 1989, 7).

Zwar ist dieses Szenario noch keineswegs für alle Beschäftigten greifbare Realität geworden, doch hat sich – einer Untersuchung des Bundesinstituts für Berufsbildung und des Instituts für Arbeitsmarkt- und Berufsforschung zufolge – die Nutzerquote bei neuen Technologien von 14 Prozent im Jahre 1979 auf 21 Prozent bereits bis 1985 erhöht, d. h. „(...) 21 Prozent der deutschen Erwerbstätigen (arbeiten bereits) mit programmgesteuerten Arbeitsmitteln, also mit Datenverarbeitungsanlagen,

Computern bzw. an Bildschirmen oder Terminals" (Zedler 1988, 1). Folgt man der Expertenmeinung, daß die bisherige Anwendung der neuen Technologien noch „weit unter der 10%-Marke liegt" (Staudt/ Rehbein 1988, 145), so erscheint es keinesfalls übertrieben anzunehmen, daß bis zur Jahrtausendwende mindestens jeder zweite Arbeitsplatz durch die Mikroelektronik verändert sein wird. (vgl. Bohle 1983, 5). In den Bereichen, in denen die Automatisierung bereits weit fortgeschritten ist (z. B. in der Automobilindustrie), sind die Auswirkungen auf die Produktionsorganisation und die Entwicklung der betrieblichen Qualifikationsstruktur erheblich. Traf man noch vor wenigen Jahren an den Montagearbeitsplätzen der Fertigung nur wenige Facharbeiter an, und wenn, dann allenfalls als „Werkstattführungskräfte" oder als Spezialisten in der Wartung und Instandhaltung, so werden heute in der „flexibel automatisierten Fertigung für variable Produktionsprogramme" (Buschhaus/Goldgräbe 1984, 160) in steigendem Maße Anlagenführer und Steuerungsfachleute (Griesinger 1985, 13) sowie Wartungskräfte benötigt, an deren Qualifikationen neuartige Anforderungen gestellt werden, die das Qualifikationsprofil des Drehers, Universalfräsers oder Automateneinrichters „sprengen". Ihr Arbeitsbereich ist nicht mehr nur die unmittelbare Maschinenbedienung, sondern das „durch die Koppelung von mehreren numerisch gesteuerten Werkzeugmaschinen mit Hilfe eines zentralen Rechners sowie durch Handhabungsgeräte und automatische Magazine" (Buschhaus/Goldgräbe 1984, 161) geschaffene flexible Fertigungssystem, für dessen Einrichtung, In-Gang-Haltung, Überwachung und Steuerung sie zuständig sind. Sie haben die Aufgabe, „bei Störungen einzugreifen, nach Werkstück- und Werkzeugwechsel die gefertigten Teile zu überprüfen und eventuell Korrekturen einzuleiten" (Lehmann 1980; zit. nach: ebd., 161).

Welche „qualifikationsinhaltlichen" Auswirkungen ergeben sich hieraus für Beruf und Technik, den beiden Leitbegriffen technischer Berufsbildung?

Es deutet vieles auf eine „Reprofessionalisierung" in den Kernbereichen industrieller Arbeit hin. Bislang isolierte Tätigkeiten, wie Arbeitsvorbereitung, Instandhaltung und Produktionsplanung verschmelzen (vgl. Abb. 12). Eine im Auftrag des Bayerischen Staatsministeriums für Arbeit und Sozialordnung durchgeführte Untersuchung zu den geänderten Qualifikationsanforderungen beim Einsatz neuer Industrietechnik und neuer Verfahren der Produktionsorganisation (Sonntag u. a. 1987) gelangt zu dem Ergebnis, daß

- die manuellen Eingriffe in den Bearbeitungsprozeß insgesamt geringer werden; sie beschränken sich auf die Aufspanntätigkeiten und die Eingabe von Steuerbefehlen an den Tastaturen des Displays,

- die dispositorischen, planerischen und programmgestaltenden Vorbereitungsaktivitäten an Bedeutung gewinnen,

- sich die kognitiven Anforderungen erhöhen, die Relation des anschaulichen Denkens zu abstrakterem Denken sich zugunsten des letzteren verschiebt, und

- sich erhöhte Anforderungen an die Kooperations- und Kommunikationsbereitschaft der Mitarbeiter (im) flexiblen Fertigungssystem ergeben.

Mit diesen Anforderungen einher geht eine Entspezialisierung und Flexibilisierung der Berufsstrukturen, die u. a. in der Tendenz zur Integration maschinenschlosserischer und elektrotechnischer Berufsbereiche ihren Ausdruck findet (nach: ebd., S. 3 ff.). Die Anforderungsentwicklung hat – zumindest in vielen Sektoren der Stammbelegschaften zu einer Reprofessionalisierung industrieller Arbeit geführt, die sich wieder in stärkerem Maße an ganzheitliche Formen beruflichen Handelns (vgl. Lipsmeier 1989) annähert. Die Neuordnung der industriellen Metall- und Elektroberufe hat dieser ganzheitlichen Reprofessionalisierung mit der Forderung Rechnung getragen, den Auszubildenden zur Ausübung einer qualifizierten beruflichen Tätigkeit zu befähigen, „die insbesondere selbständiges Planen, Durchführen und Kontrollieren einschließt", wie es in der Verordnung zur Neuordnung der industriellen Metallberufe vom 15.1.1987 (§ 3.4) heißt. In einer von mehreren Spitzenverbänden herausgegebenen Veröffentlichung zu den neugeordneten Ausbildungsberufen wird diese betriebspädagogische Leitlinie mit den Worten beschrieben:

„Nur ein beruflich ganzheitlich gebildeter Mitarbeiter wird in Zukunft den Anforderungen der Unternehmen gerecht werden. Fundierte Kenntnisse reichen alleine in einer zunehmend komplexer gestalteten Arbeitssituation nicht mehr aus" (DIHT/Gesamtmetall/ZVEI 1986, 11). Die qualifikationsinhaltlichen Anforderungsverschiebungen im Zusammenhang mit der Anwendung neuer Technologien lassen sich zusammenfassend in folgender Formulierung festhalten:

▷ Die Verbreitung der neuen Technologien geht mit einer tendenziellen Aufweichung der tradierten Leitkonzepte gewerblich-technischer Berufsbildung einher, der „Orientierung an der Technik" und der „Orientierung am Beruf". Erforderlich ist deshalb eine Weiterentwicklung der Konzeptionen technischer Berufsbildung.

Mit der „wachsenden Bedeutung" ‚immaterieller‘ im Vergleich zu ‚materieller‘ Arbeit (Schmidt 1989, 234) in der modernen Fertigung ist allerdings nicht allein eine tendenzielle Intellektualisierung und Generalisierung der Qualifikationsanforderungen verbunden; es zeichnen sich vielmehr auch grundlegende Veränderungen für das System der gewerblich technischen Berufsbildung ab, auf die mit folgender These, die anschließend zu kommentieren sein wird, hingewiesen werden soll:

▷ Umschlagsgeschwindigkeit und immaterielle Gehalte der modernen Industrietechnik fördern tendenziell eine Verbetrieblichung beruflicher Qualifizierung sowie eine Verallgemeinerung der betrieblichen Erstausbildung, Tendenzen, die mit grundlegenden didaktischen, lernorttheoretischen sowie auch bildungspolitischen Konsequenzen für die gewerblich-technische Berufsbildung in Betrieb und Berufsschule verbunden sein dürften.

Im folgenden sollen die wesentlichen Implikationen dieser These kommentiert und zumindest ansatzweise begründet werden; dabei wird es auch erforderlich sein, exkursorisch auf einige „außerbetriebliche" Folgen für den Lernort Berufsschule einzugehen, stehen doch Betrieb und Berufsschule im dualen System in einer engen Wechselbeziehung zueinander.

a) Zur Verbetrieblichung beruflicher Qualifizierung

Angesichts der sich ständig verkürzenden technologischen Entwicklungszyklen – bei der Mikroelektronik von ca. vier auf z.T. unter zwei Jahren (Staudt/Rehbein 1988, 9) – erweist sich eine „Ausbildung auf Vorrat" ausbildungsökonomisch immer weniger als sinnvoll. Das einheitliche Grüner'sche Konzept technischer Berufsbildung (Grüner 1978, 146f.) erfährt eine „Lernortverzerrung": Vorbereitung auf die immateriellen und invarianten Gehalte moderner Industrietechnik in der Berufsausbildung, Vermittlung materieller Fähigkeiten, Fertigkeiten und Kenntnisse in der betrieblichen Weiterbildung. Die „Wege zur Vervollständigung der Qualifikation (sind) weder trittsicher noch eindeutig markiert" (Buttler 1988, 23), und: sie verlagern sich tendenziell aus dem Bereich der öffentlich verantworteten Berufsbildung.

b) Zur Verallgemeinerung der betrieblichen Erstausbildung

Doch auch die gewerblich-technische betriebliche Erstausbildung entwickelt sich – vornehmlich in den technologieintensiven Großbetrieben – immer stärker von einer rein berufspraktischen zu einer berufstheoretischen sowie sogar allgemeinbildenden Berufsausbildung. Genannt seien in diesem Zusammenhang nur die handlungsorientierten und auf eine umfassende – formale – Persönlichkeitsentwicklung ausgerichteten Ausbildungsmodelle der Daimler-Benz-AG (Projektmethode), die „Projekt- und Transferorientierte Ausbildung" (PETRA) der Siemens AG, die „Teamorientierte Berufsausbildung" (T.O.B.) in den Opel-Werken sowie die bei den Stahlwerken Peine-Salzgitter und der Hoesch-AG entwickelte Leittextmethode. Bei ihren Bemühungen um eine formale Bildung der Auszubildenden, wofür zumeist der mittlerweile inflationierte Begriff der „Schlüsselqualifikation" verwandt wird, stehen diese Betriebe vor einer der neuhumanistischen Allgemeinbildungsidee sehr verwandten Situation, nämlich vor der Aufgabe, den einzelnen nicht so sehr inhaltlich, sondern mehr formal zu bilden, d.h. ihn zum freien, autonomen und ichhaften Individuum zu entwickeln. Das Beruflich-Fachliche, der materielle

Technikbezug, wird dafür – in dieser Phase: der beruflichen Erstausbildung – auch zunehmend zum bloßen Mittel (Medium), zum Anwendungsfall und „Weg" für den Erwerb jener Subjektqualitäten, die die neuhumanistische Allgemeinbildungsvorstellung forderte (Brater u. a. 1988, 56). Trotz dieser tendenziellen Verallgemeinerung der Berufsausbildung wird die betriebliche Ausbildung jedoch in Zukunft stets auch eine *fachliche* – allerdings im Sinne einer stärker auf die invarianten und grundlegenden Aspekte der jeweiligen Fachrichtung bezogene – Ausbildung, sein und bleiben.

Diese Entwicklung verleiht gleichwohl auch von der Seite der technologischen Entwicklung her der *Bildung des Individuums* als einer Zielsetzung technischer Berufsausbildung eine neue Aktualität. Auch von dieser Ebene her lassen sich somit Tendenzen feststellen, die über die traditionelle technozentrische Orientierung beruflicher Bildung hinausweisen und Elementen einer verstehenden Vernunft mehr Raum geben. Scheinen sich doch auch für den Umgang mit immaterieller Technik Dispositionen im Subjekt entwickeln zu müssen, die den einzelnen in die Lage versetzen, verstehend, suchend und deutend mit vielfach offenen Arbeitssituationen umzugehen, wofür die Pädagogik u. a. das Bild von der „Dreiheit von Besonnenheit, Gemessenheit und Gelassenheit" verwendet, womit eine „Verfassung" des Individuums beschrieben wird, der der Weg der Bildung vorausgeht (Ballauf 1989, 109).

c) *Exkurs: Zum (verbliebenen?) Bildungsauftrag der Berufsschule*

Welche Orientierungen ergeben sich – so ist zu fragen – aus der Verbetrieblichung beruflicher Qualifizierung und der Verallgemeinerung der betrieblichen Erstausbildung für die Zukunft der Berufsschule und die Rolle der in ihr tätigen Lehrer?

Die Erwartung, daß mit dem Rückgang manueller Tätigkeiten in der Produktion und der wachsenden Bedeutung der Berufstheorie auch die Bedeutung des fachlichen Berufsschulunterrichts wachsen werde (Grüner 1978, 10), hat sich so nicht erfüllt. Es zeichnet sich vielmehr ein Trend zu einer auch veränderten Funktionsteilung zwischen Schule und Betrieb ab, die das traditionelle „Dualitätsgefüge" (Stratmann u. a. 1989, 295) zwar lockert, es m. E. jedoch nicht gerechtfertigt erscheinen läßt, bereits von einer „Auflösung" der Bildungsaufgabe der Berufsschule (Kruse u. a. 1989, 38) zu sprechen.

Hierzu drei Hinweise, die ich in der These von der „doppelten Öffnung der Berufs*(schul)*pädagogik" zusammenfließen lassen werde:

(1) Ein wesentliches Element der „Ratio der Berufserziehung" (Stratmann 1989, 295) behält auch bei humanisierten Unternehmenskulturen weiterhin seine Gültigkeit: nämlich, daß Bildungsfunktionen „in Verantwortung gegenüber unserer ganzen Gesellschaft geleistet werden müssen" (Blättner/Münch 1965, 163) und nicht in einer Art betrieblichen Allgemeinbildung „aufgehen" können. Auch in Zukunft muß die Berufsschule deshalb eine aufklärerische und kritische Funktion wahrnehmen. Dies setzt Lehrer voraus, „(...) die in pädagogischer Freiheit verantwortlich nicht nur Lerninhalte zu vermitteln haben, (...) sondern die sich auf Bildung, auf Kultur und Menschlichkeit verstehen, die den einzelnen in den Stand setzen, sich im Wandel der Arbeits- und Lebensbedingungen als Person zu behaupten und verantwortungsbewußt an der Gestaltung der gemeinsamen Angelegenheiten mitzuwirken" (Pätzold 1988, 288).

(2) Dieser Hinweis bedeutet nicht, daß, wenn nichts mehr bleibt, den Berufsschulen wenigstens die Allgemeinbildung bleibt. Die wesentliche Aufgabe der Berufsschule wird vielmehr auch in Zukunft darin bestehen – wie es Gustav Grüner einmal formulierte – „die Zusammenhänge, die Hintergründe, die Bedingungen, die Querverbindungen (aufzuzeigen; R.A.)" und den „Rahmen der oft engen Firmenperspektive zu (sprengen; R.A.)" (Grüner 1978, 12). Denn nur ein kleiner Prozentsatz von Auszubildenden, sicherlich nicht mehr als 10 Prozent, werden in den erwähnten innovativen Betrieben ausgebildet und gelangen in den „Genuß" einer „betrieblichen Allgemeinbildung". Deshalb wird die Berufsschule gerade für die Auszubildenden in Klein-, Mittel- und Handwerksbetrieben auch weiterhin ein wichtiger Lernort bleiben. Und es ist m. E. die Aufgabe der Berufsschule, ein „anderes", selbständigkeitsförderndes Lernen zu praktizieren, um den Anspruch „Ausbildung für alle Jugendlichen" auch in

einem innovatorisch-zukunftsorientierten Sinne zu gewährleisten. Hieraus ergeben sich neuartige und höhere didaktisch-methodische Kompetenzanforderungen an die Berufsschullehrer und die Notwendigkeit für die Berufsschulpädagogik, von den Neuansätzen betrieblicher Bildungsarbeit zu „lernen", Berufspädagogik in einem umfassenden und nicht nur auf das schulische Lernen eingeengten Sinn zu „praktizieren"; dies ließe sich als erste Öffnung der Berufspädagogik bezeichnen.

(3) Auch in einem weiteren Sinne ergibt sich die Notwendigkeit einer umfassenderen Orientierung der Berufs(schul)pädagogik. So hat sich der Anteil der volljährigen Schüler in den letzten Jahren ständig erhöht (von 25% auf ca. 70%), und „die Berufsschule hat sich von einer Jugendschule zu einer Schule junger Erwachsener verändert, die von den Lehrerinnen und Lehrern in dieser Situation didaktisch-methodisches Handeln erfordert" (Schwier 1988, 17), das die Erfahrungen der Erwachsenenbildung in sich aufnimmt. Hierzu wäre eine zweite Öffnung der Berufspädagogik erforderlich. Beide Tendenzen lassen sich zu der These von der „doppelten Öffnung der Berufs(schul)pädagogik" zusammenfassen:

▷ Eine zukunftsorientierte, innovative Berufspädagogik muß sich angesichts der in ihrem Gegenstandsbereich feststellbaren Entwicklungen in einer doppelten Weise öffnen:[22]

  a) gegenüber der betrieblichen Bildungsarbeit, von der augenblicklich wichtige Impulse für ein selbständigkeitsförderndes berufliches Lernen ausgehen, und

  b) gegenüber der Erwachsenenbildung, weil sich auch die Berufsschule von einer Jugendschule zu einer Schule junger Erwachsener verändert (hat).

---

22. Eine weitere Öffnung hätte m.E. gegenüber internationalen und interkulturellen Zusammenhängen zu erfolgen, weil Probleme von Technik und technischer Bildung heute weniger denn je nur im nationalen Maßstab diskutiert werden können. Dabei ist die Beobachtung von Belang, daß es die Betriebspädagogik heute national wie international gesehen mit durchaus parallelen Entwicklungen zu tun hat: die Bedeutung des kulturellen Faktors wird erkannt, technozentrisches Denken weicht anthropozentrischen Denken, verstehende Vernunft ergänzt ökonomische Vernunft, d. h. Sinn- und Wertdimensionen betrieblichen Handelns gewinnen an Gewicht und man erkennt, daß man diese nur um den Preis ihrer Perversion „meßbar", „berechenbar" und „vorhersehbar" wird gestalten können (Gorz 1989, 15).

3.3 Der Betrieb als Lebenswelt – Unternehmenskulturforschung als betriebspädagogische Hermeneutik

Der Begriff der ‚Unternehmenskultur' wird nicht nur *normativ,* zur Kennzeichnung einer „Soll-Kultur" (Huber 1987, 178), sondern auch deskriptiv-verstehend zur Erfassung der „Ist-Kultur" eines Unternehmens verwendet. Unternehmenskultur in diesem Sinne läßt sich verstehen als „(…) eine unternehmensspezifische Struktur von Normen und Werten, ein Gerüst und ein Vorrat an Sinnstrukturen, die der gemeinsamen Wahrnehmung der Arbeitswirklichkeit eines Unternehmens zugrundeliegt" (Dürr 1988a, 5). Damit werden Unternehmen in einer ähnlichen Weise als „fremde Lebenswelten" zu „verstehen" versucht, wie sie für Kulturanthropologen und Ethnologen bei ihrem Bemühen, fremde Kulturen zu begreifen, charakteristisch ist. Unternehmenskultur bezeichnet in diesem Sinne das „soziale Biotop" (Conrad 1988, 94) des arbeitenden Menschen, d.h. das Insgesamt der Werte, Symbole und Orientierungen, die es ihm gestatten, sich mehr oder weniger problemlos in der sozialen Gemeinschaft ‚Betrieb' zu orientieren. Damit „übernimmt" die neuere Organisations- und Managementtheorie eine Konzeption, der sich die Sozialwissenschaften im Anschluß an die Theorien des Symbolischen Interaktionismus, der Verstehenden Soziologie (Max Weber) und der Phänomenologie (Husserl) verstärkt zugewandt haben.

Grundlegend für diese Ansätze ist das „Deutungsmuster-Konzept" (vgl. Arnold 1985), demzufolge Menschen in sozialen Situationen auf der Grundlage der Bedeutung handeln, die diese Situationen für sie haben. Und diese Bedeutungen sind durchaus unterschiedlich; sie sind als Ausdruck und Ergebnis spezifischer Lebensgeschichten sowie spezifischer Sozialisationserfahrungen zu verstehen. In der Erwachsenenbildungs-Diskussion der letzten Jahren hat man sich deshalb verstärkt darum bemüht, die Wirklichkeit des Erwachsenen vor dem Hintergrund seiner jeweils spezifischen Erfahrungen lebensweltlicher und lebensgeschichtlicher Art zu verstehen, d.h. sein Handeln, seine Motive sowie sein Weiterbildungs- und Lernbedürfnis „aus seiner Situation heraus" zu verstehen. Hans Tietgens sprach in diesem Zusammenhang vom „Leben im Modus

der Auslegung", womit er zum Ausdruck brachte, „(...) daß gesellschaftliche Wirklichkeit existent ist im Modus ihrer menschlichen Deutung. (...)
Das, was nicht zum Menschen gehört, begegnet ihm nicht, wie es ist, sondern wie es in seinem Verhältnis zu ihm durch seine Interpretationen bestimmt wird. Mit ihnen legen sich Menschen das, was ihnen widerfährt, so
zurecht, daß sie mit den Widerfährnissen leben können. Sie machen Erfahrungen daraus, indem sie die Einzelerlebnisse in den Zusammenhang
ihrer Daseinsinterpretation einbringen" (Tietgens 1981, 90 f.).

Für die Erwachsenenbildung war mit dieser reflexiven Wende nicht
nur eine stärkere Teilnehmerorientierung verbunden, vielmehr wurde der
gesamte Bereich des Lernens Erwachsener einem neuen Verständnis von
der „Aneignungsperspektive" der Teilnehmer her zugeführt (vgl. u. a.
Kade 1989), d. h. es wurde versucht zu verstehen, welche „Bedeutung"
Lernen i. S. von Wirklichkeitsaneignung für die Weiterentwicklung der
biographischen und sozialen Identität von Erwachsenen „tatsächlich" erfüllt, wobei man davon ausging, daß diese Bedeutung nicht oder nur teilweise mit den Vorstellungen der Erwachsenenbildner identisch ist. Durch
biographisch-narrative bzw. Tiefen-Interviews versuchte man, die Lebenssituationen von Erwachsenen aus ihrer eigenen Binnenperspektive
heraus zu verstehen und typische Formen des Deutens von Lebens-,
Lern- oder Arbeitssituationen verstehend zu rekonstruieren.

Diese „interpretative" Orientierung der Erwachsenen- oder Weiterbildungsforschung soll hier nicht weiter nachgezeichnet werden; von Interesse ist in diesem Zusammenhang lediglich die Frage, welche Elemente
dieser lebenswelt- und identitätsorientierten Ausrichtung auch für ein
„Verstehen" der Ist-Kultur eines Unternehmens von Bedeutung sein
könnten, und welche Implikationen mit einer entsprechenden Lebens-
weltorientierung der Betriebspädagogik verbunden sind. Es sind im wesentlichen drei Elemente, die für die Entwicklung einer solchen betriebspädagogischen Hermeneutik von „Belang" zu sein scheinen:

– statt „top-down"-„bottom-up"-Strategien,

– das Problem der Relativität,

– Probleme der betrieblichen Enkulturation

a) Betriebspädagogische Hermeneutik als Bezugsrahmen von „bottom-up"-Strategien

Überträgt man die vorstehend skizzierten Überlegungen auf den betriebspädagogischen Unternehmenskulturansatz, so läßt sich zunächst folgern, daß auch die lebensweltliche Kultur in Betrieben sich im wesentlichen „von unten" konstituiert, d. h. „erzeugt" und „fortgeschrieben" wird durch das Alltagsgespräch und die alltägliche Kooperation der Mitarbeiter eines Betriebes. Daß in dieser Interaktion auch „von oben" kommende Symbole, Stile u. a. eine Rolle spielen, ist unbestritten; bezweifelt werden darf jedoch, ob mit ihnen allein die wesentlichen Aspekte des Entstehungs- und Entwicklungsprozesses von Unternehmenskulturen ausreichend erfaßt werden können, obgleich natürlich nicht übersehen werden kann, daß die „öffentliche" Diskussion des Unternehmenskulturansatzes sich fast ausschließlich auf die „top-down" zu gestaltenden Symbole, Werte und Umgangs- sowie Führungsstile beschränkt. Daß hierbei vielfach von einer mechanistisch-technokratischen „top-down"-Konzeption der Unternehmenskultur ausgegangen wird, die unrealistisch ist, hat u. a. Türk angedeutet: „Kultur, Lebenswelt, Sinn lassen sich in argumentativen Diskursen nicht konstruieren, sie sind rational weder herstellbar noch organisierbar, sie sind gerade nicht Managementtätigkeiten" (zit. nach: Wiendieck 1989, 58; vgl. Axmacher 1990).

Unternehmenskultur als eine „bottom-up" sich konstituierende betriebliche Lebenswelt ist die Sichtweise, die am ehesten dem geschilderten interpretativen „Zugriff" einer qualitativen Sozialforschung entspricht. Einem solchen Zugriff geht es in erster Linie um Verstehen, nicht um Gestalten „von oben", allenfalls um gemeinsame Entwicklung der Arbeits- und Lebenssituationen „von unten". In diesem Sinne haben z. B. Birgit Volmerg u. a. in ihrem Buch „Betriebliche Lebenswelt" den Versuch unternommen, „aus der Erlebnisperspektive" der Betroffenen nachzuzeichnen und zu verstehen, wie Lohnarbeiter(innen) objektive betriebliche Gegebenheiten subjektiv bewältigen. Ihre Forschungsmethode ist das „assoziierende Sprechen", mit deren Hilfe sich die subjektive Seite der Unternehmenskultur rekonstruieren läßt. „(...) Gerade dieses assoziierende Sprechen ist geeignet, die je eigene Relevanzstruktur der Wahrnehmung des betrieblichen Geschehens – hier, die Wahrnehmung der Arbeiterinnen – zum Ausdruck zu bringen. In kreisförmiger Bewegung kehrt die Diskussion immer wieder auf die für die Frauen wichtigen Problempunkte zurück. Auf einer tieferen Verständnisebene scheint das die Diskussion in Gang haltende ungelöste Problem (...) darin zu bestehen, daß man aus Gründen des Selbstschutzes etwas verweigern muß (Hilfeleistung), was zum moralischen Selbstverständnis und damit zur Aufrechterhaltung des Selbstbildes eigentlich gehört. Indem die Verweigerung der Hilfeleistung Schutz und Selbstherabsetzung zugleich bedeuten, hat sich der Konflikt dauerhaft in den Arbeitsbeziehungen und im Subjekt etabliert und gibt so zu immer neuer Unzufriedenheit Anlaß, die in der Diskussion zur Sprache kommt" (Volmerg u. a. 1986, 26). Es wird deutlich, daß eine solche Rekonstruktion subjektiver Erlebens- und Sichtweisen danach drängt, mit den Betroffenen besprochen und in reflexiven Lernprozessen „ausgewertet" zu werden. Insofern weist dieser bottom-up-Ansatz eine enge Nähe zu gewerkschaftlichen Ansätzen erfahrungsorientierten Lernens auf. Zu fragen bleibt allerdings, ob nicht auch die neuen normativen Unternehmenskultur-Ansätze ihre Glaubwürdigkeit letztlich dadurch unter Beweis stellen können, daß sie gezielt Freiräume für ein solches erfahrungsorientiertes und reflexives Lernen der Mitarbeiter schaffen, allerdings nicht in dem strategischen Interesse, um den „gläsernen Mitarbeiter" zu erzeugen.

b) Das Problem der Relativität

Den hermeneutisch-interpretativen Ansätzen zur Rekonstruktion von Ist-Kulturen ist eine nicht-normative Orientierung eigen. Sie gehen davon aus, daß jeder Mensch, jede soziale Gruppe und mithin jeder Betrieb ‚Kultur' hat, in deren Rahmen ein subjektiv als sinnvoll erlebtes Handeln möglich ist. Damit verbunden ist ein wissenschafts- und erkenntnistheoretischer Relativismus, wie wir ihn aus dem Konstruktivismus kennen. In seinem Buch „Wie wirklich ist die Wirklichkeit?" illustriert P. Watzlawick die Grundauffassung des Konstruktivismus, daß

„die Wirklichkeit das Ergebnis von Kommunikation ist" und daß deshalb in der Kommunikation „ganz verschiedene ‚Wirklichkeiten', Weltanschauungen und Wahnvorstellungen entstehen können" (Watzlawick 1980, 7 f.). Diese Auffassung, die sich interessanterweise in der interkulturellen Forschung immer stärker durchsetzt[23], ist auch für die betriebspädagogische Kategorie der Unternehmenskultur von Bedeutung, insofern sie ins Bewußtsein rückt, daß die Vorstellung von einer einheitlichen Unternehmenskultur an der Realität vorbeigeht. Vielmehr verfügen unterschiedliche Menschen über unterschiedliche Konstruktionen der betrieblichen Wirklichkeit. Für eine „Gestaltung" der Unternehmenskultur ergibt sich hieraus, daß „der Gestalter also nur den anderen betroffenen Menschen etwas unterschieben (kann) (...). Eine Bestätigung erfährt er jedoch erst durch deren Interpretation" (Probst 1987, 98).

c) Probleme der betrieblichen Enkulturation

Mit jedem Eintritt in ein neues Unternehmen, sei es bei Ausbildungsantritt oder bei einem Berufs- oder Betriebswechsel, ist auch ein Eintritt in einen „fremdkulturellen Kontext" verbunden. Nun ist diese Situation wohl selten so dramatisch, daß es angebracht wäre, von einem „Kulturschock" zu sprechen, doch lassen sich zahlreiche Mechanismen nachweisen, mit deren Hilfe „dem Neuen" oder „der Neuen" die betriebsspezifischen Besonderheiten, was Kooperationsformen, Führungsstile sowie

---

23. Die Bemühungen, universale Maßstäbe für die Analyse und „Beurteilung" verschiedener Kultur- und Denkformen zu identifizieren, können m. E. als gescheitert angesehen werden. So kristallisiert sich in der vergleichenden Kulturtheorie immer mehr die Auffassung heraus, daß es sich bei dem vermeintlich „überlegenen" abendländischen Vernunftmodell auch nur um eine relative Form der Weltdeutung und -gestaltung handelt, die zudem mit der „Abspaltung" wesentlicher Bestandteile eines ganzheitlichen Denkens und Handelns „erkauft" wurde. Zu nennen ist u. a. die Analyse des französischen Philosophen Alain Finkielkraut, der in seinem Buch „Die Niederlage des Denkens" auch Grundzüge einer „Relativitätspädagogik" skizziert, deren Ziel er u. a. in folgender Formulierung des Collège de France ausgedrückt sieht: „Die Einheit der Wissenschaft und die Pluralität der Kulturen. Ein ausgewogener Unterricht muß den Universalismus des wissenschaftlichen Denkens in Einklang bringen können mit dem Relativismus der Humanwissenschaften, die auf die Pluralität der Lebensweisen, der Weisheiten, der kulturellen Empfindsamkeiten bedacht sind" (Finkielkraut 1989, 102).

116

(zulässige) Werte und Orientierungen anbelangt, „vermittelt" werden. In der Regel geschieht eine solche Enkulturation ‚en-passant', wobei sich durchaus noch hier und da Ähnlichkeiten mit Initiationsriten nachweisen lassen. Betriebe haben aber für bestimmte Mitarbeitergruppen durchaus auch systematischere Formen der Enkulturation entwickelt (z. B.: Trainee-Programme); vielfach weisen auch noch heute die Maßnahmen der Führungskräfte-Weiterbildung deutliche Merkmale einer Enkulturation – E. Schmitz sprach von einer „Versorgung betrieblicher Kooperation mit Motiven" (Schmitz 1978, 41 ff.) – auf. Ungeklärt ist bis heute allerdings die Frage, ob eine wertevermittelnde Enkulturation bei Erwachsenen überhaupt noch gelingen kann oder ob nicht vielmehr die grundlegenden normativen Orientierungen bereits im frühesten Kindesalter mit dem Aufbau der Basis-Persönlichkeit (basic personality) erworben werden und im fortgeschrittenen Alter nur noch marginal verändert werden können. Als möglicherweise weniger bedeutsam stellt sich dieser Einwand allerdings dar, wenn man berücksichtigt, daß es sich bei den eine Unternehmenskultur konstituierenden Werten in den seltesten Fällen um grundlegende Normen handelt, die zudem eine „Unterwerfung" aller Mitarbeiter fordern. Vielmehr scheint es doch so zu sein, daß auch hinsichtlich der Aneignung und des „Umgangs" mit den betrieblichen Wertkonzepten ein breiter Spielraum gegeben ist, der von „aktivem Vorleben" bis zu bloßer „Tolerierung" dem Mitarbeiter unterschiedlich intensive Formen der Wertaneignung überläßt. Dies muß auch so sein, zumal die Mitarbeiter durchaus verschiedenartigsten Wertkontexten gleichzeitig verpflichtet sind. Besonders augenfällig wird dies bei „professionals", die in der Regel eine höhere berufsethische Verpflichtung (gegenüber dem „Ehrenkodex" ihrer Berufsgruppe) aufweisen, doch auch in der Gruppe der Facharbeiterberufe haben sich traditionelle handwerkliche Formen beruflicher Identität und Sozialverpflichtung durchaus erhalten. Schließlich ist auch noch weitgehend ungeklärt, inwieweit die Zielsetzung der „Selbständigkeitsförderung", die immer mehr Betriebe mit ihrer Ausbildung realisieren wollen, nicht auch mittel- und langfristig zu einer größeren Desintegration der Mitarbeiter führen kann, die ihre Selbständigkeit auch dadurch realisieren könnten, daß sie die unterschiedlichen Wertkontexte, in denen sie stehen, in einer durchaus souveränen Weise nach eigenen Maßgaben „ausbalancieren".

Zusammenfassend zu der Frage, inwieweit Unternehmenskulturforschung einer betriebspädagogischen Hermeneutik „bedarf", ließe sich formulieren:

▷ Die Absicht, den Betrieb als Lebenswelt zu erforschen, verweist darauf, daß auch in betrieblichen Arbeits- und Kooperationszusammenhängen Menschen „im Modus der Auslegung" handeln. Grundlegend ist deshalb die Frage nach den Binnenperspektiven und Deutungsmustern, mit denen sie ihre Situation „aufordnen", d.h. „ihre" betriebliche Lebenswelt deuten. Verbunden mit dieser Sichtweise ist die Überlegung, daß Unternehmenskultur (auch) „von unten" entsteht (‚bottom-up‘), weshalb sogenannte ‚top-down‘-Strategien zur Förderung der Unternehmenskultur ein nur unvollständiges Verständnis der Lebenswelt Betrieb ermöglichen. Wissenschafts- und erkenntnistheoretisch bedeutsam ist in diesem Zusammenhang die konstruktivistische These von der Relativität der Kultur(en). Die „Enkulturation" neuer Mitarbeiter erfolgt i.d.R. über mehr oder weniger systematisierte Maßnahmen zur „Initiation", wobei allerdings nicht übersehen werden darf, daß die Unternehmenskultur nur einer (und vielleicht auch nicht der „mächtigste") der kulturellen Kontexte ist, in denen die Identität und lebensweltliche Orientierung von Mitarbeitern wurzeln.

4. Anders lernen in der betrieblichen Ausbildung

„Lernen heißt ein Feuer entfachen und nicht einen leeren Eimer füllen" (Heraklit)

„Es ist schlimm genug, (...) daß man jetzt nichts mehr für sein ganzes Leben lernen kann. Unsere Vorfahren hielten sich an den Unterricht, den sie in ihrer Jugend empfangen; wir aber müssen jetzt alle fünf Jahre umlernen, wenn wir nicht ganz aus der Mode kommen wollen" (Goethe 1965, 370; zit. nach: Stratmann 1989b).

4.1 Technologiegetriebenheit des Qualifikationswandels

In der bildungspolitischen und berufspädagogischen Diskussion um die Konsequenzen der Neuen Technologien[24] für die Berufsausbildung herrscht Einigkeit darüber, daß Schule und Ausbildung ihren Zweck verfehlen, wenn sie sich nicht auf die gegenwärtigen und zukünftigen Veränderungsschübe im Beschäftigungssystem einstellen und nicht lernen, „die Zukunft zu projizieren" (Laube 1983, 214). Doch wie wird die Zukunft der gewerblich-technischen Berufe aussehen?

Angesichts der „Prognosedefizite" (vgl. Buttler 1995; Teichler 1995) der bisherigen Qualifikationsforschung sind eindeutige Aussagen nicht zu erwarten[25]. Operiert wird mit „Wahrscheinlichkeitskorridoren" (Alex 1978). In diesem Sinne geht L. Alex z.B. von einem allgemeinen Anstieg des Qualifikationsniveaus und einer weiteren Schrumpfung des Anteils der Ungelernten auf dem Arbeitsmarkt der Zukunft aus (Alex 1988, 55), und F. Buttler stellte fest, daß „das Personal der deutschen Unternehmen

---

24. Unter dem Begriff „Neue Technologien" werden die unterschiedlichen Anwendungen, Ausprägungen und Formen der Mikroelektronik verstanden. Als wesentliches Charakteristikum der Neuen Technologien läßt sich dabei „(...) die breite informationstechnische Realisierung von Algorithmen innerhalb produktionstechnischer Arbeitsabläufe sowie deren Vernetzung und Übermittlung in neuen nachrichtentechnischen Infrastrukturen" Voigt 1988, 23) betrachten.

(...) zur Jahrtausendwende durchschnittlich älter, ‚weiblicher' und qualifizierter sein (wird)" (Buttler 1988, 11). Unbestreitbar ist die „Technologiegetriebenheit" eine zunehmend bedeutsame Variable für die Erklärung und Prognose des Qualifikationswandels. Beim Bundesinstitut für Berufsbildung ging man bereits in der ersten Hälfte der 80er Jahre von der allgemeinen Erwartung aus, daß „die neuen Techniken, insbesondere die Informationstechniken, auch in den kommenden fünf bis zehn Jahren die Arbeitswelt in erheblichem Umfang verändern (werden)" (Grünewald 1984, 153). In dem „Szenario des Berufsbildungssystems bis 1995", das vom Bundesinstitut für Berufsbildung 1986 erarbeitet wurde, ist zu lesen: „Für das Berufsbildungssystem sind zukünftig in erster Linie die Entwicklung der Informationstechnik, die Technik der umweltschützenden Verfahren und Produkte sowie die Werkstofftechnik von strukturprägender Kraft" (Kau u.a. 1986, 13) – eine Prognose, die sich bewahrheitet hat.

Mikroprozessoren, Mikrocomputer, vollautomatische Fertigungssysteme, Industrieroboter usw. stehen beispielhaft für die bereits heute auf breiter Front stattfindenden Wandlungsprozesse. Euphorische Schätzungen des Instituts der Deutschen Wirtschaft (Mikroelektronik und Berufsbildung 1983) und des Bundesministeriums für Bildung und Wissenschaft[26] gingen noch vor Jahren übereinstimmend davon aus, daß bis zum Jahre 1990 etwa 70 % aller Beschäftigten und jeder achte Ausbildungsberuf von Anwendungen der Informationstechnik unmittelbar betroffen

---

25. So stellt z.B. L.-R. Reuter fest, daß der „Aufwand empirischer Bedarfsforschung bislang kaum jene Prognosedefizite schließen und die konkreten Handlungsdaten liefern (konnte), die für eine mittel- und langfristige bildungspolitische Steuerkapazität nach Maßgabe des jeweiligen ökonomischen Bedarfs notwendig wären" (Reuter 1978, 12; vgl. Der Bundesminister für Bildung und Wissenschaft 1981). Doch auch hinsichtlich der Qualifikation neuer Technologien läßt sich ein solches Prognosedefizit feststellen: „Eindeutige Prognosen sind nicht zu stellen. Aussagen von heute werden in einigen Jahren relativiert, ergänzt und korrigiert" (Laur-Ernst 1982, 11).

26. Vgl. hierzu die Ausführungen des Parlamentarischen Staatssekretärs beim Bundesministerium für Bildung und Wissenschaft, Anton Pfeiffer, MdB, im Rahmen einer Diskussionsveranstaltung des Forums „Jugend und Technik" auf der Hannover-Messe 1984 am 10. April 1984 (zit. nach Pressemitteilung des BMBW).

sein würden; andere Bewertungen waren da etwas zurückhaltender: die Rede ist nunmehr davon, daß „bis zum Jahr 2000 die Aufgabe gelöst werden (muß), zwei Dritteln aller Beschäftigten die Chance zur Weiterbildung in der Nutzung von Informationstechnik zu geben" (Riesenhuber 1989, 201). Dabei steht die Nutzung der Mikroelektronik in vielen Bereichen erst am Anfang: Das Technologiezentrum des Vereins Deutscher Ingenieure kam zu dem Ergebnis, daß 1982 erst 5–7 Prozent der Einsatzmöglichkeiten der Mikroelektronik, gemessen an 100 Prozent im Jahr 2000 genutzt werden; hierin wird die defacto-Steigerungsrate deutlich (VDI/TZ 1984, 2; vgl. Meyer 1985, 195).

Im gewerblich-technischen Bereich werden durch diese Entwicklung viele Berufe, vornehmlich der Berufsfelder Elektrotechnik und Metalltechnik berührt. Automatisiertes Zeichnen und Konstruieren, gekennzeichnet durch die Kürzel

CAD = Konstruieren am Computer

CAM = rechnerunterstützte Fertigung

CAP = rechnerunterstützte Planung

CAQ = rechnerunterstützte Qualitätssicherung

CAT = rechnerunterstütztes Testen

CAE = rechnerunterstützte Ingenieurtätigkeit

führen zu veränderten Anforderungen für Techniker und Ingenieure. Industrielle Automation und Steuerungstechnik, z.B. die computergestützte Steuerung einer Dreh- oder Fräsmaschine mittels Steuerpult direkt an der Maschine (CNC) und die nächst höhere Automatisierungsstufe DNC, die eine solche Steuerung bereits vom Rechner aus startet, berühren die Ebene des Facharbeiters. Mittelfristig dürften wohl nahezu alle Ausbildungsberufe von der Einführung neuer Technologien betroffen sein. So führen z.B. in den Bereichen Büro und Verwaltung integrierte Daten- und Textverarbeitungssysteme, gekoppelt mit Telefax, Teletex und ähnlichen Diensten zur Datenübermittlung zu einer Ablösung bisheriger bürotechnischer und administrativer Verfahren (vgl. Baethge/Overbeck 1984).

Konfrontiert man diese Projektionen zur Verbreitung und Nutzung der Mikroelektronik mit dem empirischen Befund, daß immer noch nicht alle der Beschäftigten über Grundkenntnisse in der Datenverarbeitung verfügen, so wird der enorme Qualifikationsbedarf der nächsten Jahre deutlich. Doch das duale System reagiert eher schwerfällig auf diesen Bedarf. Während zahlreiche Betriebe und Herstellerfirmen in einer Art betrieblicher Selbsthilfe bereits seit Jahren Angebote zur informationstechnologischen Anpassungsfortbildung bereitstellten bzw. Angebote zur Anwenderschulung nutzten, zog sich die Modernisierung der Berufsbilder und Ausbildungsordnungen über Jahre hin und konnte für die innovationsintensiven Ausbildungsberufe im Metall- und Elektrobereich erst 1986 zu einem erfolgreichen Abschluß geführt werden (vgl. DIHT u. a. 1986; Häuser 1982); die notwendige Anpassung der Berufsschullehrpläne dauerte wiederum weitere Jahre. – Diese Entwicklungen lassen deutlich werden, daß das duale System der Berufsausbildung in Schule und Betrieb nach der quantitativen Herausforderung der vergangenen Jahre heute infolge der Technologiegetriebenheit der Qualifikationsentwicklung vor einer qualitativen Herausforderung großen Ausmaßes steht! Auf die Tragweite dieser Herausforderung macht K. Stratmann aufmerksam: „Dabei geht es nicht um die schon in den fünfziger Jahren gestellte Frage, ob wir auf längere Sicht noch Dauerberufe haben würden, sondern darum, daß das Berufskonzept und damit das Fundament jeder Berufsausbildung in die Krise geraten ist. Anders formuliert (...): Wie paßt das, was wir in der Ausbildung als mehr oder weniger abgeschlossenes Bündel von Lerninhalten vermitteln und bei der Facharbeiterprüfung als Kenntnis- und Fertigkeitsbestand abprüfen, mit dem zusammen, was jenseits der Mauern der Lehrwerkstatt und damit jenseits der curricular bestimmten Vermittlungsprozesse in der Werkspraxis verlangt wird, wenn dort jene Profile nicht wiederzufinden sind, die für die Ausbildung maßgeblich waren, wenn dort die überkommene Profilierung von Tätigkeiten immer brüchiger wird" (Stratmann 1989a, 212).

4.2 Innovation durch Qualifikation? – Zur möglichen Qualifikationsgetriebenheit des technologischen Wandels

Im weiteren Verlauf meiner Ausführungen werde ich mich mit der Frage befassen, wie das System der Berufsausbildung dieser qualitativen Herausforderung wirksamer begegnen, diese gar antizipieren und vorbereiten kann. Meine Antwort ist dabei mehr eine didaktische als eine curriculare.[27] Sie ergänzt die in der Berufsbildung vorherrschende Tendenz, auf die Herausforderungen der Neuen Technologien mit einer Anpassung der Curricula, d.h. mit einer Neuordnung und Aktualisierung von Ausbildungsordnungen und Lehrplänen zu reagieren. Diese inhaltliche Anpassung der Lehr- und Ausbildungspläne an die NC-Technik ist eine notwendige, doch alleine keine hinlängliche Voraussetzung für eine zukunftsorientierte gewerblich-technische Berufsausbildung.

Meine Ausgangsthese lautet:

▷ Der kompetente Umgang mit Neuen Technologien im Beruf erfordert neuartige Qualifikationen der Berufstätigen, für deren Erwerb neue didaktische Konzepte und Methoden der Berufsausbildung in Schule und Betrieb erforderlich sind.

Die Erläuterung dieser Ausgangsthese erfolgt in vier Schritten, wobei folgende Fragen behandelt werden:

– Welche neuen Qualifikationen erfordern die Neuen Technologien?

– Welche neuen Konzepte und Methoden beruflichen Lernens entsprechen den Anforderungen einer zukunftsorientierten Didaktik gewerblich-technischer Berufsausbildung?

---

27. Dabei gehe ich von einem „engen" Didaktikbegriff aus, der die Planung und Organisation von Ausbildung und Unterricht umfaßt, und somit bildungstheoretische und curriculare Fragestellungen (im Sinne eines „weiten" Didaktikbegriffs) nicht beinhaltet.

- Welche Aufgaben kennzeichnen die Rolle des Berufserziehers (Lehrer oder Ausbilder) im Rahmen einer zukunftsorientierten Berufserziehung?
- Welcher Forschungs-, Entwicklungs- und Handlungsbedarf besteht hinsichtlich der didaktischen Weiterentwicklung der gewerblich-technischen Berufsausbildung?

Angesichts des begrenzten Raumes zur Behandlung dieses Fragenkreises ist Konkretisierung angezeigt. Deshalb werde ich im folgenden thesenartig und pointiert vorgehen und die Entfaltung der theoretischen Bezüge einer zukunftsorientierten Technikdidaktik auf die notwendigen Aspekte beschränken, um Raum für praxisnahe Illustrierungen zu gewinnen. Hierbei möchte ich mich sowohl „techniknah" als auch „unterrichtsnah" bzw. „ausbildungsnah" bewegen. Deshalb werde ich meine Beispiele vornehmlich aus der Ausbildungs- und Unterrichtspraxis in den Bereichen Elektrotechnik und Metalltechnik wählen.

Ziel der Berufsausbildung ist es, dem einzelnen *die* Fertigkeiten, Kenntnisse und Verhaltensweisen zu vermitteln, die ihm „berufliche Tüchtigkeit" (Lipsmeier 1982, 233) ermöglichen und ihn in die Lage versetzen, „sich auf alle künftig zu erwartenden ökonomisch-technischen Veränderungen einzustellen und damit über sein ganzes Berufsleben hinweg Funktionen zu erfüllen" (Zabeck 1975, 102). Für die gewerblich-technische Berufsausbildung ist dabei der Bezug zur Technik, bzw. genauer: zu den Fachtechniken des jeweiligen Berufs, konstitutiv. Deshalb würde z. B. eine elektrotechnische Ausbildung, die sich nicht an den bestehenden elektrotechnischen Sachsystemen (elektrische Maschinen, Verfahren, etc.), die die Berufstüchtigkeit z. B. des Elektroinstallateurs ausmachen, orientiert (Schenk 1982) Gefahr laufen, lediglich eine „Berufsausbildung ohne berufliche Qualifizierung" (Zabeck 1975, 108) zu sein.

Die Einlösung des Anspruches einer „Orientierung der Berufsausbildung an der Technik" ist allerdings angesichts der beschleunigten Entwicklung der technischen Systeme und Verfahren heute in mehrfacher Hinsicht schwierig geworden. Hierzu möchte ich drei Thesen aufstellen und kurz erläutern:

▷ In der gewerblich-technischen Berufsausbildung wird die traditionelle Ausbildungsmethode, durch Fleiß und ständige Übung ‚Technik' zu erwerben, in zunehmendem Maße durch Methoden abgelöst, die durch theoretische Erkenntnis Technik vermitteln.

Eine solche Verwissenschaftlichung der Berufsausbildung (Deutscher Bildungsrat 1974) ist insofern unverzichtbar geworden, als es für die moderne Produktion nicht mehr ausreicht, den Auszubildenden vornehmlich die Routinen des „gegenständlichen Machens" (Nölker 1982, 654) einzuüben. Die seit jeher im Handwerk übliche Methode, „durch Fleiß ‚Technik' zu erwerben" und sich durch jahrelange Übung und Gewöhnung die Routinen, die persönliche Meisterschaft anzueignen, die – wie es Friedrich Dessauer formuliert hat – „mit dem Träger stirbt" (Wessels 1970, 74), reicht heute nicht mehr aus. Für die Auszubildenden werden „technische Vorgänge zunehmend immer weniger anschaulich und erlebbar. Erfolgserlebnisse verlagern sich vom konkret erfahrbaren Bereich auf nur abstrakt erfahrbare Bereiche. Der Auszubildende muß durch verbale Informationen vermittelte Tatbestände begreifen. Einer Veranschaulichung der Berufsbildungsinhalte muß in zunehmendem Maße entsagt werden. Darüber hinaus tritt die Analysefähigkeit komplexer Zusammenhänge in den Vordergrund" (Schelten 1983, 655). Moderne Technik wird deshalb wesentlich stärker durch ein eher wissenschaftliches Lernen erworben, wofür man vielleicht besser den Begriff der „Technologie" verwendet, der auf eine höhere Reflexionsstufe verweist und darüber hinausgehend die systematische Erfassung der anwendbaren technischen Möglichkeiten und die theoretische Erkenntnis von Wirkungszusammenhängen bezeichnet (Nölker 1982, 654). Der Berufspädagoge Schilling unterscheidet in diesem Sinne „Technik als Handlungsvollzug" von der „Technologie als Aussagesystem" (Schilling 1975, 129 und 132).

Beispiel: Der Auszubildende in einem Zerspanungsberuf muß heute nicht nur über Werkstoffkenntnisse und Fertigkeiten zur Einstellung und Bedienung der Drehmaschine verfügen. Vielmehr ist es erforderlich, daß er als Bestandteil seiner theoretischen Ausbildung in der Berufsschule die dringend erforderlichen Grundkenntnisse der NC-Technik erwirbt und so Handlungskompetenz in dieser neuen Technik entwickeln kann. Neben der sicheren Beherrschung der Grundlagen des Spanens ist die Fähigkeit zu analytischem Denken von entscheidender Bedeutung. Der NC-Facharbeiter muß bei der Programmierung der Maschine den Arbeitsablauf strategisch vorausdenken (Länge der Bohrerspitze, Länge des Anschnittes usw.) und die möglichen Folgen abschätzen können. Neben der Beherrschung der Programmiersprache und der Fähigkeit zum Dialog mit der Steuerung sind zahlreiche theoretische Kenntnisse (Koordinaten, Wegmeßsysteme, Struktur der Programmierung usw.) erforderlich.

Aufgrund der rapiden Verfallsrate erworbener Qualifikationen erhebt sich die grundsätzliche Frage, inwieweit eine inhaltliche Anpassung der Lehrpläne und Ausbildungsordnungen mit der technischen Entwicklung überhaupt Schritt halten kann. Angesichts der langen Ausbildungszeiten ist nämlich offensichtlich, daß bis zur Anwendung der erworbenen Kenntnisse im Beruf ein Teil des Fachwissens (z. B. über bestimmte Verfahren und Gerätetypen) wieder veraltet sein kann. Eine im Auftrage des Bundesministeriums für Bildung und Wissenschaft vom Batelle-Institut durchgeführte Untersuchung kommt deshalb bereits Anfang der 80er Jahre zu dem Ergebnis, daß „der Erwerb von Spezialkenntnissen auf Vorrat bedenklich und ausbildungsökonomisch nicht sinnvoll" sei (Gizycki/Weiler 1980a; hier zit. nach: Mikroelektronik und Berufsausbildung 1983, 4), weshalb z. B. U. Laur-Ernst die Forderung aufstellte, daß „(...) einschlägige Ausbildungsinhalte nicht detailliert und auf viele Jahre hinaus auf der Basis gegenwärtiger Produktionsformen und Arbeitsanforderungen oder einschlägiger Prognosen festgeschrieben werden (sollen). Die Erstausbildung muß sich gegenüber künftigen Entwicklungen offenhalten" (Laur-Ernst 1982, 11). In diesem Zusammenhang wird u. a. das Konzept des „antizipatorischen Lernens" des Club of Rome aufgegriffen, der in seinem Bericht für die achtziger Jahre mit dem Titel „Zukunftschance Lernen" die vorherrschende Form des „adaptiven Lernens" kritisiert hat, in dem wir „nur (,reagieren') und erst nach Antworten (suchen), wenn es zu spät ist"; demgegenüber beinhaltet die innovative Form des antizipatorischen Lernens, „daß man darauf vorbereitet ist, in neuen Situationen zu handeln" (Club of Rome 1981, 53). Der Gießener

Berufspädagoge G. P. Bunk hat diesen Ansatz auf die Berufsbildung übertragen und Grundzüge einer „antizipativen Berufspädagogik" skizziert, die „pädagogisches time-lag" überwinden hilft und deren Kernstück die Identifizierung von „Arbeitsqualifikationen" ist, „die zukünftige Änderungen der Arbeitswelt soweit wie möglich vorwegnehmen resp. mit einschließen" (Bunk 1982, 190 f.). Dieser Ansatz ist nicht neu. Bereits 1974 hatte Dieter Mertens darauf hingewiesen, daß angesichts der technischen Entwicklung eine inhaltliche Neubestimmung der Berufsausbildung erforderlich sei, wobei sog. „Schlüsselqualifikationen" zu berücksichtigen seien, die nicht einen „unmittelbaren und begrenzten Bezug zu bestimmten, disparaten praktischen Tätigkeiten erbringen" (Mertens 1974, 40).

Den Hintergrund für solche Überlegungen bildeten zahlreiche Hinweise aus industriesoziologischen Untersuchungen der 70er Jahre auf die wachsende Bedeutung sog. „extrafunktionaler" (Dahrendorf 1956; Offe 1970), „prozeßunabhängiger" (Kern/Schumann 1970) oder „innovativer" (Fricke/Fricke 1979) Qualifikationen (vgl. Boehm 1974, 23 f.). Solche Qualifikationen sind unspezifische, breit verwertbare technologische und soziale Kompetenzen, die mittelfristig nicht automatisierbar sind, wie z. B.

– die Fähigkeit zu abstraktem logischen und planerischem Denken,

– Konzentrationsfähigkeit,

– Fähigkeit zu Sorgfalt und Genauigkeit,

– Kommunikationsfähigkeit, Fähigkeit zur Teamarbeit,

– Kreativität,

– Problemlösungsfähigkeit,

– die Fähigkeit, ständig hinzuzulernen sowie

– die „Bereitschaft, auf Mensch-Mensch-Kommunikation für einen begrenzten Zeitraum zugunsten sogenannter Mensch-Maschine-Kommunikation zu verzichten" (Seyd 1984, 132).

Nachdem die Schlüsselqualifikationsdebatte in den 80er Jahren erneut entfacht wurde (vgl. Reetz 1989; Beck 1993; Gonon 1996), äußerte sich auch D. Mertens nochmals zu diesem „Flexibilisierungsinstrument" und nahm ausdrücklich auch auf die neuen Ausbildungsordnungen der metall- und elektroindustriellen Berufe bezug. In diesen sah er „erstmals" den Versuch unternommen, „(...) den neuen Qualifikationsbegriff zu beschreiben. Er geht über ‚Kenntnisse und Fähigkeiten' der traditionellen Ausbildungsordnungen hinaus und stellt den ‚selbständig und verantwortlich handelnden Facharbeiter' in den Mittelpunkt des Ausbildungsgeschehens. Ziel der Ausbildung ist hiernach eine qualifizierte berufliche Tätigkeit, die insbesondere ‚selbständiges Planen, Durchführen und Kontrollieren' mit einschließt. Von besonderer Bedeutung ist dabei eine Entsprechung von Arbeitsorganisation und Qualifizierungsstrategie. Im realen Arbeitsprozeß müssen die Chancen für die Aneignung und das Training von Schlüsselqualifikationen bestehen" (Mertens 1988, 49). Damit hat Mertens einen Zusammenhang hergestellt zwischen dem notwendig gewordenen neuen Qualifikationsbegriff und der Humanisierung (i. S. z. B. von ‚job-enrichment') der industriellen Arbeit.

In diesem Zusammenhang ist auch die Rede von einem „sozialwissenschaftlich-technologieorientierten Bildungsideal", womit ein Bildungstypus gemeint ist, für den die „Fähigkeit zur Zusammenschau von sozialen Prozessen und technologischen Entwicklungen" kennzeichnend ist (Gizycki/Weiler 1980b, 72). Insgesamt laufen diese Überlegungen auf eine Qualifizierungsstrategie hinaus, die auch als „Verallgemeinerung der beruflichen Bildung" (Rütters u. a. 1981, 39) bezeichnet wird (vgl. S. 89 ff.). Das entscheidende curriculare Problem solcher Ansätze ist die Identifizierung und lernzielbezogene Operationalisierung antizipatorischer Schlüsselqualifikationen. Abgesehen von ersten Ansätzen – z. B. dem „Katalog struktureller Qualifikationen" von E. Dauenhauer (1981, 340) – ist es bislang noch kaum gelungen, für einzelne Fachberufe oder Berufsfelder konkret zu bestimmen, „welche materialen/inhaltlichen Qualifikationselemente mehr Basischarakter (hinsichtlich ihrer Aktualität und Konstanz) (haben), welche eher Antizipationscharakter (hinsichtlich ihrer Zukunft und Variabilität)?" (Bunk 1982, 194). Damit zeichnet sich ab, daß die fachdidaktische Aufgabe, Strukturwissen für einzelne berufliche Fachrichtungen herauszuarbeiten, welches die „Berufstheorie" für die berufliche Ausbildung in Schule und Betrieb zu konstituieren vermag, eine erneute Aktualität erfährt. Im Grüner'schen Sinne hätte sich die Berufstheorie gerade angesichts des rasanten technologischen Wandels auf das „Knotenpunktwissen" zu beschränken, d. h. die Inhalte herauszufiltern, „von denen aus der Schüler sich weniger wichtiges Wissen selbst erarbeiten kann" (Grüner 1978, 44).

Damit wird deutlich, daß auch die Verallgemeinerung der Berufsbildung, wie sie im Konzept der Schlüsselqualifizierung als Tendenz angelegt ist, letztlich nicht im Extrem einer berufslosen bzw. berufstheorielosen Ausbildung wird enden können. Denn es darf – wie der Bildungsleiter der Ford-AG in Köln auf einer Tagung feststellte – „(...) nicht übersehen werden, daß es in der industriellen Ausbildung auch weiterhin noch darum geht, daß der Lernende nach erfolgreicher Ausbildung seinen Beruf (...) wirklich ausführen kann. (...) Dieser Hinweis soll verdeutlichen, daß trotz aller Bedeutung, die wir hier und heute der überfachlichen Qualifikation zumessen, die betriebliche Ausbildung in erster Linie auch weiterhin stets eine *fachliche* Bildung sein muß" (Welzel, in: Evangelische Akademie 1988, 45).

Das Festhalten an einer Fachlichkeit der Berufsausbildung i. S. einer auf das Strukturwissen und die Strukturqualifikationen konkreter Berufsfelder und Berufe bezogenen Ausbildung ist auch deshalb wichtig, weil selbst die Schlüsselqualifikationen nur in fachlichen Lernprozessen erworben werden können. Ihr Erwerb setzt zwar, wie ich versuchen werde zu zeigen, eine andere Form der Didaktisierung und Methodisierung der Lernprozesse voraus, doch handelt es sich bei den Lernprozessen selbst auch weiterhin überwiegend um fachliche Lernprozesse. Dies zu erwähnen ist deshalb von Bedeutung, weil die Kritiker des Konzeptes der Schlüsselqualifizierung häufig von der Annahme einer „Entfachlichung" der Berufsausbildung ausgehen und übersehen, daß eine solche „Qualifizierungsstrategie" nur auf der Ebene „unverbindlicher Einstellungen bzw. auf der Ebene formaler Bildung" verbleiben muß (vgl. Gonon 1996): „Für die individuelle Berufslaufbahn werden also zwei Schlüsselbunde bzw. Qualifikationsbündel benötigt, eines mit beruflich-fachlichen, ein anderes mit überberuflichen Qualifikationen" (Wittwer 1989, 29).

Das Konzept der Schlüsselqualifikationen ist jedoch auch unter berufspädagogischem Gesichtspunkt nicht unumstritten. So wird nicht nur die „Kopflastigkeit" des Konzeptes kritisiert, die u. a. darin zum Ausdruck komme, daß affektive und psychomotorische Qualifikationsdimensionen keine Berücksichtigung fänden; bemängelt wird auch die allzu undifferenzierte Transferannahme, die u. a. übersehe, „(...) daß die Steigerung der kognitiven Leistungsfähigkeit im wesentlichen auf den Gegenstand beschränkt bleibt, an dem sie im Lernprozeß erzielt wurde" (Zabeck 1989, 80). Auch unter diesem Gesichtspunkt einer durchaus begrenzten Transferreichweite fachlichen Lernens gelangt Zabeck zu der (durchaus nicht originellen) Forderung, „(...) in anstrengender didaktischer Kleinarbeit das Transferfähig-Allgemeine innerhalb konkreter beruflicher Leistungsstrukturen zu fixieren und geeignete Methoden der Vermittlung zu entwickeln" (ebd., 83), was nichts anderes bedeutet als die Forderung, die Schlüsselqualifikations-Debatte nicht bloß didaktisch-methodisch verengt zu führen, sondern auch im Blick auf ihre fachdidaktisch-berufstheoretische Präzisierung. Ungeklärt ist gleichwohl der Bezug des Konzeptes der Schlüsselqualifikationen zum Bildungsbegriff. Geht man davon aus, daß die Schlüsselqualifikationen nicht bloß eine neue Form von extern vorgegebenen Fähigkeitsbündeln darstellen, sondern die Entwicklung einer „Erschließungskompetenz" zum Ziele haben, dann sind sie durch den „Umgang mit Strukturwissen" allein sicherlich nicht zu erreichen; vielmehr kommt es auch darauf an, „das Gelernte auf die Personenstruktur zu beziehen, also den eigentlichen Bildungsvorgang zu vollziehen" (Tietgens 1989b, 34 ff., 42).

Zusammenfassend ließe sich folgende These formulieren:

▷ Angesichts der Entwicklungsgeschwindigkeit der Technik gewinnt für eine zukunftsorientierte Berufsausbildung die Vermittlung breit verwertbarer „Schlüsselqualifikationen" zunehmend an Bedeutung; eine Tendenz, die nicht nur eine didaktisch-methodische sondern auch eine fachdidaktisch-berufstheoretische sowie bildungstheoretische Präzisierung der Implikationen des Konzeptes der Schlüsselqualifizierung erforderlich macht. Die zugrundeliegende Tendenz einer weiteren bzw. umfassenderen Qualifizierung von Auszubildenden findet ihren Ausdruck in einem neuen (weiteren) Qualifikationsbegriff (z. B. in den neugeordneten Metall- und Elektroberufen), birgt jedoch auch in sich die Notwendigkeit einer Weiterentwicklung (Humanisierung) von Arbeitsplätzen.

Die zunehmende Bedeutung breit verwertbarer Schlüsselqualifikationen wird sicherlich, wie bereits erwähnt, nicht zu einer technischen Entspezialisierung der Berufsausbildung führen. Vielmehr zeigen die bisherigen Erfahrungen, daß auch die berufsfachlichen Qualifikationen im wesentlichen ihre Bedeutung behalten werden. Ebenso ist das Entstehen völlig neuer Ausbildungsberufe selten. Bei der Neuordnung der 42 Metallberufe entstanden z. B. nur zwei gänzlich neue Berufsprofile, der „Produktionstechniker" und der „Instandhalter". Veränderungen im beschriebenen Sinne ergeben sich im wesentlichen in den Inhalten bestehender Berufe. **Beispiel**: So werden z. B. im Berufsfeld Elektrotechnik anlagen- und systembezogenes Funktionsdenken und Grundlagenkenntnisse der Programmierung immer wichtiger, während anwendungsorientierte motorische Fertigkeiten (wie z. B. Löten, Motorwickeln) an Bedeutung verlieren. Die Entwicklung einer „systemtechnischen Sensibilität" (Meyer 1985, 197), Kenntnisse von Systemvernetzungen und Fähigkeiten zur Fehleranalyse sind heute grundlegende Voraussetzungen für die Inbetriebnahme und Instandhaltung computergesteuerter Einrichtungen und Anlagen. Im Fehlerfall erfolgt keine Reparatur der defekten Einheit, sondern i. d. R. wird die gesamte Geräteeinheit ausgetauscht. Die fachtheoretische Ausbildung kann sich immer weniger an der herkömmlichen Schaltungsanalyse, wie bei der Reparatur diskret aufgebauter Schaltungen, orientieren; die Analyse integrierter Schaltungen bedarf der sogenannten „Black-Box-Methode" in der Ausbildung. „Weniger ‚Stromlaufdenken' sondern mehr Denken in Funktionsblöcken ist gefordert" (Schelten 1983, 657). Für die Neuordnung der Elektroberufe findet diese Tendenz ihren Niederschlag auch in der Forderung nach einer mehr allgemeinen, entspezialisierten Fachbildung, die die Berufsgrundbildung ausdehnt und die Zeit für eine berufsspezifische Spezialisierung so weit wie möglich verkürzt.

Im Zusammenhang mit den skizzierten Entwicklungen der Qualifikationsanforderungen möchte ich kurz auf ein Paradoxon hinweisen, daß die vielfach beschworene grundsätzliche Unversöhnlichkeit von technischer Entwicklung (im Kapitalismus) und individuellen Emanzipationsansprüchen zumindest tendenziell revisionswürdig erscheinen läßt. Verkürzt wiedergegeben lautet das Argumentationsmuster der emanzipatorischen Berufspädagogik (vgl. Lempert 1971b; Voigt 1977, 154): Bildung – und damit auch Berufs-Bildung – ziele notwendig auf die Befreiung aus „selbstverschuldeter Unmündigkeit" (Kant) bzw. auf „herrschaftsfreien Diskurs" (Habermas), während demgegenüber Herrschaft und hierarchische Arbeitsteilung für betriebliche Arbeitsstrukturen konstitutiv sei. Folgt man neueren industriesoziologischen Untersuchungen, so wird deutlich, daß die technische Entwicklung in vielen Bereichen offensichtlich eher zu einem Abbau der hierarchischen Arbeitsteilung tendiert. Gerade die Neuen Technologien machen nach den Ergebnissen der Untersuchung von Kern und Schumann – mit dem Titel „Das Ende der Arbeitsteilung" (1984) – die Arbeitsteilung obsolet und führen in den fortgeschrittenen Industrien, vor allem im Maschinenbau, der Automobilindustrie und der Chemieindustrie, zu einem Verschmelzen von bislang isolierten Tätigkeiten zu ganzheitlicheren Arbeiten. Der Facharbeiter der Zukunft wird ein Universalfacharbeiter sein; hierauf deutet bereits heute die wachsende Bedeutung sogenannter „Hybridqualifikationen" (Kombination von Qualifikationen aus verschiedenen Berufen)[28] hin. Gegenwärtig scheint sich nach den Ergebnissen dieser Untersuchung in vielen Industriebetrieben ein Wandel abzuzeichnen, der die „Vorstellungen von

---

28. „Die Neuen Technologien vereinigen hydraulische, pneumatische und elektrotechnische Funktionsprinzipien sowie Kombinationen untereinander; ihre Steuerungs- und Programmiereinrichtungen werden ständig komplizierter. Der Stillstand einer Anlage kann auf Störungen der Mechanik, der Elektrik oder der Elektronik zurückzuführen sein. Um die Ursache herauszufinden und den Fehler zu beseitigen, müssen Instandhalter aus den Bereichen Elektro und Metall zusammenarbeiten. Sie sollen die Sprache des jeweils anderen verstehen und müssen über die Schnittstelle Bescheid wissen, um bei der Behebung des Schadens optimal kooperieren zu können. Derartige Verknüpfungen von Qualifikationen aus verschiedenen Fachgebieten (z.B. Metall/Elektro/Datenverarbeitung) werden als „Hybridqualifikationen" bezeichnet (Guerra/Wollschläger 1986, 15).

Taylor aus den zwanziger Jahren, den Produktionsprozeß dadurch zentral zu steuern, daß Planung und Kontrolle einerseits und ausführende Tätigkeit andererseits strikt getrennt werden", ablöst. „Durch elektronische Steuerung sind Arbeitsvorbereitung, Produktionsplanung, Fertigungssteuerung, Wartung, Instandhaltung und Qualitätskontrolle integrierbar. Das Festhalten am Prinzip der hierarchischen Arbeitsteilung führt zu reduzierter Flexibilität und verminderter Innovationsfähigkeit des Produktionsprozesses" (Burkhardt Lutz, zit. nach: Markert 1986, 131).

Dieser Wandel drückt sich in einem modifizierten Bild vom Facharbeiter aus, das Kern und Schumann wie folgt beschreiben: „Viele Betriebe mußten, wie zögernd und unvollkommen auch immer, lernen, in den Arbeitern nicht einfach „warm bodies" zu sehen, die am effizientesten dann funktionieren, wenn man sie unter möglichst genau und restriktiv definierten Bedingungen einsetzt und möglichst scharfer und umfassender Kontrolle unterwirft. Im Arbeiter wird heute, jedenfalls von den beweglicheren Teilen des Managements, eher eine Person mit komplexen Fähigkeiten und vielfältigem Entwicklungspotential verstanden, die man als Arbeitskraft gerade dann besonders wirksam nutzt, wenn man ihr Vermögen umfassend betrieblich bindet und funktionalisiert, statt nur minimale Segmente davon aufzugreifen und den Rest brachliegen und verkümmern zu lassen; also nicht Lockerung des Leistungszugriffs, sondern Verstärkung hinsichtlich der intellektuellen und motivationalen Fähigkeiten" (Kern/Schumann 1982, 10). Doch auch die Gewerkschaften sehen sich dazu gedrängt, ihre ursprünglichen Konzeptionen der veränderten Entwicklung anzupassen. Denn „mit der Änderung der Arbeitsorganisation nähern sich die Auffassungen von Arbeitgebern und Gewerkschaften über die Qualifizierungsziele tendenziell einander an" (Schmidt 1988, 178).

Die technische Entwicklung scheint die Entwicklung von „beruflicher Mündigkeit" (Lipsmeier 1982, 233)[29], „Autonomie" (Lempert 1971a) und

---

29. So fordert auch der Deutsche Bildungsrat, daß neben der fachlichen Kompetenz die Berufsausbildung dem Auszubildenden auch gesellschaftliche und humane Kompetenzen zu vermitteln habe (Deutscher Bildungsrat 1974, 49 ff), eine Forderung, die im § 6 des Berufsgesetzes ihren Niederschlag gefunden hat, der fordert, den Auszubildenden auch charakterlich zu fördern.

„Subjektivität" (Kade/Geißler 1980) nicht in dem oft befürchteten Sinne zu verhindern. Vielmehr deutet vieles darauf hin, daß in Zukunft der mündige Arbeiter gefragt ist (Kern/Schumann 1982)[30], wobei noch zu klären wäre, ob dies tatsächlich für alle Funktionsebenen gilt oder ob nicht in einzelnen Bereichen auch eine Dequalifizierung und damit Polarisierung von Arbeitskraft sich herausbilden wird. An skeptischen Äußerungen herrscht kein Mangel. So referiert U. Blum einige Untersuchungen zu dem Einsatz neuer Technologien in der Industrieproduktion, die nach seiner Interpretation eher die Einschätzung nahelegen, „(...) daß mit der Einführung und Verbreitung von programmgesteuerten Maschinen die Arbeitsplatzkonzepte à la Taylor sich seit dem Übergang von der NC- zur CNC-Technik nicht gravierend verändert haben" (Blum 1988, 99).

In der pädagogischen Diskussion ist gleichwohl wieder stärker die Rede von „Bildung" statt von „Qualifikation", die „realistische Wende" zur Erziehungswissenschaft (Roth 1967) in den 60er Jahren wird heute in vielen Bereichen durch eine „reflexive Wende" abgelöst, die z. B. in der Berufspädagogik die Tatsache stärker in den Blick rückt, daß „auch in beruflichen Lernprozessen, die von der Institution und dem Lehrer her ausschließlich auf den Erwerb von Qualifikationen hin didaktisch organisiert sind, sich die Lernenden nicht nur Qualifikationen an-(eignen). Zugleich findet mehr oder weniger ein nicht auf spätere Anwendungssituationen direkt ausgerichteter Prozeß der Persönlichkeitsbildung statt" (Kade 1983, 872). Berufsausbildung ist auch Bildung und damit mehr als nur Vermittlung von technischen Kenntnissen und Fertigkeiten. Soll der Aus-

---

30. Bereits in den 70er Jahren wurde die Diskussion über die Lernchancen von Industriearbeit im Anschluß an das Buch von W. Fricke „Arbeitsorganisation und Qualifikation"(1975) geführt, in dem die optimistische Perspektive einer „dynamisch orientierten Industriesoziologie" vertreten wurde und eine mögliche Expansion der Lernchancen durch eine Humanisierung der Arbeit erwartet wurde. W. Lempert vertrat demgegenüber eine pessimistische Einschätzung und stellte fest: „Erst jenseits kapitalistischer Produktionsverhältnisse dürfte es möglich sein, Industriearbeit so komplex, variabel, kooperativ und demokratisch zu gestalten, daß die Mehrzahl der Arbeitenden in ihrem Vollzug nicht nur vorhandene Fähigkeiten einsetzen und funktionale Qualifikationen hinzu erwerben, sondern auch innovatives Potential erweitern kann" (Lempert 1978, 321).

zubildende bzw. der künftige Arbeitnehmer nicht mehr nur Objekt arbeitsorganisatorischer Veränderungen sein, sondern als Subjekt aktiv auf die sich entwickelnden Arbeitsanforderungen reagieren, können seine Qualifikationen nicht mehr nur aus dem Produktionsprozeß abgeleitet werden, sondern müssen vielmehr ergänzt werden um eine innovatorische, pädagogisch zu legitimierende Dimension, „die das Interesse und die Fähigkeit der Arbeitenden zu autonomer sozialer Gestaltung ihrer eigenen Arbeitsbedingungen bezeichnet" (Georg/Kissler 1979, 672).

Die skizzierten Tendenzen lassen sich in folgende These fassen:

▷ Die technische Entwicklung stützt in vielen Bereichen inhaltlich die Forderungen der Aufklärung bzw. der sog. „emanzipatorischen Berufspädagogik" nach Verwirklichung von Mündigkeit, Subjektivität und Autonomie in der Berufsausbildung und in der Arbeit. Gleichwohl setzt sich diese Entwicklung keineswegs überall automatisch durch; es scheinen vielmehr unterschiedliche Entwicklungswege gangbar, weshalb der Berufspädagogik auch die Aufgabe „zufällt", die Prozesse des technischen Wandels und Qualifikationserwerbs nach Maßgabe eines Bildungsverständnisses zu bewerten und durch eigene Konzepte bildungswirksame Entwicklungsimpulse zu setzen.

4.3 Neue Ausbildungsmethoden

Die dargestellten Veränderungen der Qualifikationsanforderungen im Zusammenhang mit der technischen Entwicklung stellen neue Anforderungen an die Didaktik und Methodik beruflichen Lernens in Betrieb und Berufsschule. Hierzu möchte ich zwei weitere Thesen kurz kommentieren:

▷ Die herkömmlichen Methoden der Berufsausbildung behindern eher die Vermittlung breit verwertbarer Schlüsselqualifikationen, als daß sie diese fördern.

135

In der Berufsausbildung herrsch(t)en in der Vergangenheit und vielfach auch heute noch Unterrichts- und Unterweisungsmethoden vor, die in mehrfacher Hinsicht ungeeignet sind, eine zukunftsorientierte Qualifizierung i. S. des oben erwähnten neuen Qualifikationsbegriffs zu gewährleisten. Diese Methoden sind

- *zu lehrerzentriert,* wie z. B. die verbreitete Vier-Stufen-Methode, die die Ausbildung nach dem sog. Imitatio-Prinzip plant und durchführt (Vorbereitung – Vormachen – Nachmachen – Üben), oder der darstellend-expositorische Lehrervortrag in der Berufsschule,

- *zu eindimensional,* d. h. es werden vornehmlich verbale und motorische Dimensionen des Berufshandelns angesprochen, während handlungsbezogene und partizipative Verhaltensweisen zu wenig gelernt werden (vgl. Zedler 1986b, 3),

- *zu wenig aktivitätsfördernd,* d. h. eher auf passiv-rezeptives statt auf aktiv-produktives Lernen ausgerichtet, wofür ebenfalls das verbreitete skill-training nach der Vier-Stufen-Methode sowie die lehrerzentrierten Formen des Darbietens und Entwickelns beispielhaft stehen (Lipsmeier 1978, 112),

- *zu wenig selbständigkeitsfördernd,* d. h. die Entwicklung von eigenen Problemlösungsstrategien ist in den zumeist geschlossenen Lernsystemen der Berufsausbildung (Lehrgänge, Unterweisungseinheiten bis hin zur programmierten Unterweisung) kaum möglich. Diese fördern vielmehr bei den Auszubildenden ein „Denken (und Handeln) in Leitplanken" und konterkarieren das Ziel autonomer Handlungskompetenz.

Der „heimliche Lehrplan" dieser herkömmlichen Methoden der Berufsausbildung führt im Extremfall zu der Herausbildung einer beruflichen Kompetenz, die häufig unselbständig und autoritätsfixiert lediglich auf die Fähigkeit zur repetitiven Anwendung manuell, psychomotorisch eintrainierter Fertigkeiten bzw. zur Wiedergabe gepaukten Berufswissens in der Lage ist. „Die Lernfähigkeit wird auf angeleitetes Lernen eingeengt, das Neugierverhalten domestiziert und die Fragelust abdressiert," wie G. Pätzold pointiert feststellt (Pätzold 1982, 804). Doch genau auf diese häufig abdressierten Fähigkeiten käme es einer zukunftsorientierten Berufsausbildung an! Darüber hinaus müßten auch soziale Qualifikationen zum Gegenstand beruflichen Lernens werden, „damit die Auszubildenden ihre Kooperationsfähigkeit, Verantwortlichkeit, Selbständigkeit und Kritikfähigkeit entwickeln können" (Wittwer 1985, 454).

Beispiel: Diese Kritik an der herkömmlichen Berufsbildungspraxis wird durch zahlreiche Ergebnisse aus der beruflichen Sozialisationsforschung untermauert. So wurden in der bekannten Maschinenschlosserstudie des Max-Planck-Instituts für Bildungsforschung (Lempert/Thomssen 1974) zwanzig junge Metallfacharbeiter, die als Dreher, Fräser, Maschinenschlosser oder Werkzeugmacher ausgebildet worden sind, insgesamt über ca. acht Jahre hinweg auf ihrem Berufs- und Lebensweg wissenschaftlich beobachtet, um u. a. festzustellen, inwieweit Ausbildung und Berufserfahrung die Entfaltung flexibler subjektiver Handlungspotentiale ermögliche. Folgt man den Ergebnissen dieser Längsschnittstudie, so scheint der „heimliche Lehrplan" betrieblicher Ausbildung und Arbeit einer zukunftsorientierten und auf Autonomie, Selbstverantwortung und Teamfähigkeit bedachten Berufsausbildung bislang eher zuwiderzulaufen. Gelernt wird demnach im Betrieb[31],

– ein gewisses Maß an Desinteresse und Gleichgültigkeit an der jeweiligen konkreten Arbeit zu entwickeln und

– sich an vorgegebenen Reglementierungen zu orientieren und nur Aufgaben zu übernehmen, die nicht auf eigene Initiativen zurückgehen.

– Verbreitet sind in starkem Maße egoistische Orientierungen, wie „Verkaufe dich möglichst teuer!" – „Nach uns die Sintflut!" und „Gebrauche deine Ellenbogen!" (Lempert 1981, 729). Auch die Ergebnisse des Göttinger Berufssoziologen Martin Baethge (Baethge 1979) deuten

---

31. Der Begriff des „heimlichen Lehrplans" ist eine neuere Bezeichnung zur Kennzeichnung des funktionalen Lernens im Betrieb, d.h. der beiläufigen, nicht-intentionalen Sozialisation. Da dieser Begriff von einigen als eine Art „Verschwörungsthese" empfunden wurde, hat Wolfgang Lempert, der maßgeblich zu der Verbreitung dieses Begriffs beigetragen hat (Lempert 1981), auf einem Symposion in Berlin dafür plädiert, diese Vokabel aus dem Verkehr zu ziehen (in Dürr u. a. 1987, 177).

darauf hin, daß die betrieblichen Ausbildungs- und Arbeitsstrukturen heute noch zu wenig selbständige Gestaltungs-, Erprobungs- und Auseinandersetzungsmöglichkeiten für die Auszubildenden und Beschäftigten bieten, als daß *die* Verhaltensdispositionen und Schlüsselqualifikationen gefördert würden, die zur Bewältigung der technischen Anforderungen der Zukunft notwendig sind.

Als These läßt sich hieraus folgern:

▷ Eine zukunftsorientierte gewerblich-technische Berufsausbildung erfordert eine Technikdidaktik, die die Subjektivität des Auszubildenden stärker berücksichtigt (vgl. Bonz 1996). Die erforderliche Orientierung an den technischen Sachsystemen und Verfahren muß im beruflichen Lernen durch Methoden gewährleistet werden, die gleichzeitig den Erwerb einer erweiterten Kompetenz, aktiver Handlungsfähigkeit und Selbständigkeit ermöglichen.

Schlüsselqualifikationen sind, wie ich versucht habe deutlich zu machen, eine „zwingende berufspädagogische Antwort auf einen technischen Wandel" (Schelten 1983, 198). Obgleich didaktische Muster zu ihrer Vermittlung bisher noch ausstehen, herrscht in der didaktischen Diskussion der Berufspädagogik Einigkeit darüber, daß hierfür Ausbildungsmethoden entwickelt werden müssen, bei denen der Auszubildende in stärkerem Maße selbständig agiert (vgl. Arnold 1995c; Bonz 1981). Während man in der traditionellen technischen Ausbildung bemüht war, die Ausbildung durch eine Systematisierung der Ausbildungsmaterialien in der Form von geschlossenen Lehrgängen zu verbessern und damit gerade die Handlungsspielräume für Ausbilder und Auszubildende sehr stark einengte, werden heute in immer stärkerem Maße Methoden erprobt (vgl. Bundesinstitut 1984; Borretty u. a. 1988), die

– lernerzentriert,

– handlungsorientiert,

– aktivitätsfördernd und

– selbständigkeitsfördernd

sind, wobei die Förderung der Selbständigkeit im Zusammenhang mit den Schlüsselqualifikationen der wesentlichste Aspekt ist. Selbständigkeit beinhaltet dabei auch die Analysefähigkeit und Problemlösungsfähigkeit. Neben der fachlichen Kompetenz, d. h. der Vermittlung der technischen Kenntnisse und Fertigkeiten, die zu einem Berufsbild gehören, sollen durch diese neuen Ausbildungsverfahren und Lernformen auch eine Methodenkompetenz (= Fähigkeit zur selbständigen Aneignung neuer Kenntnisse und Verfahren) sowie eine Sozialkompetenz (= Fähigkeit zum Umgang mit anderen Menschen) vermittelt werden (Fischer/Merkel/Walz 1982, 79). Diese neuen Methoden zielen somit auf eine erweiterte Kompetenz des Auszubildenden; neben der kognitiv-verbalen und der psychomotorischen Verhaltensebene (Erwerb technischer Kenntnisse und Fertigkeiten) werden auch handlungsorientierte und selbständige Verhaltensweisen entwickelt. Insgesamt „firmieren" diese neuen Ausbildungsmethoden unter der Überschrift des „handlungsorientierten Lernens" (vgl. Abb. 13).

Eine sehr überschlägige Inspektion der traditionellen Methoden (Bonz 1981, 154) im Vergleich zu den zahlreichen neueren Methoden des technischen Unterrichts und der betrieblichen Ausbildung (nach: Bunk/Zedler 1986; Zedler 1986a) macht deutlich, daß die neueren Methoden, wie z. B.

- Planspiel

- Projekt oder Projekt-Leittext-Methode

- kombinierte Unterweisung

- forschend-entwickelnder Unterricht

- Juniorenfirma (vgl. Fix 1989; Sommer 1985)

- Lernstatt

- Problemlösungsmethoden

- künstlerische Übungen,

Lernmuster Lernformen	Lernen in und an realen Umwelten (gegenständliches Lernen)	Lernen in und an simulierten Umwelten (simuliertes Lernen)	Lernen in und an symbolischen Umwelten (symbolisches Lernen)
Übersicht über grundlegende Lernmuster und die ihnen entsprechenden Lernarrangements (Lernformen)			
Varianten	Lernen-by-doing	Simulationsspiele angelsächsischer Prägung	Vortrag (Vorlesungen)
	„En-passant-Lehre" (Produktionsausbildung)	Planspiele	
	Produktionsprojekte		
	„Tag in der Produktion" (polytechn. Unterricht)	Rollenspiele	Diskussion Gruppenunterricht
	Betriebspraktika	Fallstudien	
	Betriebserkundung	Übungsfirma	fragend-entwickelnder Unterricht
	Projektausbildung		
	Experiment	Experimentalunterricht	alle Formen textgestützten Lernens

Handlungslernen = Formen „aktiven Lernens"

Abb. 13: Methoden handlungsorientierten Lernens (Stiehl 1984, 101)

140

eine größere Effektivität im Hinblick auf die Vermittlung fachübergreifender Schlüsselqualifikationen bzw. hinsichtlich der Entwicklung von Methoden- und Sozialkompetenz erwarten lassen. Hierzu möchte ich beispielhaft kurz drei der genannten neueren Methoden darstellen.

Beispiel: Die „Projekt-Leittext-Methode"

Vor etwa 15 Jahren entwickelte die Daimler-Benz-AG in Gaggenau für die metallgewerbliche Grundbildung ein projektbezogenes Ausbildungskonzept, das

- die Ausbildungsinhalte so gestaltete, daß die Übungsstücke (z. B. Dampfmaschine) praktisch verwendet werden können (ganzheitliche Arbeitsvorhaben bzw. Projekte statt skill-drill),

- die isolierte Einzelunterweisung zugunsten der Ausbildung im Team aufgab (Auszubildende als autonome Gruppen),

- sog. „Leittexte" und damit verbundene Medien bereitstellte, über deren Einsatz die Auszubildenden selbst entscheiden konnten,

- den Ausbildungsgruppen Selbstbestimmungsmöglichkeiten über den Ausbildungsablauf sowie dessen Planung und Organisation übertrug (variable Lernzeit).

Durch die Projektausbildung hoffte man, Defizite der herkömmlichen Technikdidaktik auszugleichen (mangelnder Handlungsbezug) und in der betrieblichen Ausbildung den lehrer- oder ausbildergesteuerten Unterricht zu überwinden (vgl. Bonz 1981, 157; vgl. Fix 1984).

Eine entscheidende Funktion kommt in diesem Projekt den sog. „Leittexten" zu, die – im Unterschied zur geschlossenen Lehrgangsausbildung – einer offenen curricularen Struktur folgen, die sich dem Lernfortschritt der Auszubildenden anpaßt:

- Auf der ersten Stufe erhält der Auszubildende über den Leittext alle Informationen vollständig, um die gestellte Aufgabe lösen zu können.

- „Auf der zweiten Stufe enthält der Leittext nur noch Informationen über die neu hinzugekommenen Elemente.

– Auf der dritten Stufe enthält der Leittext nur noch Aufgabenstellungen. Der Auszubildende muß sich insgesamt alle Informationen selbst beschaffen" (Bunk/Zedler 1986, 21).

Durch die autonome, leittextgestützte, selbstgesteuerte und vom Ausbilder nur beratene Erarbeitung eines funktionsfähigen Produktes „werden extrafunktionale Qualifikationen wie Genauigkeit, Ausdauer, Mitverantwortung und andere nicht nur geübt, sondern durch das Zusammenwirken und die Abhängigkeit deren Funktionen voneinander wird ihre Bedeutung auch für den Auszubildenden transparent" (Ziebart/Müller 1977, 88). Auch die Erfahrungen zahlreicher weiterer Betriebe, die in ihrer Ausbildung mit der Projekt-Leittext-Methode gearbeitet haben (z. B. die Ford-Werke-AG in Köln, die Stahlwerke Peine-Salzgitter, die Zahnradfabrik Friedrichshafen GmbH, die Hoesch-Stahl-AG in Dortmund sowie die Deutsche Bundesbahn) bestätigen, daß diese Methode geeignet ist, Auszubildende dazu zu befähigen, „selbst zu lernen und sich selbst zu kontrollieren", indem es gelingt, „einen Prozeß zu initiieren, in dem der Auszubildende handeln lernt" (Koch/Schneider 1985, 14; vgl. auch für das Bundesbahnprojekt: Polzer 1985).

Beispiel: Forschend-entwickelnder Unterricht

Der forschend-entwickelnde Unterricht (Schmidkunz/Lindemann 1976) ist ebenfalls dadurch gekennzeichnet, daß er für den Lernenden bzw. Auszubildenden Selbständigkeit ermöglicht (z. B. experimentelle Klärung eines technischen Problems). Er ist bei der Formulierung des technischen Problems, bei der Erwägung von Lösungsmöglichkeiten, bei der Planung und Ausführung des Lösungsweges bis hin zur Ergebnisauswertung weitgehend auf sich selbst gestellt. Entscheidend ist die Fähigkeit zum schrittweisen, methodischen Vorgehen.

Beispiel: Künstlerische Übungen

Einige Firmen haben in den vergangenen Jahren künstlerische Übungen (z. B. Aquarellmalen, Linolschnitt, Holzschnitzen) in die berufliche Qua-

142

lifizierung künftiger Facharbeiter (z. B. der Metall- und Elektrotechnik) einbezogen (z. B. Maschinenfabrik VOITH GmbH in Heidenheim, Babcock-BSH AG in Krefeld, Baugesellschaft für elektrische Anlagen AG in Düsseldorf, Hibernia Schule u. a.) (Bunk/Zedler 1986, 43). An solche künstlerischen Übungen werden weitreichende berufspädagogische Erwartungen geknüpft, wie z. B.

- *Lernfähigkeit:* Der Jugendliche kann sich bei künstlerischen Übungen auf Situationen einlassen und seine Verhaltensweisen aus ihren Gegebenheiten heraus neu bestimmen. Dadurch ist er eher in der Lage, sich auch neuen Arbeitsaufgaben zuzuwenden und sich in unterschiedlichen Positionen schnell zurechtzufinden.

- *Problemlösungsfähigkeit:* Bei künstlerischen Übungen lernt der Jugendliche oder junge Erwachsene nicht nur, wie bestimmte Situationen zu behandeln sind. Vielmehr wird der künstlerisch Tätige befähigt, sich auf konkrete Situationen einzulassen und in ihnen nach Handlungsmöglichkeiten zu suchen. Ist diese Problemlösungsfähigkeit erst einmal gebildet, dann kann der angehende Facharbeiter sie auf verschiedene Arbeitsaufgaben und Arbeitssituationen anwenden.

- *Innovationsfähigkeit:* Bei künstlerischen Übungen besagt eine Grundregel, daß kein angefangenes Bild so mißlingen kann, daß man daraus nicht noch etwas machen könnte. Für die Berufswelt ergibt sich daraus die Erkenntnis, daß weder eine Aufgabe noch eine Situation so verfahren ist, daß nicht Ansatzpunkte zu einer Weiterentwicklung oder Lösung gefunden werden könnten" (ebd., 44 f.; vgl. Zedler 1981).

Die nachstehende Übersicht versucht eine überblicksartige Analyse der traditionellen und neuerer Methoden im Hinblick auf ihre „Eignung" für die Förderung und Entwicklung von Schlüsselqualifikationen (Abb. 14), d. h. für eine Berufsausbildung, die nicht nur Fachkompetenz vermittelt, sondern auch die Methoden- und Sozialkompetenz der Auszubildenden entwickelt (vgl. Arnold 1995c, S. 196).

Qualifikations-dimension		eher fachlich (Fachkompetenz) ⟷		eher fachübergreifend (Methoden- und Sozialkompetenz)	
Methoden	Verhaltens-ebenen	verbal (kognitiv)	(psycho-) motorisch	handlungs-orientiert	selbständig-keitsfördernd
Traditionelle Methoden	1 Rede	●			
	2 Gespräch	●		●	
	3 Beistell-Methode	●	●		
	4 Vier-Stufen-Methode	○	●	○	
	5 Techn. Experiment	●		●	○
	6 Werkaufgabe	●	●	○	○
	7 Lehrgang	●	●	○	○
Neuere Methoden	8 Planspiel	●	●	●	○
	9 Projekt	●	●	●	●
	10 Kombinierte Unterweisung	●	●	●	○
	11 Forschend-entwickelnde Unterweisung	●	●	●	
	12 Juniorenfirma	●	●		●
	13 Lernstatt	●	○	●	●
	14 Problemlösungsmethoden	●	○	●	●
	15 Künstl. Übung	○	●	●	●

● = bedeutsam zur Entwicklung dieser Verhaltensebene
○ = weniger bedeutsam zur Entwicklung dieser Verhaltensweisen

Abb. 14: *Vergleich traditioneller und neuer Ausbildungsmethoden*

4.4 Neue Herausforderungen für den Berufspädagogen und die Berufspädagogik

Geht man davon aus, daß den technischen Anforderungen der Zukunft in der Berufsausbildung am besten durch ein handlungsorientiertes, selbst-gesteuertes Lernen, d. h. durch lernerzentrierte Methoden, Rechnung ge-tragen werden kann, so ist auch die Rolle des Lehrers und Ausbilders im beruflichen Lernprozeß neu zu bestimmen. Hierzu läßt sich thesenartig feststellen:

▷ Die traditionelle Rolle des Berufserziehers (Ausbilders und Lehrers) erfährt in einer handlungsorientierten, selbstgesteuerten Berufsausbildung einen grundlegenden Wandel von der des alleinigen Vermittlers zu der eines Lernhelfers, Begleiters, Beraters, Organisators und Moderators.

Nicht nur der Auszubildende, sondern auch der Berufserzieher müssen lernen, handlungsorientiert zu operieren. Für den Berufserzieher ergibt sich eine veränderte Rolle, die nicht nur das traditionelle Selbstverständnis vom Lehrer als dem „im Mittelpunkt des Geschehens stehenden Vermittler" (Stiehl 1984, 105) tangiert, sondern auch den Erwerb neuartiger pädagogischer Kompetenzen und didaktisch-methodischer Fähigkeiten notwendig macht. Während die direkte Vermittlung von Kenntnissen und Fertigkeiten in Unterricht und Unterweisung in den Hintergrund tritt – nicht vollständig verschwindet! –, kommt dem Berufserzieher im Rahmen einer handlungsorientierten und selbständigkeitsfördernden Berufsausbildung die Aufgabe zu, die Anfangssituationen des Unterrichts zu gestalten und Lernhilfen für den weiteren Verlauf bereitzustellen und nach Bedarf einzusetzen (Bonz 1981, 160). Er muß die „organisatorischen und sachlichen Voraussetzungen für individuelle Lernprozesse gewährleisten. Er muß die Lernprozesse überwachen und bei nicht zulässigen Abweichungen korrigierend eingreifen. Individuelle Lernschwierigkeiten muß er erkennen und gezielte Hilfestellungen geben. Gleichzeitig verfolgt er die Gruppenprozesse und unterstützt die Gruppe bei der Bewältigung von Schwierigkeiten" (Kröll 1985, 36).

Die Vorbereitung auf die Wahrnehmung dieser Funktion als Lernhelfer und Begleiter ist auch die Aufgabe der universitären Ausbildung von Berufspädagogen (Berufsschul- bzw. Gewerbelehrern), da nicht nur im Betrieb „anders" gelernt werden muß, sondern dieses andere Lernen auch in der Berufsschule seine Entsprechung finden muß, wenn der „neue" Qualifikationsbegriff realisiert und Schlüsselqualifikationen erworben werden sollen. Die Frage der Handlungsrelevanz pädagogischer Theorien darf nicht vollständig ins Referendariat delegiert werden. Die berufspädagogische Nebenfachausbildung hat m.E. auch die wichtige Aufgabe, neue di-

daktische Konzeptionen und Methoden, wie die des Handlungslernens in
der Berufsausbildung anhand konkreter technischer Inhalte und bezogen
auf konkrete Ausbildungsberufe exemplarisch in Unterrichts- (und Unterweisungseinheiten) umzusetzen und zu erproben. Hierbei ließen sich
die Ziele einer praxisbezogenen Ausbildungsforschung mit der Notwendigkeit integrieren, zukünftige Berufspädagogen zur praxisbezogenen
Umsetzung lernerzentrierter Ausbildungs- und Unterrichtsmethoden zu
qualifizieren (z. B. Entwicklung von Leittexten). Es scheint mir erforderlich zu sein, die Berufspädagogenausbildung in diesem Sinne durchaus
auch um eine rezeptologisch-experimentelle Komponente zu erweitern
und dabei gleichzeitig im Auge zu behalten, daß pädagogische Kompetenz,
d. h. die Fähigkeit zum Umgang mit Auszubildenden in offenen Lernsituationen, untrennbar mit der Person des Berufserziehers verbunden ist;
eine praxis- und zukunftsorientierte Ausbildung von Berufserziehern
wird deshalb immer auch eine Form von Erwachsenensozialisation sein.

Die bisherigen Ausführungen lassen sich wie folgt zusammenfassen:

▷ Die zunehmende Verbreitung Neuer Technologien stellt die Berufsausbildung vor eine qualitative Herausforderung. Die Vermittlung
breit verwertbarer Schlüsselqualifikationen gewinnt gegenüber der
Vermittlung von Spezialkenntnissen „auf Vorrat" an Bedeutung. Erforderlich ist hierfür eine Didaktik der gewerblich-technischen Berufsausbildung, die mit geeigneten lernerzentrierten Methoden die
Auszubildenden in einem umfassenderen Sinne qualifiziert und neben
der Fachkompetenz auch die Sozial- und Methodenkompetenz
(Selbständigkeit, Problemlösungsfähigkeit usw.) fördert.

Eine solche zukunftsorientierte Technikdidaktik ist bislang noch nicht im
erforderlichen Maße entwickelt und umgesetzt worden. Mit einer weiteren These sollen einige Hinweise für eine denkbare Weiterentwicklung
gegeben werden:

▷ Zur Weiterentwicklung einer zukunftsorientierten Didaktik gewerblich-technischer Berufsausbildung besteht ein Bedarf im Bereich der

berufspädagogischen Grundlagenbildung, im Bereich der Entwicklung geeigneter Lernmittel und -medien sowie im Bereich der Aus- und Weiterbildung der Lehr- und Ausbildungskräfte in der beruflichen Bildung.

Abschließend zu diesem Kapitel möchte ich kurz aufzeigen, welchen Aspekten sich eine solche Weiterentwicklung und Umsetzung der hier in Umrissen skizzierten Technikdidaktik m. E. zu widmen hätte:

a) Im Bereich der *berufspädagogischen Grundlagenforschung* wären u. a. folgende Fragen zu untersuchen:

- Wie definiert und „mißt" man Schlüsselqualifikationen?

- In welchem Verhältnis stehen Schlüsselqualifikationen zu Kompetenzen, die in früheren Bildungs- und Sozialisationszusammenhängen erworben worden sind?

- Wie lassen sich Schlüsselqualifikationen kognitions- und arbeitspsychologisch beschreiben?

- Welche Inhalte einzelner Berufsfelder sind besonders geeignet für selbstgesteuertes Lernen und die Herausbildung übergreifender Qualifikationen?

- Welche Bestandteile der vorliegenden Ausbildungsordnungen sind nicht zeit- und zukunftsgemäß?

- Wie effektiv sind einzelne Ausbildungs- und Unterrichtsmethoden im Hinblick auf die Vermittlung breit verwertbarer Schlüsselqualifikationen?

- In welchem Verhältnis stehen Fach- und Methoden- sowie Sozialkompetenz zueinander?

b) Die *Entwicklung geeigneter Lernmittel und -medien* ist ein weites Aufgabenfeld. Folgt man dem Konzept eines handlungsorientierten und selbstgesteuerten Lernens in der Berufsausbildung, so müssen für alle Ausbildungsrichtungen lernerzentrierte Pakete mit Leittexten, Medien, komplexen Aufgabenstellungen und Lösungshilfen entwickelt werden. Diese Pakete sind – entgegen dem eingeführten Begriff „Lehrmittel" – als „Lernmittel" zu entwickeln und müßten die bislang verbreiteten Lehrgänge, Unterrichtsmaterialien und Ausbildungsunterlagen ablösen bzw. ergänzen, da diese in der Regel ausbilderzentriert entwickelt sind.[32]

c) Im Bereich der Aus- und Weiterbildung des Lehr- und Ausbildungspersonals sind geeignete Modelle zu entwickeln, die den Ausbildern und Lehrkräften ermöglichen, ihre didaktischen Fähigkeiten zu erweitern und neue Ausbildungsmethoden einzusetzen. Hierzu gehört auch die Entwicklung eines weniger lehrerzentrierten Selbstverständnisses. Angesichts der Tendenz, daß die Anpassungsqualifizierung zunehmend in den Betrieben geleistet wird und die Bedeutung der betrieblichen Weiterbildung wächst, wird m.E. der betriebspädagogischen Weiterbildung betrieblicher Ausbilder und Weiterbildner in Zukunft ein größeres Gewicht zukommen.

---

32. Ein Umdenken hinsichtlich der Entwicklung von Ausbildungsunterlagen zeichnet sich u.a. bei der Arbeitsstelle für Berufs- und Arbeitspädagogisches Lernen (ABAL) in Pirmasens ab, die eine experimentelle Fachkunde entwickelt, die neben theoretischem Wissen und praktischen Handlungskompetenzen auch soziales Verhalten einübt. Auch der Modellversuch „Mehrmediensystem Elektrotechnik" ist zu nennen, der einer erfahrungsorientierten und experimentalunterrichtlichen Konzeption folgt (nach: Schelten 1983, 657f.).

5. Betriebliche Weiterbildung zwischen Anpassungsfortbildung, Qualifikationserhalt und Identitätssuche

„Weiterbildung (...) ist auch Bildung und
nicht nur Weiter. (...) Die Weiterbildung hat
(...) eine eigenständige Aufgabe – nämlich
Entwicklungshilfe für Subjektivität/Persön-
lichkeit zu sein...)"
(Geißler/Wittwer 1989b, 100).

[33]Das Weiterbildungsangebot der Betriebe wurde in den letzten drei Jahrzehnten erheblich ausgeweitet. Die Betriebe sind heute im Bereich der beruflichen Weiterbildung der bedeutendste Träger. Ein Blick in die Statistik bestätigt dies:

– Aus einer vom Bundesministerium für Bildung und Wissenschaft vorgelegten Untersuchung geht hervor, daß bereits Anfang der 80er Jahre 47 % aller Maßnahmen der beruflichen Weiterbildung betrieblich organisiert war (Berufsbildungsbericht 1981, 84; Pfeil 1984, 1). Ein großer Teil der betrieblichen Weiterbildungsmaßnahmen fand in besonderen betrieblichen Ausbildungsstätten statt (Berichtssystem 1984, 10).[34] Heute finden 86 % aller beruflichen Weiterbildungsmaßnahmen im Unternehmen oder während der Arbeitszeit statt (Laermann 1994).

---

33. Bei den folgenden Ausführungen handelt es sich um eine wesentlich überarbeitete und aktualisierte Fassung der erstmals als Arnold (1988) vorgelegten Überlegungen. Trotz der redaktionellen Überarbeitung und der dadurch verbundenen Abschwächung mancher Formulierungen ist die Grundaussage kritisch: der betrieblichen Weiterbildung wird die Bildungsorientierung eher abgesprochen. Diese grundsätzliche Kritik ist heute einerseits immer noch gerechtfertigt, weil sie auf die Unterschiedlichkeit der Interessensstandpunkte von Arbeitnehmern und Arbeitgebern „in Sachen Weiterbildung" verweist, die im aktuellen Kontext einer neoliberalen Harmonisierungsrhetorik schnell übersehen werden. Andererseits kann man diese kritische und grundsätzliche Perspektive angesichts der mit der betrieblichen Modernisierungsprozesse verbundenen Gleichzeitigkeit der Ungleichzeitigkeit heute nicht mehr so ohne weiteres als generell „gültige" Sicht der Dinge verstehen. Solche Generalisierungen berücksichtigen nämlich nicht, daß derzeit beides in der Realität der betrieblichen Weiterbildung gleichzeitig existent ist: die krude Dominanz der Verzweckung des Subjektes einerseits und die Einräumung von nichtrückholbarer Persönlichkeitsbildung andererseits.

– Auch die finanziellen Aufwendungen der Betriebe für die Weiterbildung sind in den letzten Jahren erheblich gestiegen: Nach den Angaben des Instituts der Deutschen Wirtschaft betrugen sie 1980 mit 8 Milliarden DM etwa das Vierfache des Jahres 1971. Unter Berücksichtigung der Inflationsrate war dies das Zweieinhalbfache dessen, was noch 1971 für betriebliche Weiterbildung ausgegeben wurde (Falk 1982, 63 f.). Im Jahre 1985 waren es bereits 9 Mrd. Mark, während 1992 etwa 36,5 Mrd. Mark von den Unternehmen für Weiterbildung aufgewandt wurden (Weiß 1994).

Angesichts dieses Umfangs der Weiterbildungsaktivitäten der Betriebe ist es sicherlich nicht übertrieben, die betriebliche Weiterbildung als das Feld beruflicher Weiterbildung schlechthin zu bezeichnen. Gleichwohl ist die betriebliche Weiterbildung bislang immer noch einer der am wenigsten erforschten (und sicherlich auch am schwersten zugänglichen) Bereiche der Weiterbildung. Zwar sind – einer Auswahlbibliographie des Bundesinstituts für Berufsbildung von 1982 zufolge (Aulbach u. a. 1982) – bereits zwischen 1970 und 1982 allein mehr als 700 deutschsprachige Veröffentlichungen zur betrieblichen Weiterbildung erschienen, doch vermitteln diese Veröffentlichungen vor allem hinsichtlich genuin erwachsenenpädagogischer Fragestellungen keinen vollständigen Überblick über die Weiterbildungsarbeit der Betriebe. Wir wissen zwar heute bereits einiges über ihre Strukturmerkmale, über Organisation, Branchenspezifität und Teilnehmerzusammmensetzung, wenig jedoch über die erwachsenenpädagogische Qualität betrieblicher Weiterbildung. „Die betriebliche Weiterbildungslandschaft enthält noch einige weiße Flecken" (Wittwer 1985, 111). Auch die beiden Gutachten zur betrieblichen Weiterbildung, die im Auftrag des Bundesministeriums für Bildung und Wissenschaft 1989 vom Sozialwissenschaftlichen Forschungsinstitut (SOFI) und dem Institut der Deutschen Wirtschaft (iwd) angefertigt wurden, gelangen übereinstimmend zu einer eher skeptischen Einschätzung der For-

---

34. So unterhält z. B. IBM im Bundesgebiet fünf „Bildungszentren": „Das sind Gebäudekomplexe aus einer Mischung von Tagungshaus, Universität mit aller technischer Ausstattung und Mittelklassehotel" (Hank 1989, 39).

schungslage: „Es fehlen bislang sowohl die institutionellen Verbindungen als auch Forschungskapazitäten, um eine systematische Forschung über betriebliche Weiterbildung zu betreiben" – moniert das SOFI. Und auch das iwd gelangt zu der Einschätzung: „Mit dem Wandel in der Praxis der betrieblichen Weiterbildung hat die didaktische Theorie nicht Schritt gehalten. Zu den Besonderheiten der betrieblichen Lernprozesse liegen kaum verwertbare Konzepte vor" (zit. nach: Birkenfeld 1989, 20 f.).

Das Ziel meiner Ausführungen kann es im folgenden nicht sein, dieses empirische Defizit der Weiterbildungsforschung auszugleichen. Es ist vielmehr meine Absicht, die aus vorliegenden Untersuchungen bekannten Strukturmerkmale betrieblicher Weiterbildung (d. h. ihre „Realität") historisch zu rekonstruieren unter Zugrundelegung erwachsenenpädagogischer Kategorien bzw., „Ansprüche" zu interpretieren und auf diesem Wege Anspruch (auch den Selbstanspruch) und Realität betrieblicher Weiterbildung miteinander zu vergleichen. Meine Leitfrage lautet: *Ist die betriebliche Weiterbildung Bildung Erwachsener? D. h., trägt sie den individuellen Lern- und Entwicklungsansprüchen der Mitarbeiter im Betrieb Rechnung, und trägt sie zur Erhaltung und Steigerung des auch aus der beruflichen Aktivität genährten Anspruchs der Beschäftigten auf Selbstverwirklichung sowie auf „produktive Teilhabe und Verantwortung" (Blankertz 1976, 6) Rechnung?*

Bereits über die „Zulässigkeit" dieser Leitfrage besteht keineswegs Konsens, vielmehr werden Zweifel artikuliert, ob eine solche Frage nicht einem Vergleich von „Äpfeln mit Birnen" entspräche, der letztlich immer nur zu der Feststellung führen könne, Äpfel seien eben keine Birnen. Dem möchte ich im folgenden entgegenhalten, daß Weiterbildung mehr sein muß als eine bloße Bereitstellung betrieblicher Ressourcen; vielmehr verbinden sich mit ihr auch eigene Lebensplanungen und Interessen der Arbeitnehmer, die auf eine überbetriebliche Verwertbarkeit ihrer Qualifikation, auf Reflexion und Verstehen arbeitsorganisatorischer und technologischer Wandlungsprozesse sowie auf den Erhalt und den Schutz ihrer Berufskompetenz gerichtet sind. Wie bereits im Zusammenhang mit der Frage nach dem Verhältnis zwischen Unternehmenskultur und Weiterbildungskultur ausgeführt (vgl. Pkt. 3.1), bleibt hinsichtlich der „flächendeckenden" Durchsetzung einer humanistischen Weiterbildungskultur noch viel zu tun. Als „ärgerliche Tatsache" stellt sich dabei nicht allein die soziale Selektivität der betrieblichen Weiterbildung dar – hierauf wird nochmals einzugehen sein –, sondern auch, daß subjektive Qualifizierungsinteressen der Arbeitnehmer vielfach noch vollständig „genehmigungsabhängig" sind; diese haben noch keineswegs überall einen – gesetzlich garantierten – Anspruch auf berufsbezogene Weiterbildung. Angesichts der wachsenden Bedeutung, die der beruflichen Weiterbildung für die Entwicklung und den Erhalt einer lebenslangen beruflichen Kompetenz zuwächst, ist die Diskussion um die „öffentliche Verantwortung", die in den 60er und 70er Jahren für die berufliche Erstausbildung geführt worden ist, heute für die berufliche Weiterbildung noch zu führen, um die „Schutzfunktion" beruflicher Qualifizierung zu erhalten und von betrieblichen Interessen unabhängiger zu gestalten. Dabei dürfte es sich als wenig sinnvoll erweisen, Reglementierungsinstrumente zu schaffen, die die betrieblichen Weiterbildungsanstrengungen eher beschränken als weiterentwickeln würden. Sehr viel realistischer dürfte es vielmehr sein, darüber nachzudenken, ob die berufliche Weiterbildung (zumindest für die bislang eher ausgeklammerten Zielgruppen) nicht auch dual strukturiert werden müßte (vgl. Hergert 1989), indem man die berufsbildenden Schulen auch zu einem zweiten, öffentlich verantworteten und bildungstheoretisch legitimierbaren Lernort der beruflichen Weiterbildung entwickelt.

Meine Leitfrage zielt jedoch zunächst auf eine Analyse der in den Betrieben stattfindenden und von den Betrieben organisierten Weiterbildung. Bei der Untersuchung dieser Leitfrage werde ich in vier Schritten vorgehen, wobei ich folgende Fragen thesenartig und kommentierend behandeln werde:

– Was sind die Ansprüche an eine erwachsenenpädagogische Bildungsarbeit in den Betrieben?

– In welchem Umfang wurden diese Ansprüche von der betrieblichen Weiterbildung in der Vergangenheit eingelöst?

- Welche Forderungen ergeben sich im Hinblick auf das Ziel einer erwachsenenpädagogischen Weiterentwicklung der betrieblichen Weiterbildung?
- Welche Entwicklungstendenzen ergeben sich für die betriebliche Weiterbildung auf dem Weg (der Betriebe) zu lernenden Organisationen?

5.1 Betriebliche Weiterbildung als Bildung Erwachsener

Bevor ich mich diesen drei Fragen zuwende, möchte ich kurz (thesenartig) auf die beiden zentralen bildungspolitischen und konzeptionellen Leitprinzipien der sogenannten „realistischen Wende" von der Erwachsenenbildung zur Weiterbildung eingehen, da diese auch für eine erste Beurteilung der betrieblichen Weiterbildung m.E. wesentlich sind

- das Prinzip der *öffentlichen Verantwortung* und
- das Prinzip der (stärkeren) Verwendungsorientierung.

a) Zum Prinzip der öffentlichen Verantwortung

Verstand noch der Deutsche Ausschuß für das Erziehungs- und Bildungswesen in seinem Erwachsenenbildungsgutachten von 1960 die Bildung Erwachsener stark traditionalistisch als das in erster Linie *individuelle* Bemühen, „sich selbst, die Gesellschaft und die Welt zu verstehen und diesem Verständnis gemäß zu handeln" (Deutscher Ausschuß 1960, 20), so forderte der Deutsche Bildungsrat zehn Jahre später (1970): „Weiterbildung kann weder als beliebige Privatsache noch als eine nur Gruppeninteressen dienende Maßnahme betrachtet und behandelt werden. Es kann vielmehr ein *gesamtgesellschaftliches Interesse* an einer allseitigen Weiterbildung einer möglichst großen Zahl von Menschen unterstellt werden, das ähnlich stark ist wie das gesellschaftliche Interesse an der Schulbildung für alle" (Deutscher Bildungsrat 1972, 199).

Mit der Wahl des Begriffs der Weiterbildung war deshalb auch der ordnungspolitische Anspruch verbunden, die gewohnheitsrechtliche Weiterbildungspraxis, die durch Trägerpluralismus, Subsidiarität und föderative Eigenständigkeit gekennzeichnet ist, im Rahmen einer staatlichen Weiterbildungspolitik stärker zu regeln, um auch gegenüber nicht-öffentlichen Trägern – zu denen auch die Betriebe zählen – die Einhaltung einheitlicher Standards sicherzustellen.

Nimmt man die betriebliche Weiterbildung in den Blick, so läßt sich als erste allgemeine Charakterisierung feststellen, daß das Prinzip der öffentlichen Verantwortung sich in diesem Bereich bislang kaum durchsetzen konnte. Der für die Betriebe bestehende weiterbildungspolitische Freiraum[35] führt dazu, daß

– Unternehmen vornehmlich ihre Qualifizierungsbedürfnisse durch Weiterbildung befriedigen,

– nur Betriebe, die entsprechende finanzielle Mittel besitzen, Weiterbildung anbieten können und so

– der betriebliche Weiterbildungsmarkt komplex und undurchschaubar bleibt (Seyd 1982, 18).

Als erste Charakterisierung läßt sich feststellen:

▷ Die betriebliche Weiterbildung ist ein Freiraum, der nahezu keiner gesetzlichen und staatlichen Regelung unterliegt und von den Betrieben weitgehend beliebig und fast ausschließlich verwendungsorientiert gestaltet werden kann.

b) Zum Prinzip der Verwendungsorientierung

Das Prinzip der Verwendungsorientierung entspricht dem natürlichen Schwerpunkt betrieblicher Weiterbildung. Wie zahlreiche Untersuchungen zeigen[36] sind die meisten der in der Verantwortung der Betriebe

---

35. So geht die autoritäre Wirtschaftspädagogik (vgl. Auch Pkt. 1.2 b) z. B. davon aus, daß der Betrieb ein „originäres Erziehungsrecht" besitze, „das ihm von niemandem gegeben worden ist und von niemandem genommen werden kann" (Abraham 1978, 14).

36. vgl. Bardeleben u. a. 1986; Hofstätter u. a. 1985; Sass u. a. 1974; Seiffert/Überle 1974; Seyd 1982, 87.

organisierten und institutionalisierten Maßnahmen zur Weiterbildung ihrer Mitarbeiter dem Bereich der Anpassungsfortbildung zuzuordnen; Aufstiegsfortbildung und allgemeine Erwachsenenbildungsmaßnahmen werden demgegenüber weniger häufig durchgeführt. Eine Untersuchung des Weiterbildungsangebotes von 222 Unternehmen, die Weber durchgeführt hat, kommt zu dem Ergebnis, daß 75 % der Maßnahmen den beiden Zielen „Anpassung an sich verändernde Arbeits-, Betriebs- und Produktionsbedingungen" sowie „Lösung konkreter Probleme im Betrieb" zuzuordnen sind; nur 24 % der betrieblichen Weiterbildungsmaßnahmen dienen nach dieser Untersuchung der Höherqualifizierung und dem beruflichen Aufstieg der Mitarbeiter (Weber 1982; zit. nach: Görs 1985, 91).

Durch diese Verwendungsorientierung im Sinne einer Anpassung der Qualifikationen der Mitarbeiter an die betrieblichen Erfordernisse wächst der betrieblichen Weiterbildung eine im Vergleich zu anderen Weiterbildungsträgern starke „Sanktionsmacht" (Schmitz 1980, 121) zu, die sich thesenartig wie folgt beschreiben läßt:

▷ Der Betrieb befindet sich in der Doppelrolle als Nachfrager nach Qualifikation und als Anbieter von Qualifizierungsmaßnahmen. Teilnehmerrekrutierung, Inhalte und Methoden sowie Anwendungs- und Verwertungsmöglichkeiten der Weiterbildung unterliegen deshalb gleichermaßen direkter betrieblicher Kontrolle.

Betriebe sind „sekundäre Erwachsenenbildungsinstitutionen" (ebd., 121); ihre eigentliche Funktion ist die Bereitstellung von Gütern und Dienstleistungen nach Kriterien der Rentabilität. Es scheint deshalb verständlich zu sein, daß die Betriebe ihre Weiterbildung in erster Linie an den Betriebserfordernissen ausrichten und i.d.R. bemüht sind, ihre betriebliche Weiterbildung gegenüber öffentlicher Verantwortung und Kontrolle abzuschirmen. Der in den letzten Jahren in zahlreichen Betrieben feststellbare und in Zukunft voraussichtlich anhaltende Trend zum Ausbau der internen betrieblichen Weiterbildungsangebote (vgl. Schiller 1985, 215) wird diese relative Autonomie der betrieblichen Weiterbildung wohl eher noch verstärken und die Herausbildung betriebsspezifischer Weiterbildungsmodelle begünstigen. Dieser Trend ist auch Ausdruck der Zunahme

„betrieblicher Teilarbeitsmärkte", d. h. relativ geschlossener, von anderen Unternehmungen oder Produktionsbereichen deutlich abgegrenzter Arbeitsmarkteinheiten, innerhalb derer die Allokation und der Einsatz von Arbeitskräften zuerst fast ausschließlich interner betrieblicher Regelung unterliegen. In diesem Zusammenhang wachsen den Betrieben weitgehende Entscheidungsrechte über Zugangsmöglichkeiten und Zertifizierung zu, die – wie ich noch zeigen werde – den Interessen der Beschäftigten tendenziell zuwiderlaufen können.

Was ist das?

Betriebliche Weiterbildung

Die betriebliche Weiterbildung umfaßt Fortbildung, Umschulung und Weiterbildung. Die wichtigsten Formen sind:

♦ **Anpassungsfortbildung.**
Ziel ist es, die berufliche Qualifikation auf den neuesten Stand zu bringen.

♦ **Aufstiegsfortbildung.**
Die erworbene Qualifikation und ihre Anwendung schöpfen die Fähigkeiten des Berufträgers nicht voll aus, oder sie genügen ihm nicht mehr.

♦ **Umschulung.**
Die berufliche Qualifikation ist auf dem Arbeitsmarkt nicht mehr gefragt, es muß eine neue Qualifikation vermittelt werden.

♦ **Berufliche Reaktivierung.**
Die erworbenen Kenntnisse und Fähigkeiten sind durch Unterbrechung der Berufstätigkeit entweder in Vergessenheit geraten oder aber veraltet.

♦ **Berufliche Rehabilitation.**
Die durch körperliche oder geistig-seelische Behinderungen eingeschränkte berufliche Qualifikation muß neu erworben oder wiederhergestellt werden.

♦ **Erwachsenenbildung.**
Allgemeinberufliche Weiterbildung Die Wirtschaft bietet diese Formen der Weiterbildung in unterschiedlichen Veranstaltungen an.

♦ **Innerbetriebliche Weiterbildung.**
Sie ist betriebsintern und eignet sich nur für Firmenangehörige.

♦ **Überbetriebliche Weiterbildung.**
Sie wird außerhalb des Betriebes in einer betriebseigenen oder von mehreren Betrieben getragenen Weiterbildungsmaßnahme veranstaltet.

♦ **Außerbetriebliche Weiterbildung.**
Sie findet in einer nicht zum Betrieb gehörenden Weiterbildungsinstitution statt.

Abb. 15: Definition der Arten betrieblicher Weiterbildung (Betriebliche Weiterbildung 1980, 6)

c) Ansprüche an eine erwachsenenpädagogische[37] Bildungsarbeit in den Betrieben

Meine Überlegungen zu den erwachsenenpädagogischen Ansprüchen, die an die betriebliche Weiterbildung zu stellen sind, gehen von folgender These aus:

▷ Die Ansprüche an eine erwachsenenpädagogische Bildungsarbeit in den Betrieben ergeben sich zum einen aus dem sozialstaatlichen Begründungszusammenhang von Weiterbildung und zum anderen aus der „Eigenstruktur" (Blankertz 1980, 248) der Erwachsenenbildung.

Die sozial*staatliche* Begründung von Weiterbildung fand – wie bereits erwähnt – ihren Ausdruck in der Forderung des Deutschen Bildungsrates nach einer öffentlichen Verantwortung für die Weiterbildung als einem integrierten Teil des Bildungswesens. Hierbei wurde der Abbau von Bildungssackgassen (d.h. Erwerb bzw. Nachholen von verwertbaren Abschlüssen in der Weiterbildung)[38] als Beitrag zu mehr Chancengleichheit in den Vordergrund gestellt und die kompensatorische Funktion (Schulenberg 1980, 67) abschlußbezogener Weiterbildung betont. Weiterbildung sollte darüber hinaus einen Beitrag zu demokratischer Selbst- und Mitbestimmung leisten.

Sollen diese Forderungen auch im Bereich der betrieblichen Weiterbildung ernst genommen und umgesetzt werden, so kann der Standard von Weiterbildungsangeboten nicht von zufälligen regionalen, betrieblichen oder personellen Bedingungen abhängig sein, sondern muß einen ähnlichen Grad an Vollständigkeit, Kontinuität, Verläßlichkeit und Vergleichbarkeit aufweisen wie die Lernangebote in anderen Bildungsbereichen (Kuhlenkamp 1980, 268 f.). Eine Weiterbildungspolitik, die diese sozialstaatlich begründeten Forderungen einlösen will, sieht sich im Bereich der

---

37. Ohne hier auf die wortgeschichtlichen Aspekte der Begriffe „Erwachsenenbildung" bzw. „Weiterbildung" eingehen zu können (vgl. Arnold 1996a, S. 25 ff.), sei erwähnt, daß beide Begriffe von mir hier und an anderen Stellen synonym verwendet werden.

38. Der Deutsche Bildungsrat forderte, daß es auch möglich sein müsse, in der Weiterbildung „Qualifikationen und Abschlüsse der ersten Bildungsphase zu erwerben" (Deutscher Bildungsrat 1972, 203).

betrieblichen Weiterbildung mit konzeptionellen, curricularen und sozialen Defiziten konfrontiert, die die Möglichkeiten, durch betriebliche Weiterbildung auch einen Beitrag zum Abbau von Chancenungleichheit zu leisten, eher begrenzen.

Folgende verbreitete Defizite betrieblicher Weiterbildung lassen sich feststellen (vgl. Arnold 1988; Pawlowsky/Bäumer 1996):

– Als *konzeptionelles Defizit* betrieblicher Weiterbildung erscheint ihre i.d.R. vielfach noch einseitig betriebswirtschaftlich ausgerichtete Begründung (als Investition in Humanvermögen), die auch in der Praxis vielfach eher zu einer input-output-kalkulierenden Instruktion Erwachsener führt als zu ihrer Bildung.
  Wesentliche Voraussetzungen zum Abbau dieses konzeptionellen Defizits wären neben einer weniger einseitig ausgerichteten betrieblichen Weiterbildungskonzeption auch ein Bildungs- und Lernverständnis, das ein erwachsenengemäßes, selbstgesteuertes und auch handlungsorientiertes Lernen in der betrieblichen Weiterbildung ermöglicht.

– Als *curriculares Defizit* muß gelten, daß einerseits bestimmte Lerninhalte in der betrieblichen Weiterbildung unterrepräsentiert sind und daß andererseits vergleichsweise wenig systematisierte, curricular durchgeplante Programmangebote zur Verfügung stehen.
  Neben einer systematischen und transparenten Bedarfsermittlung können u.a. eine professionellere Programmplanung sowie Erfolgskontrollen als wesentliche Strategien beim Abbau des curricularen Defizits betrieblicher Weiterbildung angesehen werden.

– Als *soziales Defizit* der betrieblichen Weiterbildung ist schließlich anzusehen, daß durchweg eine starke Disparität zwischen Belegschaftsstruktur und Teilnehmerstruktur in der Weiterbildung besteht, die „die bestehenden Status- und Chancenunterschiede sogar verschärft" (Voigt 1983, 116).
  Voraussetzungen für einen Abbau des sozialen Defizits in diesem Bereich wären u.a.: Die Ermittlung des zielgruppenspezifischen Bedarfs, die stärkere Berücksichtigung subjektiver Weiterbildungsmotivatio-

nen und Qualifizierungsinteressen sowie eine Sicherstellung der Verwertbarkeit des Gelernten durch anerkannte Zertifizierung.

Die Bildung Erwachsener ist durch das Prinzip der Verwendungsorientierung, das seit der erwähnten realistischen Wende von der Erwachsenenbildung zur Weiterbildung in den Vordergrund getreten ist, nur unvollständig beschrieben. Weiterbildung kann sich nicht als Qualifikationslernen auf einen Funktionszusammenhang mit technischem Fortschritt beschränken und verengen sowie die „karrierebewußte Lebensplanung" zu dem zentralen Orientierungspunkt für die Weiterbildung Erwachsener werden lassen (Tietgens 1981, 39). Ein solches Verständnis von Weiterbildung liefe – wie es Tietgens einmal formuliert hat – Gefahr, nur noch als Erwachsenenbildung gelten zu lassen, „was funktionsgerecht mit der Arbeitsrolle verbunden ist". Er stellt fest: „Die realistische Wende droht hier in einem Extrem zu enden, das am Maßstab des Humanen nicht mehr realistisch ist" (Tietgens 1979, 216). Demgegenüber ergibt sich aus der „Eigenstruktur" der Erwachsenenbildung der Anspruch, nicht nur Ausbildung oder Schulung, sondern „Bildung" Erwachsener zu sein. Dies bedeutet, wie Blankertz hervorgehoben hat, daß aufgrund der „normativen Kraft" und der „Verbindlichkeit" der europäischen Tradition der Erwachsenenbildung Ziele der Rationalität, Offenheit, Kritik und Emanzipation unhintergehbar enthalten sind (Blankertz 1980, 248; Künzel 1984, 73). Die Renaissance des Bildungsbegriffs in der Erwachsenenbildung hat diese Ziele wieder stärker in das Bewußtsein gehoben und dabei Bildung in den Zusammenhang von Lebenswelt und Identität gerückt, wodurch die durch den ökonomisch verengten Qualifikationsbegriff verschüttete Subjektivität des Erwachsenen wieder in den Mittelpunkt trat.[39] Als gemeinsame Aufgabe jeder Art von Erwachsenenbildung wird dabei u. a. an-

---

39. Vgl. zum Qualifikationsbegriff die Kritik von J. Kade, der feststellt: „Der Qualifikationsbegriff ist insofern der adäquate Ausdruck für Arbeits- und Lebenssituationen, in denen es auf die Besonderheit des Menschen, der Dinge und der sozialen Beziehungen nicht ankommt, in denen diese Besonderheit des Menschen höchstens einen (potentiellen) Störfaktor darstellen" (Kade 1983, 864). Eine aktuellere Sicht der Dinge kann jedoch nicht umhin, die Dichotomie „Bildung versus Qualifikation" teilweise aufzugeben (vgl. Arnold 1996 b).

gesehen, „Identitätsfindungs-, -stabilisierungs- und -entwicklungshilfe zu leisten, mit dem Ziel, den Erwachsenen zu mündigem Handeln in unterschiedlichen Lebenssituationen zu befähigen" (Voigt 1983, 118). Eine solche Bildungsorientierung ist somit auch für die betriebliche Weiterbildung zu fordern. Dieser Anspruch zielt nicht auf eine Ablösung der Verwendungsorientierung betrieblicher Weiterbildung durch eine – wie auch immer näher zu definierende – Subjektorientierung. Gemeint ist vielmehr dreierlei (nach: Arnold 1996a, 240 ff.):

– *Verzahnung bzw. Balance von Subjektbezug und Berufsqualifizierung*, mit dem Ziel einer Integration der Aspekte Identität und Qualifikation. Dies bedeutet, „daß eine einseitige Orientierung an berufsqualifizierenden Inhalten auf Kosten des Eingehens auf Bedürfnisse, Lernvoraussetzungen, Erfahrungen und Probleme der Teilnehmer ebenso vermieden werden muß, wie eine nur subjektbezogene Weiterbildung, der die berufsqualifizierenden Inhalte und die gesellschaftlichen Strukturen, von denen sie bestimmt werden, gleichgültig sind" (ebd.).

– *Ausweitung der sozialen Kompetenz:* Betriebliche Weiterbildung, die dem Anspruch, Bildung Erwachsener zu sein, gerecht werden will, kann sich nicht auf die Optimierung zweckrationaler beruflicher Fertigkeiten beschränken. Vielmehr muß sie auch die Vermittlung formaler Fähigkeiten sowie die Sensibilisierung für Gruppenprozesse zum Ziel haben und auch in einem umfassenden Sinne zu selbständigem und aktivem Handeln befähigen.

– *Förderung der „beruflichen Autonomie"* (Lempert 1971a): Soll der Erwachsene im Betrieb nicht mehr nur Objekt arbeitsorganisatorischer Änderungen sein, sondern als Subjekt aktiv auf die sich verändernden Arbeitsanforderungen reagieren, dann können seine Qualifikationen nicht mehr ausschließlich aus dem Produktionsprozeß abgeleitet werden, sondern müssen vielmehr ergänzt werden um eine innovatorische, pädagogisch zu legitimierende Dimension, – eine Zielrichtung, die auch als „innovatorische Qualifizierung" (vgl. Fricke/Schuchardt 1985) diskutiert wird.

160

5.2 Strukturmerkmale betrieblicher Weiterbildung

Im folgenden werde ich versuchen, in einer historischen Analyse, d. h. durch Sichtung von Forschungsergebnissen und „klassischen" Leitpapieren, einen Überblick über die charakteristischen Strukturmerkmale betrieblicher Weiterbildung zu geben und diese mit den skizzierten sozialstaatlichen und erwachsenenpädagogischen Ansprüchen zu vergleichen, um die Frage zu klären, ob und inwieweit die skizzierten Ansprüche von der betrieblichen Weiterbildungsrealität eingelöst werden. Hierbei werde ich mich auf die Aspekte

- Begründung (bzw. Konzeption) betrieblichen Erwachsenenlernens,

- Management der Weiterbildung im Betrieb,

- Didaktik der betrieblichen Weiterbildung und

- Teilnehmerstruktur konzentrieren.

a) Begründung (bzw. Konzeption) betrieblichen Erwachsenenlernens

Eine Inspektion vorliegender Äußerungen und Ergebnisse zu diesem Aspekt der betrieblichen Weiterbildung, läßt folgende These gerechtfertigt erscheinen:

▷ Obgleich die Arbeitgeberverbände in ihren Schriften auch die Notwendigkeit der persönlichen Bildung Erwachsener betonen, sind die Weiterbildungskonzeptionen und das Programmangebot der Betriebe in der Regel durch eine einseitige Verwendungsorientierung und eine deutliche Dominanz betrieblicher Interessen gekennzeichnet.

In den historischen Verlautbarungen der Arbeitgeberverbände dominiert die Begründung betrieblicher Weiterbildung aus den Anpassungszwängen des technologischen Fortschritts. „Auffrischung und Modernisierung" des Fachkönnens der Mitarbeiter sind das Leitmotiv einer arbeitsplatzorientierten und funktionsbezogenen betrieblichen Weiterbildung, deren Programme – wie die Bundesvereinigung der Deutschen Arbeitgeberverbände feststellt – „am Nutzen für den Betrieb" ausgerichtet sind und ausgerichtet sein müssen.[40]

Neben solchen deutlich einseitig verwendungs- und betriebsorientierten Begründungen betrieblicher Weiterbildung fanden sich allerdings auch zahlreiche offizielle Stimmen, die eine Verbindung fachlicher Weiterbildung „mit einer Entwicklung persönlichkeitsbezogener Qualifikationen" (BMBW 1983, 1) fordern. In diesem Sinne weist z. B. Winfried Schlaffke vom Institut der Deutschen Wirtschaft bereits Anfang der 80er Jahre auf die Bedeutung der betrieblichen Weiterbildung für die „Selbstfindung und Selbsterfüllung" des Menschen hin (Schlaffke 1982, 59), und auch August Sahm, einer der Vordenker der Bundesvereinigung der Deutschen Arbeitgeberverbände in Sachen Weiterbildung, schreibt der betrieblichen Weiterbildung Funktionen für das individuelle Streben nach „Persönlichkeitsentfaltung und Partizipation" zu (Sahm 1975, 595 ff.). Solche bildungsorientierten, stärker auf das Subjekt bezogenen Überlegungen haben auch bereits Eingang gefunden in die „11 Thesen zur Weiterbildung in der Wirtschaft" von 1986, der aktuellen Standortbestimmung der Bundesvereinigung der Deutschen Arbeitgeberverbände zur betrieblichen Weiterbildung (Bundesvereinigung 1986, 15). Es ist unübersehbar und gleichzeitig für manchen wohl auch etwas überraschend, daß solche Begründungen von Seiten der Arbeitgeber den Akzent weniger restriktiv auf eine bloße Verwendungsorientierung legen und dadurch zumindest dem Anspruch nach offen sind für eine stärkere erwachsenenpädagogische Orientierung betrieblicher Weiterbildung, d. h. für

– eine Verzahnung von Subjektbezug und Berufsqualifizierung,

– das Ziel einer Ausweitung der sozialen Kompetenz sowie

– das Ziel einer Förderung beruflicher Autonomie.

Nimmt man allerdings die weniger für die Öffentlichkeit gedachten Weiterbildungskonzeptionen und -programme der Betriebe selbst in den

---

40. Bundesvereinigung 1974; zit. nach Faulstich 1981, 15 f.: vgl. Bundesverband 1982, 8; Kuratorium 1980, 9 f.; Winter 1977, 130; Schlaffke 1977, 11.

Blick und fragt sich, was aus diesen Bekenntnissen geworden ist, so zeigt sich, daß das konkrete Weiterbildungsverhalten und das Selbstverständnis der Betriebe allzu oft noch pragmatisch am Betriebsnutzen orientiert ist und weitergehende Bildungsinteressen der Beschäftigten nicht oder kaum einbezieht (vgl. u. a. Bardeleben 1986, 10 und 49). Diese einseitige Ausrichtung der betrieblichen Weiterbildungspraxis wurde in Umfragen vielfach bestätigt. So verstehen betriebliche Weiterbildungsreferenten Weiterbildungsmaßnahmen in erster Linie als „Investitionen zur Erhaltung des Unternehmens, die sich zu amortisieren haben" (Wittwer 1982, 33).

Eine inhaltliche Bewertung der die betriebliche Weiterbildungspraxis „leitenden" Begründungen führt zu folgender These:

▷ Die inhaltlichen Begründungen der betrieblichen Weiterbildungspraxis sind i.d.R. durch die Ideologien des technischen Sachzwangs und der Interessenharmonie geprägt.

Zur Sachzwangideologie

Das in den Begründungen der betrieblichen Weiterbildungspraxis dominierende bildungsökonomische Erklärungsmuster des „technologischen Funktionalismus", d.h. eines Determinismus zwischen Veränderung der Produktivkräfte einerseits und Qualifikationsbedarf andererseits, ist empirisch kaum belegbar. So konnte z. B. bereits Enno Schmitz in keinem der von ihm untersuchten Betriebe einen Beleg dafür finden, „daß technologisch und ökonomisch mögliche Umstellungen unterblieben oder merklich verzögert worden wären, nur weil es innerhalb der Belegschaft an den notwendigen Spezialqualifikationen gemangelt hätte" (Schmitz 1978, 187). Auch partizipieren – wie ich noch zeigen werde – die von technischen Entwicklungen besonders betroffenen Beschäftigtengruppen keineswegs in zu erwartendem Umfang an betrieblicher Weiterbildung. Nicht allein fachliche Qualifikationsengpässe, sondern auch nicht-technische soziale Motive scheinen deshalb für die Veranstaltung von und die Teilnahme an betrieblicher Weiterbildung ausschlaggebend zu sein.

Zum Harmoniemodell

Ein weiteres charakteristisches Interpretationsmuster betrieblicher Weiterbildungskonzeptionen ist die These von der weitgehenden Identität der Weiterbildungsinteressen von Betrieb und Arbeitnehmer (vgl. Kuratorium 1980, 9 f.; Wittwer 1982, 40ff.). D. Görs spricht in diesem Zusammenhang von einem „sozialpartnerschaftlichen Ordnungsrahmen der Berufsbildungspolitik" (Görs 1989, 6). Dieses Harmoniemodell verwischt die tatsächlich vorhandene Gegensätzlichkeit der Weiterbildungsinteressen. Während der einzelne Arbeitnehmer u.a. ein Interesse daran haben dürfte,

– seine Qualifikationen nach seinen Vorstellungen und zur Verbesserung seiner Berufschancen weiterzuentwickeln und

– sein Qualifikations- und Tätigkeitsprofil durch anerkannte Qualifikationsnachweise zu erweitern, um

– eine breite individuelle berufliche und nicht nur betriebsspezifische Perspektive entwickeln zu können,

verfolgen die Betriebe in der Praxis immer noch vielfach eher restriktive Weiterbildungsstrategien, die die möglichen „Risiken" für den Betrieb, wie z.B. Abwanderung und Honorierungsdruck, möglichst begrenzen sollen. Hierzu dient

– die starke betriebsspezifische Ausrichtung der Weiterbildungsmaßnahmen,

– eine zurückhaltende überbetrieblich anerkannte Zertifizierung sowie wenig berechenbare Honorierungszusagen und

– die vertragliche Bindung von Teilnehmern an innerbetrieblicher Weiterbildung.

Wie sehr solche betriebsspezifische Weiterbildung den Interessen der Arbeitnehmer sowie den skizzierten Erwachsenenbildungsansprüchen zuwiderlaufen kann, verdeutlichen u.a. die zahlreichen, durch den Einsatz der neuen Technologien ausgelösten Weiterbildungsmaßnahmen. Nach den Ergebnissen einer Befragung des Bundesinstituts für Berufsbildung von 1984 sind solche Maßnahmen fast ausschließlich auf den Erwerb von Kenntnissen der Gerätebedienung (zumeist in der Form einer Einweisung am Arbeitsplatz) beschränkt (Koch 1984, 58). Aus betrieblicher Sicht mindert diese Strategie sicherlich die Risiken einer Fehlqualifizierung; aus der Sicht der Arbeitnehmer werden allerdings die beruflichen Verwendungsmöglichkeiten durch eine zu enge betriebs- oder gar gerätespezifische Ausrichtung der Lernprozesse eingeschränkt (Faulstich 1985, 21).

Als vorläufiges Fazit läßt sich formulieren:

▷ Sachzwangideologie und Harmoniemodell als die beiden zentralen „Säulen" der die betriebliche Weiterbildungspraxis orientierenden Konzeptionen standen in der Vergangenheit einer Pädagogisierung dieses Bereichs eher im Wege. Es fehlten in der Praxis erwachsenenpädagogische Weiterbildungskonzeptionen. Subjektbezug, soziale Kompetenz und berufliche Autonomie, die Aspekte einer erwachsenenpädagogischen Begründung betrieblicher Weiterbildung, ließen sich im Selbstverständnis sowie in den Programmen der Unternehmen kaum als orientierende Prinzipien nachweisen.

Die betriebliche Weiterbildung war in der Vergangenheit demnach noch weit von dem entfernt, was J. Dikau als ihre neue Funktion fordert, nämlich: „Hilfe zu geben für die Entfaltung von Selbstbestimmung und freier Kooperation im Arbeitsprozeß" (Dikau 1980, 70). In der betriebspädagogischen Diskussion gab es deshalb immer wieder Bemühungen, Kriterienraster oder ‚check'-Listen zur Beurteilung oder Prüfung der erwachsenenpädagogischen oder mitarbeiterorientierten „Qualität" betrieblicher Weiterbildungsmaßnahmen zu erarbeiten. Beispielhaft seien hier nur die *Grundsätze einer arbeitsorientierten Qualifikationspolitik im Betrieb*" wiedergegeben, die von der DGB-Kooperationsstelle „Gewerkschaften/Hochschule" in Kassel entwickelt worden sind. Folgende Grundsätze sollen demnach Belegschaftsvertretungen ihrer Mitbestimmung in Fragen der betrieblichen Qualifizierungspolitik zugrunde legen:

„1. Zustimmung zu technisch-organisatorischen Umstellungen soll nur bei einer gleichzeitigen Anhebung des Qualifikationsniveaus erfolgen. (...)

2. Technisch-organisatorische Systeme müssen nach ihren Folgen für Qualifikationen ausgewählt, entwickelt und gestaltet werden. (...)

3. Qualifikationspolitik muß vorausgreifend erfolgen. Sie darf nicht reagierender, sondern muß perspektivischer Teil betrieblicher Planung sein. (...)

4. Qualifikationskonzepte müssen auf die Beeinflussung von Arbeitsinhalten ausgerichtet sein. (...)

5. Zusammen mit den fachlichen Qualifikationen müssen soziale Kompetenzen ausgebildet und gefördert werden. (...)

6. Das Qualifikationsniveau der Gesamtbelegschaft im Betrieb muß angehoben werden. (...)

7. Qualifizierungsmaßnahmen sollen allen interessierten Beschäftigten zugänglich sein. (...)

8. Qualifizierungsmaßnahmen sollen so angelegt sein, daß die vermittelten Qualifikationen auch überbetrieblich verwertbar sind. (...)

9. Offensive Qualifikationspolitik schlägt sich auch als Arbeitsplatzsicherung nieder. (...)

10. Höherqualifizierung und Vergrößerung von Arbeitsinhalten setzen sich wechselseitig voraus" (Faulstich 1986, 38 ff.).

b) Management der Weiterbildung im Betrieb

Nimmt man die Managementpraxis in der betrieblichen Weiterbildung in den Blick, so liegt folgende Einschätzung nahe:

▷ Trotz des Vorliegens zahlreicher praxeologischer Veröffentlichungen zur betrieblichen Weiterbildung war ihre Praxis durch ein defizitäres Management gekennzeichnet, das die Entstehung curricularer Defizite eher begünstigt.

166

Die Wahrnehmung der betrieblichen Managementfunktionen im Weiterbildungsbereich ist durch folgendes Paradoxon gekennzeichnet: Zwar existieren für die betriebliche Weiterbildung wie für kaum einen anderen Weiterbildungsbereich bereits seit Anfang der 80er Jahre praxeologische Ausarbeitungen, Hilfsmittel (z.B. Checklisten, Planungshilfen, Evaluierungsraster) sowie Handreichungen[41] zu den Bereichen

- Bedarfsermittlung,

- Programmplanung,

- Budgetierung,

- Erfolgskontrollen bzw. Qualitätssicherung[42],

doch finden diese keineswegs bereits in der Weiterbildung der meisten Betriebe Anwendung. So kommt z.B. eine Untersuchung des Bundesinstituts für Berufsbildung, bezogen auf die Bereiche Bedarfsermittlung und Programmplanung, zu dem Ergebnis, „daß die Weiterbildung (der Betriebe; R.A.) ohne klares Konzept und mehr punktuell und sporadisch durchgeführt wird. Oft wird auch weitergebildet ohne klare Vorstellungen darüber zu haben, welche Weiterbildungsbedürfnisse die Mitarbeiter haben" (Bardeleben u.a. 1986, 45). Zahlreiche Ergebnisse deuten darauf hin, daß etwa nur ein Viertel der i.d.R. größeren Betriebe den Weiterbildungsbedarf systematisch ermittelt (ebd., 46). Nur ein Teil der weiterbildenden Betriebe verfügt über zumeist fragmentarische Weiterbildungspläne. Diese curricularen Defizite der betrieblichen Weiterbildungsplanung stellen sich noch drastischer dar, wenn man näher betrachtet, welche Instrumente der Bedarfsermittlung und Programmplanung von den Betrieben tatsächlich eingesetzt werden, die systematischer vorgehen (vgl. Berthel 1983; Pawlowsky/Bäumer 1996, 96 ff.).

---

41. z.B. vom RKW, dem Institut der Deutschen Wirtschaft, großen Unternehmen (Siemens, MAN, BMW) sowie privater Consultings (vgl. Hölterhoff/Becker 1986, Leiter u.a. 1982 u.a.).

42. vgl. Döring 1981; 1973; Münchener Bildungsforum 1978; Weiterbildung im Unternehmen 1977; UKENA 1983; Schindler 1979; Bronner/Schröder 1983.

Überwiegend werden vorgesetzte Instanzen befragt bzw. die „offensichtlichen" Anforderungen von Produktinnovationen umgesetzt, während partizipatorische Verfahren der Bedarfsermittlung wie Mitarbeiterbefragungen oder Gespräche mit dem Betriebsrat, vergleichsweise seltene Instrumente der Programmplanung darstellen. Es ist sicherlich keine Überinterpretation der vorliegenden Hinweise, zu schlußfolgern, daß realiter dem Eingehen auf individuelle Bedürfnisse der Mitarbeiter bislang eher eine untergeordnete Bedeutung im Prozeß der Planung betrieblicher Weiterbildung zukommt.

c) Didaktik der betrieblichen Weiterbildung

Eine Inspektion der (wenigen) vorliegenden Untersuchungen zur Didaktik der betrieblichen Weiterbildung gibt Anlaß zu folgender, eher kritischen Einschätzung der didaktischen „Qualität" des betrieblichen Erwachsenenlernens:

▷ Die erwachsenenpädagogische Qualität betrieblicher Weiterbildung ist in vielen Bereichen immer noch durch eine hierarchiespezifische Methoden- und Inhaltsauswahl gekennzeichnet, wodurch außerfachliche Themen, Kreativität, Autonomie und Reflexion sowie die Ausweitung sozialer Kompetenz schwerpunktmäßig den oberen Hierarchiestufen vorbehalten bleiben und die bestehende Polarisierung von Qualifikationen fortgeschrieben wird.

Methoden in der betrieblichen Weiterbildung

Seit einigen Jahren lassen sich in der betrieblichen Bildungsarbeit grundlegende methodische Innovationen feststellen, denen ein vielfach proklamierter „Kurswechsel" zugrundeliegt (vgl. Arnold 1995 c). Weiterbildung wird von einigen Betrieben als Strategie zur Organisationsentwicklung verstanden, d.h. als Teil eines geplanten Prozesses der Veränderung von Kultur, System und Verhalten der Organisation Betrieb. Deshalb wird das Lernen in der Weiterbildung pädagogisch kreativer, offener, interaktiver, partizipativer und auch stärker personenbezogen gestaltet, wofür u.a. das

168

pädagogische Modell der Lernstatt sowie Formen der visualisierenden Moderation beispielhaft zu nennen sind (Twardy u.a. 1985, 18; vgl. Bunk/Stenzel 1990).

Die empirischen Hinweise zum Methodeneinsatz in der betrieblichen Weiterbildung legen allerdings den Eindruck nahe, daß diese methodischen Innovationen noch keineswegs eine breite Rezeption in den Betrieben erfahren haben, sieht man einmal von den Protagonisten der betrieblichen Weiterbildung ab. Vielmehr lassen die vorliegenden Untersuchungsergebnisse darauf schließen, daß in der Weiterbildungspraxis der meisten Betriebe nach wie vor das Seminarkonzept dominiert, wobei der klassische Vortrag mit Diskussion die häufigste Methode darstellt (Bardeleben u. a. 1986, 70f.; Dieterle 1983, 62 f.). Insgesamt gesehen läßt sich oft eine „hierarchiespezifische Methodenwahl" feststellen, d.h. während Führungskräfte eher mit aktivierenden und kreativen Methoden weitergebildet werden, finden z.B. in der Facharbeiterfortbildung fast ausschließlich die traditionellen Methoden Anwendung (Schiller 1985, 216; Seyd 1982, 103 ff.).

Inhalte der betrieblichen Weiterbildung

Das zentrale curriculare Defizit betrieblicher Weiterbildung kommt oft in ihrer *deutlichen inhaltlichen Konzentration auf technische bzw. technologierelevante Themen* zum Ausdruck, ein Trend, der in vielen Untersuchungen als zentrales Strukturmerkmal betrieblicher Weiterbildung herausgearbeitet wurde (Bardeleben u. a. 1986, 70f.; Dieterle 1983, 62 f.). Der neueren Untersuchung des Bundesinstituts für Berufsbildung von 1986 zufolge sind heute 32 % der betrieblichen Weiterbildungsmaßnahmen allein dem Schwerpunktthema „Neue Technologien" zuzuordnen (Bardeleben u.a. 1986, 13). Neben der einseitigen Funktions- und Verwendungsorientierung der Inhalte betrieblicher Weiterbildung ist die hierarchiebezogene, positionsspezifische Zuordnung der Themen ein weiteres wesentliches Charakteristikum (Schiller 1985, 216 u.a.): Je umfassender und je höher die Verantwortung in der Linie ist, um so stärker werden neben den fachlichen auch die menschlichen, die sozialen und die politischen Anforderungen im Kanon der Stoffe beachtet. Deshalb spiegeln die Weiterbildungsangebote der Wirtschaft die funktionelle und hierarchische Gliederung ihrer Betriebe wider, wie die in einigen Untersuchungen herausgearbeitete Zuordnung von Weiterbildungsmaßnahmen zu Belegschaftsgruppen deutlich zeigt.

Als vorläufiges Fazit zu den inhaltlichen Strukturen betrieblicher Weiterbildung ließe sich formulieren:

▷ Insgesamt gesehen ist festzustellen, daß sich die beriebliche Weiterbildung in ihrer Praxis curricular noch zu wenig im Sinne einer ganzheitlichen Weiterbildungskonzeption öffnet und die lebensweltlichen und sozialen Bedürfnisse und Interessen aller Mitarbeiter (Stichworte: Subjektbezug, Ausweitung der sozialen Kompetenz sowie Förderung der beruflichen Autonomie) zu wenig berücksichtigt. Durch ihre selektive Inhaltsstruktur wird viel mehr tendenziell die bestehende „Polarisierung von Qualifikationen" fortgeschrieben.

Auf diese Gefahr hat bereits Dirk Axmacher mit seiner „These vom Vorsprung der Führungslehren in der betrieblichen Weiterbildung" (Axmacher 1977, 91) hingewiesen: „Extrafunktionale, arbeitsplatzübergreifende, sozialtechnologische Qualifikationen für die Führungskräfte; funktionale, arbeitsplatzbezogene, sozialtechnologische Qualifikationen für die Nicht-Führungskräfte" (Seyd 1982, 91).

d) Teilnehmerstruktur der betrieblichen Weiterbildung

Die Teilnehmerstruktur der betrieblichen Weiterbildung gibt zu folgender Einschätzung Anlaß:

Der betrieblichen Weiterbildung ist es bislang kaum gelungen, Chancenungleichheiten durch eine gezielte Förderung der bildungs- und statusmäßig benachteiligten Mitarbeiter im Betrieb abzubauen. Vielmehr werden die betrieblichen Weiterbildungsangebote vorwiegend von den bildungsmäßig bereits privilegierten Mitarbeitern genutzt und tragen dadurch zur Verstärkung der bestehenden Status- und Chancenungleichheiten bei. Frauen *sind als Teilnehmer in der betrieblichen Weiterbildung ebenfalls (noch) stark unterrepräsentiert.*

Die betriebliche Weiterbildung ist durch eine starke „soziale Selektivität" hinsichtlich ihrer Teilnehmerstruktur gekennzeichnet, die auch für das Institut der Deutschen Wirtschaft Ende der 80er Jahre Anlaß für die Forderung war, in Zukunft dafür zu sorgen, „(...) daß die an- und ungelernten Mitarbeiter in den Unternehmen den Anschluß an die technische Entwicklung behalten und sich entsprechend der veränderten Anforderungen weiterqualifizieren können" (Schlaffke 1989a, 50). Damit zieht dieses Institut zumindest programmatisch die Konsequenz aus seinen eigenen Untersuchungsergebnissen. Einer älteren Untersuchung dieses Instituts zufolge sind in erster Linie „Führungskräfte sehr häufig oder häufig Teilnehmer an Weiterbildungsveranstaltungen. Danach folgen an zweiter Stelle die technischen und an dritter Stelle die kaufmännischen Angestellten. Demgegenüber werden Facharbeiter und vor allem ungelernte und angelernte Arbeitnehmer selten und gelegentlich genannt, das heißt, diese beiden Gruppen werden sogar relativ häufig als nicht von Weiterbildungsmaßnahmen betroffen angegeben" (Winter/Tholen 1979, 16). Vergleicht man diese Teilnehmerquoten mit der durchschnittlichen Belegschaftsstruktur der Betriebe, so gelangt man hinsichtlich der Gruppe der Arbeiter (an- und ungelernte sowie Facharbeiter) zu dem Ergebnis, daß nur etwa ein Fünftel der Weiterbildungsveranstaltungen einer Gruppe gilt, die in vielen Betrieben zwei Drittel der Belegschaft ausmacht.

Die Gründe für diese soziale Selektivität der betrieblichen Weiterbildung liegen in erster Linie in der Personalentwicklungs- und Weiterbildungsstrategie vieler Betriebe, die der Weiterbildung von Führungskräften auch eine grundlegende Bedeutung für die Gestaltung von Betriebsklima und Unternehmenskultur, die Leistungsmotivation und andere sich auf die Wirtschaftlichkeit des Unternehmens auswirkende Faktoren zumessen. Eine weitere Erklärung der sozialen Selektivität betrieblicher Weiterbildung kann auch zum Teil in der sog. Weiterbildungsabstinenz der Gruppe der Arbeiter gesehen werden. Allerdings ist deren Bedeutung in der betrieblichen Weiterbildung erheblich eingeschränkt, da nämlich in vielen Fällen die Auswahl und Entsendung der Teilnehmer auch durch ihre Vorgesetzten bzw. durch die Personalabteilung erfolgt (Voigt 1983, 115; Faulstich 1981, 69). Die Betriebe hätten es demnach – zumindest theoretisch – in der Hand, auch Angehörige der bislang unterrepräsentierten Zielgruppen in stärkerem Maße zu rekrutieren und dadurch das soziale Defizit betrieblicher Weiterbildung abzubauen.

Zur Relativierung des Befundes der sozialen Selektivität betrieblicher Weiterbildung muß darauf hingewiesen werden, daß gerade die Notwendigkeit der Erhaltung der Wettbewerbsfähigkeit in den Schlüsselindustrien (Maschinenbau, Automobil- und chemische Industrie) in letzter Zeit auch zu einer Ausweitung der betrieblichen Weiterbildung für ungelernte Arbeitskräfte zu führen scheint. „Dieser Prozeß begann mit der zunehmenden Einführung von ,Qualitätszirkeln‘ seit 1981 und kulminierte in der Proklamation einer ,Qualifizierungsoffensive‘ durch Bundesregierung und Wirtschaft 1985“ (Markert 1986, 17f.). Seinen wirkungsvollen Ausdruck fand dieser Prozeß erst 1986, z.B. in zwei Modellversuchsreihen des BMBW zur Qualifizierung von Arbeitskräften im Gefolge neuer Technologien und den Verbesserungen bei den Umschulungsmaßnahmen für Langzeitarbeitslose; erst in Zukunft wird deshalb zu beurteilen sein, ob die These von der sozialen Selektivität betrieblicher Weiterbildung auch weiterhin ungebrochen aufrechterhalten werden kann.

Eine wesentliche Folge der geschlechtsspezifischen Arbeitsmarktsegmentation (Sattel 1989, 117) ist auch die geringe Weiterbildungsbeteiligung von Frauen. Zwar fehlen bislang Untersuchungen, die die Teilnahmequote in Maßnahmen der betrieblichen Weiterbildung geschlechtsspezifisch aufschlüsseln, doch bestätigen vorliegende Fallstudien, daß ihre geringere Teilnahme sich „(...) als Resultat eines unzureichenden Angebots, geringer Transparenz der angebotenen Inhalte und der Auswahlmechanismen sowie selektiver Qualifizierungsstrategien dar(stellt)“ (Forschungssymposion 1989, 33).

e) Fazit: Funktionsbestimmung betrieblicher Weiterbildung

Aus den hier nur in einem groben Überblick herausgearbeiteten Strukturmerkmalen betrieblicher Weiterbildungspraxis läßt sich als Antwort auf meine zu Anfang dieses Kapitels aufgeworfene Leitfrage folgern:

▷ Die betriebliche Weiterbildung entspricht aufgrund ihrer konzeptionellen, curricularen und sozialen Defizite noch keineswegs in allen Bereichen den Anforderungen an eine Bildung Erwachsener. Ihre Angebote sind zumeist einseitig aus dem betrieblichen Qualifikationsbedarf abgeleitet, während den individuellen, subjektbezogenen Lern- und Entwicklungsansprüchen der Mitarbeiter kaum systematisch Rechnung getragen wird. Betriebliche Weiterbildung trägt aufgrund ihrer funktionsbezogenen und hierarchiespezifischen Methoden- und Inhaltsauswahl sowie aufgrund ihrer sozialen Selektivität auch nur für die bereits privilegierte Gruppe der Führungskräfte den Ansprüchen einer auf Ausweitung der sozialen Kompetenz, Förderung der beruflichen Autonomie bzw. Selbstverwirklichung sowie auf „produktive Teilhabe und Verantwortung" (Blankertz 1976, 6) gerichteten Erwachsenenbildung Rechnung – allerdings im Kontext sozial durchaus ungleich verteilter betrieblicher Weiterbildungschancen!

Eine Bestimmung der Funktion(en) betrieblicher Weiterbildung steht vor folgendem Dilemma: Einerseits deutet die eingangs geschilderte enorme Expansion des Weiterbildungsangebots der Betriebe in den letzten Jahren sowie seine starke inhaltliche Konzentration auf das Schwerpunktthema „Neue Technologie" auf einen engen Zusammenhang zwischen technologischem Wandel und betrieblicher Weiterbildung hin, andererseits richtet sich das Angebot der Betriebe – wie ich gezeigt habe – in erster Linie an Führungskräfte, der am wenigsten unmittelbar von technologischen Innovationen betroffenen Beschäftigtengruppen.[43] Dieser Widerspruch verweist auch auf die politischen Funktionen der betrieblichen Führungs-

---

43. Bei technischen Angestellten, die mit 40,2 % zur zweitstärksten Teilnehmergruppe betrieblicher Weiterbildung zählen (Bardeleben u.a. 1986, 5), kann man m.E. eher einen unmittelbaren Bezug konstatieren.

kräfte im Zusammenhang mit dem Akzeptanzproblem neuer Technologien. Führungskräften fällt die unternehmenspolitisch wichtige Aufgabe zu, „um Konflikte zu vermeiden, die Beschäftigten auf veränderte
Formen der Kooperation einzustimmen" (Seyd 1982, 7). Hierauf werden
sie in der betrieblichen Weiterbildung vorbereitet. Enno Schmitz, der
diese politische Dimension betrieblicher Weiterbildung untersucht hat,
kommt zu dem Ergebnis, „daß die Funktionen betrieblicher Weiterbildung (...) sich nicht mehr darin erschöpfen, die Leistungsfähigkeit von
Arbeitskraft laufend aufrechtzuerhalten, sondern daß sie auch dazu dient,
die Loyalität und die Bereitschaft der Beschäftigten, den vorgegebenen
Leistungsansprüchen zu folgen, stabil zu halten" (Schmitz 1978, 11). Fol-
gerichtig wandten sich deshalb die Betriebe in der Vergangenheit mit
ihren Angeboten schwerpunktmäßig (nicht ausschließlich) an diejenigen
Angestellten, die neue betriebliche Ansprüche zumeist als Vorgesetzte im
unteren und mittleren Management gegenüber der Belegschaft zu vertreten haben.

Faßt man diese „politische" Funktion der betrieblichen Weiterbildung
zusammen, so läßt sich feststellen:

▷ Die starke Expansion betrieblicher Weiterbildung im Zusammenhang
   mit dem technologischen Wandel bei gleichzeitig anhaltender Benach-
   teiligung der von diesem Wandel unmittelbar betroffenen Beschäfti-
   gungsgruppen läßt sich unter Berücksichtigung industriesoziologischer Analysen auch als „Reaktion" auf einen auch zunehmend viru-
   lenten Bedarf an Legitimation betrieblicher Kooperations-, Hierar-
   chie- und Führungsstrukturen erklären.

5.3 Zur Weiterentwicklung betrieblicher Weiterbildung als Bildung Erwachsener

Bei der Untersuchung der Frage, welche Folgerungen sich aus den aus
einer historisch-empirischen Beleuchtung der geschilderten Strukturmerkmale und Tendenzen betrieblicher Weiterbildung im Hinblick auf

das Ziel ihrer erwachsenenpädagogischen Weiterentwicklung ergeben, gehe ich von folgender Einschätzung aus:

▷ Die Möglichkeiten einer erwachsenenpädagogischen Weiterentwicklung der betrieblichen Weiterbildung sind m.E. davon abhängig, ob es in Zukunft gelingen wird, die berufliche Weiterbildung auch stärker in öffentlicher Verantwortung zu entwickeln, die pädagogische Autonomie des Weiterbildungspersonals in den Betrieben zu erweitern und die betriebs-pädagogische Weiterbildungsforschung zu intensivieren und methodisch weiterzuentwickeln.

Diese drei Forderungen möchte ich im folgenden kurz erläutern:

Zur weiterbildungspolitischen Forderung nach einer beruflichen Weiterbildung in öffentlicher Verantwortung

Betriebliche Weiterbildung kann auf Dauer nicht nur unter Berufung auf das Pluralismuskonzept und das Subsidiaritätsprinzip dem Einfluß öffentlicher Verantwortung entzogen bleiben, wenn man ihren Stellenwert für die berufliche Entwicklung des einzelnen und seine Identität in Rechnung stellt. Für die Einlösung der sozialstaatlichen und erwachsenenpädagogischen Ansprüche an die betriebliche Weiterbildung müssen deshalb m.E. weiterbildungspolitische Strukturen geschaffen werden, die es auch dem einzelnen Beschäftigten ermöglichen, seine Weiterbildung stärker selbst und unabhängiger von partikularen Betriebsinteressen zu planen und zu realisieren. Diese Forderung bedeutet nicht zwangsläufig „mehr Staat in der betrieblichen Weiterbildung". Vielmehr kann bereits eine wirkungsvollere Nutzung der bestehenden Mitbestimmungsrechte zur betrieblichen Weiterbildung sowie ihre Erweiterung als ein erster Schritt in diese Richtung angesehen werden. Gleichwohl scheinen mir für einen Abbau der beschriebenen defizitären und selektiven Strukturen betrieblicher Weiterbildung mittelfristig auch weitergehende weiterbildungs*politische* Regelungen erforderlich zu sein, die z.B.

- die Transparenz sowie die Koordination in diesem Bereich verbessern,

- Standards für die Eignung des Betriebes als Weiterbildungsstätte definieren und deren Einhaltung überwachen,

- den freien Zugang zu Weiterbildungsmaßnahmen sichern bzw. erleichtern,

- die Titelvergabe (Zertifizierung) von betrieblichen Partikularinteressen entkoppeln und überbetrieblich vereinheitlichen,

- eine Qualitätsprüfung bzw. Zulassungsverfahren für betriebliche Zertifikatskurse und Lehrgänge vorsehen,

- die Aus- und Weiterbildung, d. h. den Eignungsnachweis, des pädagogischen Personals in der betrieblichen Weiterbildung regeln sowie eine konjunkturneutrale und von betrieblichen Einzelinteressen weitgehend unabhängige Finanzierung der betrieblichen Weiterbildung sicherstellen (vgl. Geißler 1986, 92; Schiller 1985, 137).

Diese weiterbildungspolitischen Hinweise markieren einen Politikrahmen, dessen Ausgestaltung noch sachlich zu diskutieren und auszuloten sein wird. Grabenkämpfe nach dem Motto „Die Weiterbildung (gemeint: der Betriebe) verläuft gegen das Grundgesetz" (Edding 1989) einerseits und „Mehr Markt in der Weiterbildung" (Institut der Deutschen Wirtschaft 1988) andererseits mögen zwar für eine Profilierung der Standpunkte hilfreich sein, führen in der Sache aber kaum weiter. Erschwerend kommt hinzu, daß die Debatte durch Verzerrungen gekennzeichnet ist: Während das, was einige größeren Betriebe in der Weiterbildung durchführen in vielfacher Hinsicht eine im Vergleich z. B. zu den Volkshochschulen „professionellere" Form des Erwachsenenlernens darstellt, ist die Realität für die große Masse der Beschäftigten, wie sie sich in den von mir referierten Untersuchungen darstellt, eher noch unbefriedigend. Aus diesem Grunde fühlt man sich in der weiterbildungspolitischen Diskussion an den Rabbi Wolf von Zbaraz erinnert: Zu diesem kam ein Mann und behauptete, man dürfe zwei Frauen zugleich heiraten, und das sei doch schön. „Da hast du recht", sagte der Rabbi. „Aber Rabbi", sagte ein zweiter, „das ist doch verboten". – „Da hast du recht", sagte der Rabbi.

„Aber beide können doch nicht recht haben", sagte ein dritter. „Da hast du wiederum recht", sagte der Rabbi[44]. Übertragen auf den Bereich der betrieblichen Weiterbildung, ließe sich u.a. folgern, daß sich in diesem Weiterbildungsbereich Belege für beides finden lassen: für die These des „Weiterbildungsvorsprungs" der Betriebe ebenso wie für den Befund ihrer Weiterbildungsrückständigkeit. Hieraus wiederum ließe sich folgern, daß das Problem der Chancenungleichheit bzw. der „sozialen Selektivität" vielleicht gar nicht durch eine „öffentliche Verantwortung" der *betrieblichen*, sondern der *beruflichen* Weiterbildung „bewältigt" werden sollte. Hierfür könnte sich ‚mehr Markt' durchaus als sinnvoll erweisen, um gerade für die Beschäftigten der mittleren und kleineren Betriebe berufliche Weiterbildungsmöglichkeiten bereitzustellen, die sie selbst zu organisieren nicht in der Lage sind. Hier dürfte den berufsbildenden Schulen, als den öffentlich verantworteten „Lernorten" des deutschen Berufsbildungssystems eine wichtige Rolle zuwachsen.

Zur Forderung nach einer Erweiterung der pädagogischen Autonomie des Weiterbildungspersonals in den Betrieben

Der Abbau der konzeptionellen, curricularen und sozialen Defizite betrieblicher Weiterbildung sowie eine stärkere Berücksichtigung erwachsenenpädagogischer Ansprüche an eine Bildung Erwachsener kann letztlich nur gelingen, wenn die organisatorische Einbindung der betrieblichen Weiterbildung dem Weiterbildungspersonal Freiräume zugesteht, die es ihm erlauben, eigene – erwachsenenpädagogische – Ansprüche einzubringen und verhindern, daß die Weiterbildungsbeauftragten lediglich als „subalterne Beauftragte" (Nohl; zit. nach: Schiller 1985, 193) der Betriebsleitung agieren können. Bei der Realisierung dieser Forderung kann eine offensivere Nutzung bereits bestehender Mitbestimmungsrechte (z.B. § 98.2 des Betr.Verf.G.: Widerspruchsrecht bei der Bestellung bzw. Abberufung des betrieblichen Bildungspersonals) als ein erster Schritt zur Verbesserung der erwachsenenpädagogischen Qualität betrieblicher Wei-

---

44. Zit. – aus völlig anderem Zusammenhang – nach: Der Spiegel, Nr. 30/1989, vom 24. Juli 1989, 112.

terbildung angesehen werden. Die Schaffung weitergehender Mitbestimmungsrechte sowie ordnender Regelungen, die bislang nicht durchgesetzt werden konnten – z. B. im Hinblick auf die Eignung des Weiterbildungspersonals oder im Hinblick auf die Entscheidung darüber, welche Weiterbildungsmaßnahmen durchgeführt werden – könnten weitere Schritte zur Absicherung pädagogisch zu nutzender Freiräume sein. Die Wahrscheinlichkeit einer solchen Weiterentwicklung der betrieblichen Weiterbildung ist allerdings, nicht zuletzt auch wegen des geringen Stellenwertes von Weiterbildungsinteressen im Bewußtsein vieler Betriebsräte, nicht sehr groß.

Zur Forderung nach der Intensivierung und methodischen Weiterentwicklung der betriebspädagogischen Weiterbildungsforschung

Die betriebliche Weiterbildung ist bislang unter erwachsenenpädagogischer Perspektive nur unzureichend erforscht. Der dominante Bereich der beruflichen Weiterbildung, der Betrieb, stellt sich damit als Stiefkind der Weiterbildungsforschung dar. M. E. sind auch die vorliegenden Untersuchungen aufgrund ihrer Anlage sowie aufgrund typischer forschungsmethodischer Mängel in ihren Ergebnissen oft nur begrenzt generalisierbar; ihre Brauchbarkeit für die Abstützung einer pädagogischen Professionalisierung betrieblicher Weiterbildung ist in der Regel sehr gering. Es sind vor allem vier Mängel, die den Aussagegehalt der vorliegenden Untersuchungen schmälern:

(1) Überwiegend handelt es sich bei den vorliegenden Untersuchungen um Führungskräftebefragungen.

Diese Methode ist problematisch, weil dadurch subjektive Einschätzungen eines Personenkreises zur Datenbasis werden, der selbst die betriebliche Weiterbildung mitinitiiert, mitverantwortet oder gar selbst durchgeführt hat und dem schwer eine interessenungebundene und objektive Beurteilung abverlangt werden kann. Fast alle Untersuchungen leiden mehr oder weniger stark unter diesem Mangel; man kann deshalb vermuten, daß die aus ihren Ergebnissen ablesbaren Defizite betrieblicher Weiterbildung in gewissem Grade immer noch ein positives Zerrbild ihrer tatsächlichen Realität vermitteln. Nur in einigen Untersuchungen werden die so gewonnenen Daten einer ideologiekritischen Interpretation unterzogen (z. B. in den Arbeiten von Görs, Wittwer und Schmitz); vergleichsweise selten werden Betriebsräte (z. B. bei Seyd) oder gar Teilnehmer selbst befragt (Böhler 1984 und Weber 1985).

(2) Es fehlt fast durchgängig die Ergänzung der weiterbildungsbezogenen Außenanalyse um Aspekte einer teilnehmerorientierten Analyse.

Die Untersuchungen zur betrieblichen Weiterbildung bleiben bei der Analyse ihrer „sichtbaren", statistikfähigen Aspekte stehen. Es fehlt die komplementäre Einbeziehung der Binnenperspektive von Teilnehmern und potentiellen Adressaten. So bleibt z. B. der objektiv feststellbare Befund der sozialen Selektivität betrieblicher Weiterbildung letztlich unbestimmt, wenn das darin zum Ausdruck kommende Verhalten der Mitarbeiter nicht entschlüsselt wird über einen Rekurs auf den subjektiven Sinn, den die Handelnden ihm beimessen. Eine solche pädagogisch orientierte Adressatenforschung fehlt für die betriebliche Weiterbildung völlig. Dominierender Maßstab für die vorliegenden empirischen Untersuchungen zu diesem Bereich sind empirisch-analytische Verfahren mit einem deduktiven Erklärungsrahmen im Sinne des normativen Paradigmas. Auf der Basis eines solchen standardisierten Forschungsdesigns kann man sich allerdings nicht angemessen den das Weiterbildungsverhalten orientierenden Deutungsmustern und Interpretationsleistungen von Teilnehmern und potentiellen Adressaten nähern.

(3) Die vorliegenden Untersuchungen sind nur begrenzt vergleichbar,

zum einen, weil sie betriebliche Weiterbildung keineswegs einheitlich definieren (z. B. uneinheitlicher Status der Einarbeitung am Arbeitsplatz) und zum anderen, weil sie sehr unterschiedliche Untersuchungsziele verfolgen; das Spektrum reicht von betriebswirtschaftlichen bis hin zu bildungspolitischen Fragestellungen. Ihre Ergebnisse konnten in meinen Ausführungen auch nur in heuristischer Absicht aufeinander bezogen

werden und sind nur begrenzt generalisierbar. So werden z.B. die Klein-
und Mittelbetriebe selten erfaßt, und dort, wo dies geschieht (wie z.b. in
der Untersuchung des Instituts der Deutschen Wirtschaft) erscheint die
Anwendung des gleichen Erhebungsverfahrens problematisch und die
Ergebnisse sind wenig spezifisch. In der Regel sind auch die Kategorien
der Erhebung von den herkömmlichen, schulisch geprägten Weiterbildungsformen her konstruiert und erfassen die auf Organisationsentwicklung bezogenen charakteristischen Weiterbildungsformen, in denen Arbeit und Lernen eng miteinander verzahnt sind, nur unzulänglich oder
überhaupt nicht (vgl. Schmidt 1986).

*(4) Die vorliegenden Untersuchungen sind einseitig auf eine makrodidak-
tische Strukturbestimmung betrieblicher Weiterbildung eingegrenzt.*

Insbesondere mangelt es an praxisbezogener Forschung zu mikrodidak-
tisch relevanten Fragen, die sich dem Geschehen in den Lernprozessen
der betrieblichen Weiterbildung selbst widmen. Die Abfrage von Veran-
staltungstiteln läßt nur ungenau auf die tatsächlichen Lerninhalte schließen. Es fehlen Untersuchungen, die der Praxis einen Einblick in die
Struktur des Lehr-Lern-Geschehens geben, gegenwärtige Weiterbildungspraxis offenlegen und kritisieren und Hinweise zur Planung und
Durchführung neuer Konzepte bereitstellen, um die Möglichkeiten und
Bedingungen für ein betriebliches Erwachsenenlernen aufzuweisen, das
nicht nur dem Qualifikationserwerb, sondern auch der Bildung Erwachsener dient.

5.4 Auf dem Weg zur lernenden Organisation

Die Erweiterung der beruflichen Kompetenzentwicklung in der betrieblichen Ausbildung (vgl. 4. Kapitel) um Aspekte der Schlüsselqualifizierung und des außerfachlichen Lernens wird – und dies ist für die betriebliche Weiterbildung von Belang – überwölbt und ergänzt durch das Konzept des Organisationslernens. Dieses Konzept wird seit Anfang der 90er

Jahre auch in Deutschland verstärkt diskutiert (Arnold/Weber 1995; Geißler 1994; 1995; Probst/Büchel 1994; Sattelberger 1991), nachdem es bereits Ende der 70er Jahre von C. Agyris u. a. am MIT begründet worden war. Bereits 1978 hatten Agyris und Schön auf das paradoxe Zusammenwirken zwischen dem individuellen Lernen und dem organisationalen Lernen hingewiesen und damit auch wesentliche Anregungen für die Gestaltung betrieblicher Lernprozesse markiert:

„Organizations are not merely collections of individuals, yet there is no organization without such collections. Similary, organizational learning is not merely individual learning, yet organizations learn only through the experience and actions of individuals" (Agyris/Schön 1978, 9).

Aus dieser Definition kann man folgern, daß es nicht um eine „Ablösung" des individuellen durch ein organisationales Lernen gehen kann, sondern um eine genauere Klärung und das Aufeinander-Abstimmen beider Lernebenen. Weitere Hinweise zur Bestimmung von Inhalten und Zielen des Organisationslernens (Aspekte A und B in Abb. 16) liefert folgende Definition:

„Organizational learning occurs when members of the Organization act as learning agents for the organization, responding to changes in the internal and external environments of the organization by detecting and correcting errors in organizational theory-in-use, and embedding the results of their inquiry in private images and shared maps of organization" (ebd., 29).

Während das individuelle Lernen auf die Aneignung von organisationsübergreifendem beruflichem Fachwissen und die Entwicklung von Schlüsselqualifikationen bezogen ist, sind für das organisationale Lernen andere Inhalte charakteristisch. Organisationales Lernen zielt auf die alltäglichen Gebrauchstheorien („theory-in-use") der Organisationsmitglieder, d. h. auf ihre geteilten Deutungen und Visionen über die Routinen und Strategien im betrieblichen Alltag (vgl. Abb. 16). Demzufolge geht es beim organisationalen Lenen stärker um die Transformation von mehr oder weniger organisationstypischem Deutungs- und Interpretationswissen, weniger jedoch um spezialisiertes Fachwissen oder um die Förderung individueller Schlüsselqualifikationen. Fragt man nach dem Zusammenwirken von individuellem und organisationalem Lernen auf der inhaltlichen Ebene („Lernbrücke A"), so zeigt sich, daß einerseits ein auf Moderation und Partizipation gerichteter Führungsstil notwendig ist, damit Mitarbeiter überhaupt die Gelegenheit erhalten, sich an der Entwicklung und Veränderung betrieblicher Wirklichkeitsinterpretationen zu beteiligen. Andererseits benötigen Mitarbeiter für eine solche Beteiligung selbst mehr als nur fachliche Kompetenzen. Moderate Führung und erweiterte Qualifizierung (vgl. Punkt 1) greifen somit auf der inhaltlichen Ebene ineinander. Ähnliches gilt auch für die Zielebene: Die systematische Entwicklung einer Gestaltungskompetenz auf Seiten der Mitarbeiter ist die Voraussetzung dafür, daß diese sich an der Mitentwicklung von Unternehmenskulturen und der Erweiterung der kollektiven Wissensbasis des Betriebes beteiligen. In diesem Sinne sehen Probst und Büchel in der Veränderung von etablierten „Bezugsrahmen" den eigentlichen Kern organisationaler Lernprozesse, wobei – da es dabei immer auch um die Veränderung von „überlieferten" Werten und Normen geht – „Kulturentwicklung einen wesentlichen Weg in Richtung organisationales Lernen dar(stellt)" (Probst/Büchel 1994, 140).

Auch in ihren jeweiligen Formen (Aspekt C in Abb. 16) sind individuelles und organisationales Lernen einerseits unterschieden, andererseits jedoch innigst aufeinander bezogen. Während das individuelle Lernen zumeist (jedoch nicht nur) in institutionalisierten Lernprozessen (Lehrgänge, Seminare) abläuft, ist das organisationale Lernen ein alltäglich-beiläufiges Lernen. Organisationen entwickeln ihre geteilten Deutungen, Visionen und Interpretationen ständig weiter, wobei das wesentliche „Medium" dieses ständigen Prozesses die alltäglichen Kooperations- und Führungserfahrungen sind. In diesem Sinne ist von entscheidender Bedeutung, wie die Lernkultur eines Unternehmens gestaltet ist: Wird Lernen eher als „Übernahme kodifizierter Regeln und Wissensbestände" organisiert, oder dient Lernen auch der systematischen Vorbereitung auf den Umgang mit Unsicherheit. Ist dies der Fall, so kommt der Konfrontation mit offenen und unstrukturierten Situationen eine wesentliche Bedeutung zu. Mitarbeiter lernen dadurch, an neuen Problemen ihre bisherigen Interpretationen und Lösungsstrategien zu testen und ggf. neue

Lösungsstrategien zu entwickeln. Korrespondierend dazu muß das Management „bewährte" Deutungsmuster und Lösungsschablonen in Frage stellen, Routinen und Standardabläufe gezielt irritieren und Fehler „mit offenen Armen" (Schein 1995, 7) begrüßen. Eine wichtige Form des organisationalen Lernens ist deshalb auch das „Ent-lernen". Hierzu schreibt Ed Schein:

„Ent-lernen ist emotional schwierig, weil die alte Art, wie wir Dinge tun, lange Zeit funktioniert hat und dadurch bei uns *eingraviert* ist. Dinge wie bisher zu tun, macht das Leben stabil und vorhersagbar. Anstrengungen, etwas anders zu machen, haben in der Vergangenheit zu Fehlern und Ärger geführt. Es ist die Geschichte der vergangenen Erfolge und unser menschliches Verlangen nach einem sicheren und vorhersagbaren Umfeld, die der Kultur so viel Kraft verleiht. Kultur ist die Summe unseres vorangegangenen Lernens, und dies reflektiert unsere vorangegangenen Erfolge. Aber einige kulturbedingte Denkweisen und Verhaltensmuster werden so stabil, daß sie ganz schwer ent-lernt werden können, selbst, wenn sie dysfunktional werden" (ebd.).

Es ist deshalb gerade in Erfolgsperioden eines Unternehmens notwendig, sich nicht „auf dem Erfolg" auszuruhen, sondern durch gezielte Irritationen das kollektive und zukunftsbezogene Nachdenken in einer Organisation anzuregen. Organisationales Lernen ist somit nicht nur eine Krisenstrategie. Es ist vielmehr auch eine Form antizipativen Lernens. J.B. Probst und B.S.T. Büchele sehen deshalb gerade in einem periodischen „Ressourcenreichtum" von Organisationen, wie er für Erfolgsphasen typisch ist, einen sinnvollen Auslöser für Lernprozesse, während die verbreitete Bereitschaft zur Verschlankung der Organisation („Lean Organization") genau dieses Lernpotentiale oft „beseitigt":

„Organisationen haben die Möglichkeit, freie Ressourcen für die Suche nach neuen Verhaltensweisen und für das *Spiel* mit möglichen zukünftigen Situationen zu nutzen. Häufig überwiegt die Suche nach Problemen die Suche nach opportunen Gelegenheiten. Aber auch Unternehmen, die (...) die Möglichkeit haben, nach neuen Gelegenheiten zu suchen bzw. innovative Lösungsvorschläge zur Anwendung zu bringen, nutzen diese Gelegenheit häufig nicht. Die empirische Forschung stellt leider immer wieder fest, daß es nur sehr wenige Organisationen gibt, die ihren Ressourcenreichtum bzw. ihre internen Strukturen so nutzen, daß sich neue Möglichkeiten erschließen lassen oder zukünftige Komplexität bewältigt werden kann. Erfolg und Überfluß ist leider Häufig die Basis für Trägheit, Bewahrung von Verhaltensweisen, Ausschluß von neuen Strategien sowie die Verstärkung des Traditionellen. Lernen *(zer)stört* das bestehende Wissen in den gegenwärtigen Strukturen. Damit wird ein altbekanntes Dilemma deutlich: Erfolg fördert Routinen des Alltags auf Kosten von Neugier, Kreativität und der Bereitschaft für Veränderung" (Probst/Büchel 1994, 51).

Auch die Lernagenten unterscheiden sich beim individuellen und beim organisationalen Lernen (Aspekt D in Abb. 16): Während für die Planung und Durchführung der institutionalisierten Prozesse des individuellen Lernens i.d.R. eigene Professionals ausgebildet und eingestellt werden, sind an den Prozessen des organisationalen Lernen prinzipiell alle Orga-

	Individuelles Lernen	*Lern-Brücken*	organisationales Lernen
A Inhalte	Fachwissen sowie Sozial- und Methoden-Kompetenz	*Schlüssel-qualifikationen* *Moderation und Partizipation*	geteilte Deutungen und Visionen von Routinen und Strategien (Deutungs- und Interpretationswissen)
B Ziele	individueller Kompetenzerwerb	*Gestaltungs-kompetenz* *Mitarbeiter-orientierung*	Entwicklung von Unternehmenskultur und kollektiver Wissensbasis
C Formen	eher institutionalisierte individuelle und soziale Lernprozesse	*Umgang mit Unsicherheit* *gezielte Irritation*	eher alltäglich-beiläufiges Lernen (durch Kooperations- und Führungserfahrung)
D „Lehrer" bzw. Lernagenten	Ausbilder, Weiterbildner und Führungskräfte	*Lehr-Lern-Gefälle* *kein Lehr-Lern-Gefälle*	alle Organisationsmitglieder
E Lernergebnis	Kognition und Kompetenz als Ergebnis-„Speicher"	*Handlungslernen* *Transparenz und Veränderbarkeit*	Reglements, Organisationshandbücher, Betriebserfahrung und Computer

Abb. 16: Individuelles und organisationales Lernen – zwei Seiten eines Prozesses

nisationsmitglieder beteiligt, d.h. alle sind Lernagenten (Entgrenzung der Lernagenten). Zwar kommt den Führungskräften, wie im folgenden noch gezeigt werden soll, eine eigenständige Funktion als „Moderatoren der betrieblichen Selbstorganisation" zu – sie müssen die „Lernbrücken" (Abb. 16) verbinden –, doch sind es letztlich die Organisationsmitglieder selbst, die im organisationalen Lernen lernen. Aus diesem Grunde gelingt dieses Lernen um so besser, je mehr die Mitarbeiter eines Unternehmens bereits über die sozialen und methodischen Kompetenzen verfügen, um ihre Lernprozesse und die ihres betrieblichen Umfeldes (Abteilung, Arbeitsplatz) selbst organisieren und gestalten zu können. Die erweiterte Qualifizierung, d.h. die Vermittlung von Schlüsselqualifkationen, stellt somit eine grundlegende Voraussetzung für das organisationale Lernen dar. Doch auch umgekehrt gilt: Schlüsselqualifkationen können nur nachhaltig wirksam werden, wenn die „Schlüsselqualifizierten" sie in den Entwicklungs- und Lernprozeß „ihrer" Organisation einbringen dürfen.

6. Vom Lehrer zum „Internal Consultant", „Change-Agent" und „Bildungshelfer" – Zur Professionalisierung der Betriebspädagogen

Die in den vorstehenden Kapiteln skizzierten Entwicklungstendenzen der betrieblichen Bildungsarbeit in Richtung auf

- eine stärkere ‚pädagogische', d.h. an den Lern- und Entwicklungsbedürfnissen des Individuums ausgerichteten,

- eine dem Personal- und Qualifikationsbedarf nicht „nachlaufende", sondern die Organisationsentwicklung und das Organisationslernen mittel- und langfristig „vorbereitende" sowie

- eine nicht allein auf die technischen Anforderungen eingeengte, sondern die Lern- und Unternehmenskultur des Betriebes mitarbeiterorientiert entwickelnde

Bildungspraxis, ist ohne ein entsprechend qualifiziertes Bildungspersonal im Betrieb nicht zu gewährleisten. *Bildungsmanagern, Aus- und Weiterbildnern kommt die Schlüsselrolle bei einer Weiterentwicklung einer auch pädagogisch zu legitimierenden Bildungsarbeit im Betrieb zu.*

Aus diesem Grunde wendet sich das abschließende Kapitel dieses Buches der Frage nach der *Professionalisierung der Betriebspädagogen* zu. Diese Frage kann gleichwohl in diesem Zusammenhang nicht umfassend und detailliert untersucht werden; die Darstellung beschränkt sich vielmehr auf eine Skizzierung zentraler Tendenzen im Wandel der Berufsrollen und der Qualifikationsanforderungen der betrieblichen „Bildungsarbeiter". Folgende Fragestellungen stehen dabei im Mittelpunkt:

- Welche betriebspädagogischen Funktionen müssen im Betrieb wahrgenommen werden? Welche Berufsrollen (Ausbilder, Weiterbildner etc.) sind damit befaßt?

- Über welche Kompetenzen müssen Betriebspädagogen zur pädagogisch professionellen „Wahrnehmung" dieser Funktionen verfügen?

186

– Wie sollen Betriebspädagogen auf ihre Rolle in der betrieblichen Bildungsarbeit vorbereitet werden?

Die Personen, die in den Betrieben mit Bildungsfunktionen „befaßt" sind, lassen sich in einer groben Betrachtung drei „Berufsrollen" zuordnen: die „Ausbilder", die „Leiter des betrieblichen Bildungswesens", die ich im folgenden „Bildungsmanager" nennen werde, und die zahlenmäßig sowie hinsichtlich ihrer Funktionen noch relativ unbekannten „Weiterbildner".

a) Die betrieblichen Ausbilder

Seit der Verabschiedung des Berufsbildungsgesetzes (1969) und dem Erlaß der „Ausbildereignungsverordnung" (1972) erlebte die Rolle des betrieblichen Ausbilders eine Formalisierung, die den Professionalisierungsprozeß dieses Berufes wesentlich beförderte, indem zwei wichtige professionspolitische Impulse gesetzt wurden:

– *Monopolisierung:* Auszubildende dürfen nur noch von persönlich und fachlich „geeigneten" Ausbildern ausgebildet werden, wozu diese auch eine berufs- und arbeitspädagogische „Eignung" erwerben müssen (§ 20 Abs. 1, Satz 1 des Berufsbildungsgesetzes).

– *Pädagogisierung:* Pädagogisch „geeignet" sind Ausbildungskräfte dann, wenn sie systematisch Kenntnisse in folgenden Themenbereichen erworben haben:
  – Grundfragen der Berufsausbildung (Mindeststundenzahl 12),
  – Planung und Durchführung der Ausbildung (Mindeststundenzahl 60),
  – Der Jugendliche in der Ausbildung (Mindeststundenzahl 30),
  – Rechtsgrundlagen der betrieblichen Ausbildung (Mindeststundenzahl 18.).[45]

---

45. Nähere Einzelheiten sind in der Ausbildereignungsverordnung (AEVO) vom 20.4.1972 sowie in dem vom Bundesverband der Berufsausbilder erarbeiteten „Berufsbild" aufgeführt (vgl. Berufsbild 1980).

Die Arbeitssituation der Berufsausbilder ist von Betrieb zu Betrieb recht verschieden. Während in kleineren Betrieben Ausbilder häufig für die Planung und Durchführung der Ausbildung aller Auszubildenden verantwortlich sind und sich teilweise – als „Ausbildungsbeauftragte" – nur nebenamtlich dieser Aufgabe widmen können, ist der Handlungs- und Verantwortungsbereich des Ausbilders in größeren Betrieben relativ klar definiert und abgegrenzt; er ist eingebunden in die Hierarchie des Ausbildungswesens (vgl. Abb. 17). „Das betriebliche Bildungswesen als Ganzes betreffende Planungsaufgaben werden nicht vom Ausbildungspersonal, sondern von der Unternehmensführung wahrgenommen. Lediglich den Ausbildungsleitern wird ein gewisses Mitspracherecht eingeräumt (...)" (Nickolaus 1989, 17).

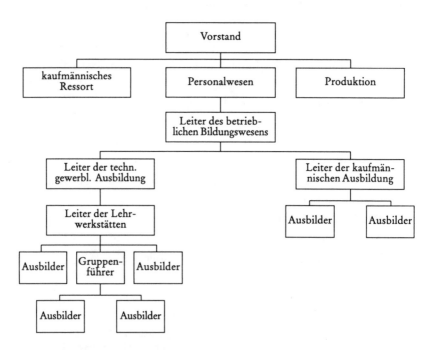

Abb. 17: Ausbilderpositionen in industriellen Großbetrieben (Kutt u. a. 1980, 146)

Zu den typischen Aufgaben der Ausbilder gehören, folgt man der Auflistung ihres Berufsverbandes:

Pädagogische Aufgaben

– Auswahl geeigneter Ausbildungsmethoden und zweckentsprechender Ausbildungsmittel
– Unterweisung am Ausbildungs-(Arbeits-)Platz zur Vermittlung anwendungsbezogener Kenntnisse und praktischer Fertigkeiten
– Beobachtung, Bewertung und Beurteilung der Leistungen der Auszubildenden

Psychologische Aufgaben

– Erkennen und Fördern individueller Begabungen
– Verankerung und fortlaufende Verstärkung der Lernmotivation, Auswahl und Angebot geeigneter Lernhilfen

Organisatorische Aufgaben

– Zusammenarbeit mit den zuständigen Stellen wie IHK, Arbeitsamt
– Kontaktpflege mit den Eltern/Erziehungsberechtigten
– Überwachung der Ausbildungs- und Tätigkeitsnachweise

Verwaltungsaufgaben

– Beobachtung der rechtlichen Entwicklungen im Bildungsbereich und gültiger Ausbildungsrichtlinien
– Studium der einschlägigen Literatur und entsprechender Fachzeitschriften

Unternehmerische Führungsaufgaben

– Wahrnehmung innerbetrieblicher Kontakte zu Unternehmensleitung, Betriebsabteilungen und Betriebsrat (nach: Berufsbild 1980, 182 ff.).

Zwar ist bei diesem Entwurf eines Berufsbildes das standespolitische Interesse nach einer „Aufwertung" der Ausbildertätigkeit deutlich spürbar, z.B. in der nicht ganz realistischen Konzipierung „unternehmerischer Führungsaufgaben", doch stellt dieses Berufsbild einen wichtigen Meilenstein im Prozeß der professionellen „Selbstvergewisserung" der Berufsgruppe der betrieblichen Ausbilder dar. Im Verlauf des bisherigen Professionalisierungsprozesses haben sich somit – so bilanzieren G. Pätzold und G. Drees die Entwicklung – „vor allem seit Erlaß des Berufsbildungsgesetzes und infolge der durch die technische Entwicklung notwendig gewordenen neuen Ausbildungsformen, die Tätigkeitsprofile betrieblicher Ausbilder weiter ausdifferenziert und vielschichtig entwickelt. Mit dem in der Vergangenheit oftmals zutreffenden Bild vom Facharbeiter, der mit nachlassender Produktivität in die Ausbildung wechselt, hat die heutige Realität in den Ausbildungsbetrieben nichts mehr zu tun. Vor allem die von den industriellen Großbetrieben ausgehende fortschreitende Institutionalisierung beruflicher Ausbildungsprozesse sowie die Etablierung variantenreicher Ausbildungsformen und die damit verbundene Tendenz zur Professionalisierung des darin tätigen Personals haben Ausbildertypen mit sehr unterschiedlichen Aufgabenzuweisungen hervorgebracht" (Pätzold/Drees 1987, 12).

Dieser Eindruck wird durch die Ergebnisse der mittlerweile sehr umfangreichen Ausbilderforschung bestätigt. Dabei stellt sich nicht nur die bislang erreichte *formale* Professionalisierung der Ausbildertätigkeit (Zugangsregelung, systematische Qualifizierung) als wesentliche Voraussetzung für den Erfolg der Ausbildung selbst dar, bedeutsamer scheinen im Blick auf die Zukunft vielmehr die sich verändernden Bedingungen der Ausbildertätigkeit zu sein, die eine qualitativ ‚vertiefere‘, „pädagogische Professionalisierung" notwendiger denn je erscheinen lassen. Denn mit den neuen Technologien, dem erweiterten Qualifikationsbegriff im Zusammenhang mit den neugeordneten Metall- und Elektroberufen sowie mit der wachsenden Zahl von Auszubildenden mit höherer Schulbildung bei gleichzeitigem Anstieg der Zahl der Auszubildenden aus „Problemgruppen" sehen sich die Ausbilder im Betrieb vor neuartige didaktische Herausforderungen gestellt. Die Ausbilder – so Konrad Kutt – entscheiden „(...) über die Qualität der Ausbildung. Sie haben die größte Last zu tragen und müssen sich den vielfältigen Herausforderungen stellen. Die Schlüssel zur Lösung der anstehenden Probleme müssen auffindbar und passend sein, insbesondere für die eigene berufliche Stellung und die Qualifizierung der Ausbilder" (Kutt 1988, 525).

Was angesichts dieser Situation erforderlich zu sein scheint, sind Modelle für eine *pädagogische und fachliche Weiterbildung der Ausbilder:*

Pädagogische Weiterbildung

Die bisher vorliegenden Untersuchungen zum pädagogischen Selbstverständnis der Ausbilder stimmen darin überein, daß die selbstreflexiven Voraussetzungen für ein professionelles Ausbildungshandeln bislang kaum entwickelt werden konnten. Pädagogische Situationen sind „(...) nach Sicht der Ausbilder nicht vorhersehbar und nicht planbar. Der Ausbilder habe sich in der Praxis ‚von einer Sekunde auf die andere‘ zu entscheiden, sei mit ständig wechselnden Situationen konfrontiert, die ihn ad hoc forderten und eine Rückbesinnung etwa auf pädagogische Lehrsätze nicht zuließen. Hier sei die ‚natürliche pädagogische Begabung‘ der Ausbilder gefragt, die ihnen folglich, neben der unangreifbaren Fachkompetenz als zweiter wesentlicher Garant für den Ausbildungserfolg gilt" (Pätzold/Drees 1987, 40).

An solchen vorprofessionellen, weil eher alltagspraktischen pädagogischen Orientierungen hätte eine pädagogische Weiterbildung betrieblicher Ausbilder anzusetzen. Über erfahrungsorientierte Lernprozesse wäre dabei die biographische Verwurzelung rigider und eher instrumentalistischer Sichtweisen zu Bildung und Ausbildung herauszuarbeiten, um die Deutungsmuster betrieblicher Ausbilder „aufzuschließen" für ein professionelles Bewußtsein von der Eigendynamik pädagogischer Interaktion, das auch selbstreflexive Einsichten beinhaltet. Denn der erweiterten Qualifizierung von Auszubildenden, die auf die Förderung von Selbständigkeit, Kreativität und Verantwortungsbewußtsein gerichtet ist, laufen solchen vorprofessionellen Orientierungen tendenziell entgegen. Um seine veränderte Rolle im Rahmen eines „anderen Lernens im Betrieb" (vgl. Abb. 18) nicht nur akzeptieren, sondern auch professionell ausfüllen zu lernen, scheint es notwendig zu sein, im Ausbilder selbst systematisch die professionelle Einsicht zu entwickeln, daß der selbständigkeitsfördernde „Umgang mit anderen" (z. B. Auszubildenden) den (selbstreflexiven) „Umgang mit sich selbst" voraussetzt.

Fachliche Weiterbildung

Doch auch die fachliche Weiterbildung des Ausbilders wird zunehmend wichtiger. Immer häufiger sieht er sich gehalten, Qualifikationen zu vermitteln, die er sich selber erst aneignen muß. Durch die „Trennung von Ausbildung und Arbeit", wie sie sich in den Ausbildungszentren und Lehrwerkstätten der Großbetriebe zunehmend herausgebildet hat, sieht sich der Ausbilder immer stärker von der aktuellen Entwicklung in seinem Beruf abgekoppelt. W. Wittwer plädiert deshalb dafür, dem Ausbilder auch gezielt Aufgaben außerhalb des Ausbildungsbereiches zu übertragen, um seine allmähliche fachliche Dequalifizierung zu verhindern: „Hier bieten sich zwei Möglichkeiten an: zum einen die verstärkte Zusammenarbeit mit den Fachabteilungen, zum anderen die Mitarbeit in der Weiterbildung als Fachdozent. Die Zusammenarbeit mit den Fachabteilungen kann von der praktischen Betreuung der Auszubildenden während ihres Einsatzes in diesen Abteilungen, über die Beteiligung an Innovations-Projekten der Fachabteilungen (z. B. Umstellung auf CNC-Maschinen) bis zu einem begrenzten Arbeitseinsatz in den Abteilungen (job rotation) führen. Durch seine Tätigkeit als Fachdozent in der betrieblichen Weiterbildung erhält der Ausbilder bereits sehr früh die Gelegenheit, sich mit den Neuerungen im Betrieb vertraut zu machen, und er lernt, wie er die neuerworbenen Kenntnisse, Fertigkeiten und Fähigkeiten an die Beschäftigten weitergeben kann. Da er in der Ausbildung bereits junge Erwachsene unterrichtet, ist das Lehren und Lernen bei Erwachsenen im Rahmen der Weiterbildung für ihn nicht ungewohnt. Die Erfahrungen, die er dabei macht (z. B. die spezifische Arbeitsweise in den einzelnen Abteilungen, Anwendungsschwierigkeiten usw.), kann er direkt für die Ausbildung verwerten. Durch die Tätigkeit als Fachdozent verfügt

Die Rolle des Ausbilders ändert sich

Früher war er der ‚Unterweiser'.	Jetzt wird er zum Lernberater.
Früher hat er einen Vorgang vorweg genau erklärt.	Jetzt gibt er Erklärungen erst nach der praktischen Erfahrung.
Früher hat er oft reine Übungsaufgaben gegeben.	Jetzt wählt er eine reale Arbeitsaufgabe entsprechend dem Lernfortschritt des Auszubildenden.
Früher folgte er dem Prinzip: Vormachen-Nachmachen.	Jetzt übergibt er die Aufgabenstellung zum selbständigen Durchdenken und Ausführen.
Früher hat er alle Informationen vorgegeben.	Jetzt läßt er den Auszubildenden die nötigen Informationen selbst beschaffen.
Früher sollte sich der Auszubildende so an die Vorgaben halten, daß Fehler möglichst gar nicht vorkommen.	Jetzt werden Fehler zugelassen und der Auszubildende ermuntert, sie selbst zu erkennen und zu korrigieren.
Früher leitete der Ausbilder die Arbeit des Auszubildenden Schritt für Schritt an.	Jetzt bleibt er im Hintergrund, beobachtet den Lernprozeß, steht für Rückfragen zur Verfügung und wartet ab, ob und wann er wirklich eingreifen muß.
Früher hat er geholfen, daß die eine ‚richtige' Lösung nachvollzogen werden konnte.	Jetzt läßt er eigenen Erfahrungen und Lösungen zu und versucht, die Auszubildenden durch Fragen selbst einen richtigen Weg finden zu lassen.
Früher hat er die Arbeiten des Auszubildenden genau vorbesprochen.	Jetzt muß er die Arbeit des Auszubildenden vor allem intensiv nachbesprechen.

Abb. 18: Die Rolle des betrieblichen Ausbilders[46] im Wandel (nach: Brater u. a. 1988, 93)

der Ausbilder somit über die aktuellen Qualifikationen in seinem Fachgebiet und arbeitet bei dem künftig bedeutenderen Teil der beruflichen Qualifizierung mit" (Wittwer 1987, 52).

Unübersehbar ist, daß die künftige Rolle des Ausbilders durch die Spannungslage von ‚Professionalisierung' und ‚Entprofessionalisierung' gekennzeichnet sein wird. Weisen die steigenden didaktisch-methodischen Herausforderungen eindeutig in eine Richtung, die durch eine stärkere, auch das berufspädagogische Selbstverständnis umfassende Professionalität gekennzeichnet ist, so legt die durch den technologischen

---

46. Bei Brater u. a. ist diese Abbildung mit der Überschrift versehen „Die Rolle des Ausbilders ändert sich", was ich für falsch halte, weil die aufgeführten Tendenzen eher für den hauptamtlichen Ausbilder in der Lehrwerkstatt typisch sind.

193

Wandel gegebene Gefahr einer allmählichen fachlichen Dequalifizierung eher ein Modell nahe, das auf eine Terminierung der Ausbilderrolle drängt, d. h. die Ausbildertätigkeit auf eine prinzipiell nur vorübergehend eingenommene Rolle im Rahmen eines zwischen Ausbildungshandeln und eigener Arbeit alternierenden Berufsverlaufs einschränkt und damit ‚entprofessionalisiert'.

b) Die betrieblichen Bildungsmanager

Eine zahlenmäßig nicht sonderlich starke Gruppe[47] von Betriebspädagogen sind die Ausbildungsleiter, häufig auch „Leiter des betrieblichen Bildungswesens" genannt. Ähnlich wie Volkshochschulleiter sind sie überwiegend mit planerischen, dispositorischen, administrativen sowie koordinierenden und konzeptionellen Aufgaben betraut. Häufig sind die Ausbildungsleiter – je nach Betriebsgröße – für die kaufmännische und gewerbliche Ausbildung gleichermaßen zuständig; in mittleren Betrieben umfaßt ihre Zuständigkeit darüber hinaus vielfach die Fort- und Weiterbildung. In einigen Fällen liegt die Leitung der betrieblichen Ausbildung noch bei der Personalabteilung, obgleich diese Regelung in Zukunft noch weiter zurückgehen dürfte.

Insgesamt gesehen ist die berufliche Rolle des Ausbildungsleiters durch eine zunehmende Delegation der eigentlichen Ausbildungstätigkeit auf haupt- und nebenamtliche Ausbilder gekennzeichnet. Gleichzeitig wachsen die Anforderungen an seine (makro-)didaktische Planungs- und Supervisions-Kompetenz. Im Idealfall ist er nicht nur für die administrative Planung der betrieblichen Ausbildung verantwortlich, sondern auch für die Überwachung, Beratung und Weiterbildung „seiner" Ausbilder. Als „Leiter des betrieblichen Bildungswesens" ist er derjenige, der „neue" Ausbildungsmodelle (Neuordnungen, andere Lernmethoden usw.) aufzugreifen und hinsichtlich ihrer betriebsspezifischen Bedeutung „umzu-

---

47. Während die Gesamtzahl der Ausbildner auf eine halbe Million veranschlagt werden kann, von denen aber nur ein Teil – in Industrie und Handel ca. 21.000 – hauptberuflich tätig sind, beläuft sich die Zahl der hauptamtlichen Ausbildungsleiter in IHK-Betrieben auf schätzungsweise ca. 4.000 bis 8.000 Stellen im Bundesgebiet (vgl. Arnold 1983, 106).

setzen" hat. Dies kann durch die Adaption neuer Lernmedien, die Weiterbildung des Ausbilder-Teams oder gar die Initiierung von Modellvorhaben (z. B. in Zusammenarbeit mit Hochschulen oder Ministerien) geschehen. In diesem Sinne ist er „change-agent", er

- „beobachtet" Wandlungen in den relevanten Bezugsfeldern der betrieblichen Ausbildung (z. B. Berufsschulen, Kammern, andere Unternehmen etc.),

- plant, initiiert und steuert das Ausbildungsprogramm seines Betriebes sowie didaktisch-methodische Innovationen (Projektmanagement),

- ist für die Team-Entwicklung (Weiterbildung, Beratung, Supervision) seines Ausbildungspersonals verantwortlich und

- vertritt die betriebliche Ausbildung nach innen (Unternehmensleitung, Betriebsrat) und außen (Kammern, Verbände etc.).

Dieses Aufgabenbündel erfordert nicht nur Managementfähigkeiten, sondern auch eine pädagogische Qualifikation. Neben berufspädagogischen Kenntnissen, die ihn in die Lage versetzen, hinsichtlich der Entwicklungen im Berufsbildungsbereich „am Ball zu bleiben" (Auswertung der Fachliteratur), sind auch erwachsenenpädagogische sowie Führungskompetenzen erforderlich, die ihn in die Lage versetzen, kompetent und motivierend die Gruppen der haupt- und nebenamtlichen Ausbilder zu beraten und weiterzuentwickeln. Aus diesem Grunde dürften in Zukunft in immer stärkerem Maße pädagogisch qualifizierte Führungskräfte in die Funktion des Bildungsmanagers hineinwachsen und allmählich zur Ablösung der traditionellen, einseitig an technischen Fachqualifikationen orientierten Kriterien zur Auswahl betrieblichen Bildungspersonals beitragen.

c) Die betrieblichen Weiterbildner

Mit der Expansion der betrieblichen Weiterbildung (vgl. 5. Kapitel) steigen auch die Anforderungen an das in den Bildungsabteilungen tätige Personal. Neben hauptberuflichen Weiterbildnern, die vornehmlich für makrodidaktische Planung und Management zuständig sind, werden auch an die neben- und freiberuflichen Dozenten in der Weiterbildung zunehmend erwachsenenpädagogische Anforderungen gestellt.

Die hauptamtlichen Weiterbildner

Benötigt werden Personen, die den Bildungsbedarf des Unternehmens analysieren, Bildungsziele definieren und die Bildungskonzeption nach innen und außen vertreten können. Sie müssen in der Lage sein, als Weiterbildungsberater die Organisations- und Personalentwicklung des Unternehmens zu unterstützen, Mitarbeiter und Führungskräfte zu beraten und Entwicklungen in Gang zu bringen. Zentrale Aufgaben dieser Weiterbildner bzw. Weiterbildungsreferenten sind auch die Auswahl, Qualifizierung bzw. didaktische Beratung von internen und externen Dozenten und Teamern sowie die administrative Steuerung der Bildungsarbeit, d. h. das Bildungsmanagement. Neben der Planung und Budgetierung der Programmentwicklung spielt dabei auch die Evaluierung und die Transfersicherung der Weiterbildung eine zunehmende Rolle. Diese Anforderungen erfordern neben einem hohen Maß an kommunikativen und sozialen sowie erwachsenenpädagogischen Fähigkeiten auch die Beherrschung zweckrationaler Instrumente der Planung, Durchführung und Kontrolle von Weiterbildungsmaßnahmen, wie:

- Methoden der Bildungsbedarfsanalyse im Betrieb,
- Strategien der Bildungsberatung „vor Ort",
- Strategien der Programmplanung,
- Methoden des kommunikativen, selbstgesteuerten Lernens (Meta-Plan-, Lernstatt-Modelle u. a.),
- Transfer- und Erfolgskontroll-Methoden,
- Methoden der betrieblichen Weiterbildung im Kontext von Organisations- und Personalentwicklungsansätzen,
- Methoden der Kalkulation, Budgetierung und Administration von Bildungsmaßnahmen u. a..

Interessanterweise gibt es – abgesehen von einigen Trainingsangeboten auf dem freien Markt – bislang keinen „etablierten" Ausbildungsgang, der solche bildungstechnologischen Kompetenzen gezielt vermittelt. Die erwachsenenpädagogischen Studiengänge sind in ihrem Angebot noch allzusehr an einem mikro-didaktischen Bild von Erwachsenenbildung orientiert, obgleich auch ihre Absolventen kaum noch selbst „im Kursgeschehen stehen"; in die betriebliche Weiterbildung konnten Absolventen universitärer Erwachsenenbildungs-Studiengänge bislang eher in Ausnahmefällen einmünden (vgl. Schäffner 1989). Auch in den Betrieben trifft man kaum noch den hauptberuflichen Erwachsenenbildner in der Rolle des „Lehrers in der Weiterbildung" an. „Auf Dauer füllt der Mitarbeiter im Bereich Bildungswesen bei der Umsetzung von Bildungsinhalten nur dann seine Rolle voll aus, wenn er über die Aufgabe, Bildungsinhalte zu vermitteln hinaus, bereit und in der Lage ist, im Sinne von Beratungsfunktion vor Ort Problemlösungspotential einzubringen. (...) Dies bedeutet die endgültige Abkehr von der Rolle als ‚Lehrer in der Erwachsenenbildung', es bringt die Hinwendung zum Rollenverständnis als ‚Prozeßberater' im Sinne von *Internal Consultant und Change Agent*" (Hölterhoff/Becker 1986, 36). ‚Erwachsenenpädagogisch' legitimiert kann ein solcher Rollenwandel allerdings nur werden, wenn er sich nicht nur auf die „Beherrschung" von tool-box-Instrumenten beschränkt, sondern darüber hinaus auch Kriterien vermittelt, nach denen ihr Einsatz auch bildungstheoretisch und teilnehmerorientiert beurteilt werden kann.

Die nebenamtlichen Weiterbildner

Im Unterschied zur betrieblichen Erstausbildung werden die mikrodidaktischen Funktionen, d. h. die unmittelbare Durchführung der Kurse, Seminare oder Lehrgänge, kaum von hauptamtlichen Lehrkräften wahrgenommen. Zwar liegen darüber, welche Personen mit welchen „Aufgabenbündeln" in den Maßnahmen der betrieblichen Weiterbildung als Lehrkräfte mitwirken, noch kaum gesicherte Daten vor, doch lassen sich – im Anschluß an Überlegungen im Berufsbildungsbericht 1988 (Berufsbildungsbericht 1988, 162 ff.) – folgende Typen nebenamtlicher Weiterbildner nennen:

Typ I: Ausbilder und Meister aus der beruflichen Erstausbildung,

Typ II: Lehrkräfte in der Weiterbildung, für die auch die Bezeich-
           nungen ‚Weiterbildner‘, ‚Dozenten‘, ‚Referenten‘, ‚Kursleiter‘,
           ‚Trainer‘ oder ‚Teamer‘ verwendet werden, und

Typ III: Betreuungspersonal, wie z.B. Sozialpädagogen, Rehabilita-
           tionsberater oder Psychologen (z.B. in Maßnahmen der Um-
           schulung oder AFG-Maßnahmen für Arbeitslose).

Folgt man dieser sehr groben Typologie, so ergeben sich hinsichtlich
der Weiterbildung dieser betrieblichen Weiterbildner folgende Überlegungen:

– In vielen Kursen sind die Dozenten bzw. Weiterbildner identisch mit
  der Gruppe der betrieblichen Ausbilder. Da diese bereits über berufs-
  und arbeitspädagogische Qualifikationen verfügen (sollten), kann eine
  erwachsenenpädagogische Weiterbildung sich inhaltlich auf einen „Er-
  gänzungs"-Kurs zu Fragen des erwachsenengemäßen Lernens (z.B.
  Lernpsychologie, Didaktik und Methodik) beschränken – eine Ergänzung, die auch angesichts der zunehmend „erwachsenen" Klientel, mit
  der die Ausbilder in der Erstausbildung konfrontiert sind, sich als
  sinnvoll erweisen dürfte. Von der Seminardidaktik und der Kursdauer
  her dürfte sich eine insgesamt ca. 4wöchige Maßnahme als realisierbar,
  weil „zumutbar" und (betrieblicherseits) akzeptierbar erweisen.

– Schwieriger dürfte sich die erwachsenenpädagogische Weiterbildung
  bei den nebenberuflichen (bzw. nebenamtlichen) Dozenten darstellen,
  die in ihrem „Hauptamt" nicht bereits pädagogisch tätig sind, sondern
  als Fachkräfte häufig die einzig infrage kommende Person im Betrieb
  sind, die den jeweils speziellen Inhalt beherrscht. Für diese Gruppe
  dürfte es sich als wenig realistisch erweisen, eine erwachsenenpädagogische Professionalisierung (z.B. im Sinne einer längerfristigen Maßnahme) zu konzipieren. Bewährt hat sich in diesem Zusammenhang
  das System des „Coaching", d.h. der Fachexperte wird nicht allein
  „auf die Teilnehmer losgelassen", sondern begleitet von einem erfah-
  renen Moderator, der ihn bereits im Vorfeld bei der Abfassung seines

Vortrages oder der Planung des Seminars berät und in der Kurssituation die Moderation übernimmt, didaktisierend eingreift und den Lernprozeß strukturiert. Angesichts der Bedeutung, die der Rolle der nebenberuflichen Experten-Weiterbildner in der betrieblichen Weiterbildung zukommt, scheint es sinnvoll zu sein, bei der Diskussion über die Qualität der Weiterbildungsmaßnahmen stärker als bisher dieses Coaching-System zu entwickeln und „ins Spiel" zu bringen.

– Vor allem in der Führungskräfte-Weiterbildung sowie in den verhaltensorientierten Maßnahmen, deren Stellenwert im Zusammenhang mit den Schlüsselqualifikationen, den neuen Führungs- und Organisationstheorien sowie der Unternehmenskultur-Sensibilität weiter zunimmt, arbeiten die Betriebe in der Regel mit externen Trainern. Diese Regelung ist nicht unproblematisch, da kaum gewährleistet ist, daß die Lernkultur, die diese Trainer entwickeln, sich mit den normativen Leitideen der betrieblichen Unternehmenskultur „deckt" (vgl. Arnold 1989d). Betriebe sind deshalb – wollen sie das Zusammenspiel von Lern- und Weiterbildungskultur nicht dem Zufall überlassen – darauf angewiesen, in regelmäßigen Workshops ihre externen Trainer in die betriebliche Bildungskonzeption „einzubinden" bzw. diese mit ihnen gemeinsam zu entwickeln.

Zusammenfassend kann festgehalten werden:

▷ Die Rollen der Betriebspädagogen, d. h. der betrieblichen Ausbilder, Bildungsmanager und Weiterbildner befinden sich im Wandel, der durch Professionalisierungs- und Entprofessionalisierungstendenzen gekennzeichnet ist.

Zwar konnte die Rolle der Ausbilder in den Betrieben sich in den 70er und 80er Jahren infolge der Regelungen des Berufsbildungsgesetzes und der Ausbildereignungsverordnung wesentlich professionalisieren (Monopolisierung, Pädagogisierung), doch haben die Ausbilder bis heute kaum ein im pädagogischen Sinne professionelles Selbstverständnis entwickelt. Erforderlich ist deshalb eine vertiefte pädagogische Weiterbildung dieser Berufsgruppe, an deren Seite aber auch eine kontinuierliche fachliche Weiterbildung treten muß, um der Gefahr fachlicher Dequalifizierung vorzubeugen.

Der „Leiter des betrieblichen Bildungswesens" ist als Bildungsmanager für planerische, dispositorische und konzeptionelle Aufgaben zuständig. Neben Führungsqualitäten erfordert diese Funktion, soll sie professionell ausgefüllt werden, aber auch berufs- und erwachsenen-pädagogische Qualifikationen, letztere z. B. um das Team der Ausbilder kompetent und motivierend weiterbilden und weiterentwickeln zu können.

Die betriebliche Weiterbildung wird vornehmlich von nebenberuflichen, internen und externen Fachkräften durchgeführt. In wahrscheinlich starkem Maße wirken auch die Ausbilder in der betrieblichen Weiterbildung mit. Der hauptamtliche Weiterbildungsverantwortliche entspricht in seinen Funktionen weniger dem „Lehrer" als vielmehr einem „change-agent" und „internal consultant" in Sachen Bildungsbedarf und Organisations- und Personalentwicklung.

Literaturverzeichnis

Abraham, K.: Betriebspädagogik. Grundfragen der Bildungsarbeit der Betriebe und der Selbstverwaltungsorgane der Wirtschaft. Berlin 1978.

Abraham, K.: Der Betrieb als Erziehungsfaktor. Die funktionale Erziehung durch den modernen wirtschaftlichen Betrieb. Freiburg i. Br. 1957.

AGP (Arbeitsgemeinschaft zur Förderung der Partnerschaft in der Wirtschaft) (Hrsg.): Unternehmenskultur in Deutschland – Menschen machen Wirtschaft. Themen eines Kongresses. Gütersloh 1986.

Agyris, C./Schön, D. A.: Organizational Learning. A Theory of Action Perspective. Reading/Mass. 1978.

Alex, L.: Ausgewählte Ergebnisse zur Qualifikationsentwicklung deutscher Erwerbstätiger. In: Berufsbildung in Wissenschaft und Praxis, 17 (1988), 2, S. 52–55.

Alex, L.: Stellenwert der Bedarfsprognosen für die Bildungsplanung. In: Berufsbildung in Wissenschaft und Praxis, 7 (1978), 5, S. 1–4.

Alt, R./Lemm, W. (Leitung eines Autorenkollektivs): Zur Geschichte der Arbeitserziehung in Deutschland. Teil 1: Von den Anfängen bis 1900. Monumenta Paedagogica. Bd. X. Berlin 1970.

Arnold, R.: Anspruch und Realität betrieblicher Weiterbildung. In: Zeitschrift für Berufs- und Wirtschaftspädagogik, 84 (1988), 2, S. 99–112.

Arnold, R.: Beruf – Betrieb – Betriebliche Bildungsarbeit. Einführung in die Betriebspädagogik. Frankfurt a. M. 1982.

Arnold, R.: Berufsbildung. Annäherungen an eine evolutionäre Berufspädagogik. Baltmannsweiler 1994 a.

Arnold, R.: Betrieb. In: Lenzen, D. (Hrsg.): Erziehungswissenschaft. Ein Grundkurs. Reinbek b. Hamburg 1994 b, S. 496–517.

Arnold, R.: Betriebliche Weiterbildung. Selbstorganisation – Unternehmenskultur – Schlüsselqualifikationen. 2. Aufl.; Baltmannsweiler 1995 a.

Arnold, R.: Bildende Qualifizierung. Divergenzen und Konvergenzen zum Verhältnis von Bildung und Qualifikation. In: Neue Sammlung, 36 (1996 b), 1, S. 19–34.

Arnold, R.: Bildungsbedarf und Bildungsbedarfsanalyse im Betrieb. In: ders. (Hrsg.): Taschenbuch der betrieblichen Bildungsarbeit. Baltmannsweiler 1990.

Arnold, R.: Deutungsmuster und pädagogisches Handeln in der Erwachsenenbildung. Aspekte einer Sozialpsychologie der Erwachsenenbildung und einer erwachsenenpädagogischen Handlungstheorie. Bad Heilbrunn/OBB 1985.

Arnold, R.: Erwachsenenbildung. Eine Einführung in Grundlagen, Probleme und Perspektiven. 3., vollständig überarbeitete und erweiterte Auflage. Hohengehren 1996 a.

Arnold, R.: Neue Methoden betrieblicher Bildungsarbeit. In: ders./Lipsmeier 1995 c, S. 294–307.

Arnold, R.: Pädagogische Professionalisierung betrieblicher Bildungsarbeit. Frankfurt a. M. u. a. 1983.

Arnold, R.: Weiterbildung. Ermöglichungsdidaktische Grundlagen. München 1996 c.

Arnold, R. (Hrsg.): Betriebliche Weiterbildung zwischen Bildung und Qualifizierung. Reihe „Anstöße". Bd. 11. Frankfurt 1995 b.

Arnold, R./Lipsmeier, A. (Hrsg.): Betriebspädagogik in nationaler und internationaler Perspektive. Baden-Baden 1989.

Arnold, R./Lipsmeier, A. (Hrsg.): Handbuch Berufsbildung. Opladen 1995.

Arnold, R./Siebert, H.: Konstruktivistische Erwachsenenbildung. Von der Deutung zur Konstruktion von Wirklichkeit. Baltmannsweiler 1995.

Arnold, R./Weber, H. (Hrsg.): Weiterbildung und Organisation. Zwischen Organisationslernen und lernenden Organisationen. Berlin 1995.

Aulbach, A./Hohmann, R./Sauter, E.: Betriebliche Weiterbildung. Auswahlbibliographie. Hrsg. vom Bundesinstitut für Berufsbildung. Berlin 1982.

Axmacher, D.: Alltagswissen, Fachschulung und ‚kultureller Imperialismus'. Grenzen des Lebenswelt-Ansatzes in der Erwachsenenbildung. In: Grundlagen der Weiterbildung, 1 (1990), S.27–30

Axmacher, D.: Qualifikation und imaginäre Bildungsform. Betriebliche Weiterbildung in Unternehmerhand für Arbeiter und Führungskräfte. In: Bergmann, K./Frank, G. (Hrsg.): Bildungsarbeit mit Erwachsenen. Handbuch für selbstbestimmtes Lernen. Reinbek b. Hamburg 1977, S.86–116.

Baacke, D.: Einige unvorgreifliche Gedanken in Thesenform zur Eröffnung der Arbeitsgruppe 10: „Wissenschaftliche Erschließung autobiographischer und literarischer Quellen für pädagogische Erkenntnis". In: Neue Sammlung, 18 (1978), 4, S.321–324.

Baethge, M.: Thesen und Diskussionspunkte zur Arbeitsgruppe 1 zur Leitfragestellung: „Welchen Beitrag leistet die berufliche (Weiter-)Bildung heute tatsächlich für die berufliche Qualifikation und die Identitätsfindung? Dient sie nicht zunehmend nur noch der Durchsetzung von neuer Technik und der ihr entsprechenden Arbeitsorganisation?" In: Dieckmann 1989, S.11–15.

Baethge, M.: Zeigt die Lehre dem Jugendlichen seinen Platz in der Gesellschaft?" In: Frankfurter Rundschau. Nr. 117 vom 21. Mai 1979, S.10–11.

Baethge, M./Baethge-Kinsky, V.: Ökonomie, Technik, Organisation: Zur Entwicklung von Qualifikationsstruktur und qualitativem Arbeitsvermögen. In: Arnold/Lipsmeier 1995, S.142–156.

Baethge, M./Overbeck, H.: Zukunft der Angestellten. Neue Technologien und berufliche Perspektiven in Büro und Verwaltung. Frankfurt 1984.

Ballauf, T.: Antithesen in der modernen Pädagogik. In: Röhrs/Scheuerl 1989, S.101–112.

Bardeleben, R. v./Böll, G./Kühn, H.: Strukturen betrieblicher Weiterbildung. Ergebnisse einer empirischen Kostenuntersuchung. Berichte zur beruflichen Bildung des Bundesinstituts für Berufsbildung. Heft 83. Berlin 1986.

Beck, H.: Schlüsselqualifikationen. Bildung im Wandel. Darmstadt 1993.

Benner, D.: Allgemeine Pädagogik. Eine systematisch-problemgeschichtliche Einführung in die Grundstruktur pädagogischen Denkens und Handelns. München 1987.

Berichtssystem Weiterbildungsverhalten 1982. In: Bildung & Wissenschaft Aktuell, 1/1984.

Berthel, J.: Personal – Management. Grundzüge für Konzeptionen betrieblicher Personalarbeit. Stuttgart 1979.

Berthel, J.: Zur Ermittlung betrieblichen Fortbildungsbedarfs. In: Weber 1983, S.39–51.

Berufsbild für Berufsausbilder. In: Der Ausbilder, 28 (1980), 12, S.181–188.

Berufsbildungsbericht 1981. Hrsg. vom Bundesminister für Bildung und Wissenschaft. Bonn 1981.

Berufsbildungsbericht 1988. Hrsg. vom Bundesminister für Bildung und Wissenschaft. Bonn 1988.

Betriebliche Weiterbildung: Der Innovationszwang. IW-Umfrage. In: Informationsdienst des Instituts der deutschen Wirtschaft, 6 (1980), 26, S. 6–7.

Birkenfeld, W.: Bildungstheorie hat nicht Schritt gehalten. In: Weiterbildung, 6/1989, S. 20–23.

Blättner, F.: Über die Berufserziehung des Industriearbeiters. In: Stratmann/Bartel 1975, S. 81–94.

Blättner, F./Münch, J.: Pädagogik der Berufsschule. 2. Aufl.; Heidelberg 1965.

Blankertz, H.: Bildung im Zeitalter der großen Industrie. Pädagogik, Schule und Berufsbildung im 19. Jahrhundert. Hannover 1969.

Blankertz, H.: Die Geschichte der Pädagogik. Von der Aufklärung bis zur Gegenwart. Wetzlar 1982.

Blankertz, H.: Diskussionsbeitrag. In: Didaktisches Forum. Abschlußdiskussion. In: Westermanns Pädagogische Beiträge, 32 (1980), S. 242–248.

Blankertz, H.: Vorwort. In: Kutscha, G.: Das politisch-ökonomische Curriculum. Frankfurt a. M. 1976.

Blum, K.: Der Beitrag der CNC-Steuerungs- und Qualifikationskonzepte zur Qualifikationssicherung von Facharbeit in der Werkstatt. In: Brückers/Meyer 1988, S. 97 bis 107.

Blumer, H.: Der methodologische Standort des symbolischen Interaktionismus. In: Arbeitsgruppe Bielefelder Soziologen (Hrsg.): Alltagswissen, Interaktion und gesellschaftliche Wirklichkeit. Bd. 1: Symbolischer Interaktionismus und Ethnomethodologie. Reinbek bei Hamburg 1975, S. 80–146.

BMBW (Hrsg.): Stand und Perspektiven der beruflichen Weiterbildung in der Bundesrepublik Deutschland. Studien zur Bildung und Wissenschaft. Bd. 1. Bad Honnef 1983.

Böhler, W.: Betriebliche Weiterbildung und Bildungsurlaub. Versuch eines Integrationskonzeptes unter Einbeziehung des funktionalen Aspektes des Bildungsurlaubs für das Unternehmen und seine Mitarbeiter. Pfaffenweiler 1984.

Boehm, U.: Ökonomisch-technische Entwicklung und Qualifikation. In: Crusius, R. u. a. (Hrsg.): Berufsausbildung – Reformpolitik in der Sackgasse. Reinbek 1974, S. 19–30.

Böse, R.: Der MAO-Stiefel: Ein System ohne Qualitätssicherung. In: Wirtschaft & Weiterbildung. Das Management-Magazin, 8 (1995), 3, S. 8.

Bohle, G.: Mikroelektronik – Qualifikationsbedarf und Auswirkungen auf die Berufsbildung. In: Kuratorium der Deutschen Wirtschaft für Berufsbildung (Hrsg.): Technische Entwicklung und Berufsbildung. Bonn 1983, S. 5–9.

Bollnow, O. F.: Die geisteswissenschaftliche Pädagogik. In: Röhrs/Scheuerl 1989, S. 53–70.

Bommes, M./Dewe, B./Radke, F. O.: Sozialwissenschaften und Lehramt. Opladen 1996.

Bonz, B.: Methoden und Medien im fachkundlichen Unterricht für Maschinenbauberufe. In: ders./Lipsmeier, A. (Hrsg.): Beiträge zur Fachdidaktik Maschinenbau. Stuttgart 1981, S. 153–167.

Bonz, B. (Hrsg.): Didaktik der Berufsbildung. Stuttgart 1996.

Borretty, R. u. a.: PETRA. Projekt- und transferorientierte Ausbildung. Grundlagen, Beispiele, Planungs- und Arbeitsunterlagen. München 1988.

Bourdieu, P. u. a.: „Vernunft ist eine historische Errungenschaft wie die Sozialversicherung". In: Neue Sammlung, 25 (1985), S. 376–394.

Brater, M.: Die Aufgaben beruflicher Weiterbildung. Zur Konzeption einer ‚subjektorientierten‘ Weiterbildung. In: Weymann, A. (Hrsg.): Handbuch für die Soziologie der Weiterbildung. Darmstadt/Neuwied 1980, S. 66–101.

Brater, M. u. a.: Berufsbildung und Persönlichkeitsentwicklung. Stuttgart 1988.

Braun, W.: Pädagogische Anthropologie im Widerstreit. Genese und Versuch einer Systematik. Bad Heilbrunn/OBB 1989.

Brezinka, W.: Empirische Erziehungswissenschaft und andere Erziehungstheorien: Differenzen und Verständigungsmöglichkeiten. In: Röhrs/Scheuerl 1989, S. 71–82.

Brödner, P.: Fabrik 2000. Alternative Entwicklungspfade in die Zukunft der Fabrik. Berlin 1985.

Bronner, R. unter Mitarbeit von Schröder, W.: Weiterbildungserfolg. Modelle und Beispiele systematischer Erfolgssteuerung. Bd. 6 des Handbuches der Weiterbildung für die Praxis in Wirtschaft und Verwaltung. München u. a. 1983.

Brückers, W./Meyer, N. (Hrsg.): Zukunftsinvestition Berufliche Bildung. Bd. 1.: Neue Technologien, Bildung und Arbeitsmarkt für das Jahr 2000. Köln 1988.

Bundesinstitut für Berufsbildung: Informationen zur Ausbildungspraxis aus Modellversuchen. Literatur aus Modellversuchen zur Erprobung neuer Ausbildungsmethoden im Berufsfeld Metalltechnik. Berlin 1984.

Bundesverband der Deutschen Industrie e. V.: Zukunftsaufgabe Weiterbildung. Verantwortung von Wirtschaft und Gesellschaft. Köln 1982.

Bundesvereinigung der Deutschen Arbeitgeberverbände: Weiterbildung im Betrieb. Köln 1974.

Bundesvereinigung der Deutschen Arbeitgeberverbände: Weiterbildung in der Wirtschaft. Standort und Perspektiven. 11 Thesen mit Anmerkungen und praktischen Hinweisen. Köln 1986.

Bunk, G.: Umriß einer antizipativen Berufspädagogik. In: ders.: Einführung in die Arbeits-, Berufs- und Wirtschaftspädagogik. Basel/Stuttgart 1982, S. 190–194.

Bunk, G./Stenzel, M.: Methoden der Weiterbildung im Betrieb. In: Schlaffke/Weiß 1990, S. 177–213.

Bunk, G./Zedler, R.: Neue Methoden und Konzepte beruflicher Bildung. Beiträge zur Gesellschafts- und Bildungspolitik. Heft 114. Hrsg. vom Institut der Deutschen Wirtschaft. Köln 1986.

Buschhaus, D./Goldgräbe, A.: Veränderte Qualifikationen der Metallfacharbeiter durch eine rechnerunterstützte Fertigung. In: Berufsbildung in Wissenschaft und Praxis, (1984), 4, S. 160–163.

Buttler, F.: Arbeits- und Berufsforschung. In: Arnold/Lipsmeier 1995, S. 482–491.

Buttler, F.: Langfristperspektiven und Herausforderung an die Berufliche Bildung. In: Brückers/Meyer 1988, S. 11–26.

Capra, F.: Wendezeit. Bausteine für ein neues Weltbild. Bern und München 1988.

Club of Rome: Zukunftschance Lernen: Bericht für die achtziger Jahre. Hrsg. von A. Peccei. Wien u. a. 1981.

Comelli, G.: Training als Beitrag zur Organisationsentwicklung. Handbuch der Weiterbildung für die Praxis in Wissenschaft und Verwaltung. Bd. 4. München 1985.

Conrad, P.: Organisationskultur – Forschung und Ansätze der Personalentwicklung. Konzeptionelle Überlegungen zu ihrem Zusammenhang. In: Dürr/Liepmann/Merkens/Schmidt (Hrsg.) 1988, S. 86–112.

Dahrendorf, R.: Industrielle Fertigkeiten und soziale Schichtung. In: Kölner Zeitschrift für Soziologie und Sozialpsychologie, 8 (1956), S. 540–568.

Dauenhauer, E.: Berufsbildungspolitik. Berlin/Heidelberg 1981.

Dauenhauer, E.: Kritik am berufspädagogischen Wissenschaftsansatz des Max-Planck-Instituts für Bildungsforschung. In: ders.: Wirtschaft und Berufsbildung. Bad Homburg v. d. H. u. a. 1977, S. 79–89.

Decker, F.: Grundlagen und neue Ansätze in der Weiterbildung. Bd. 7 des Handbuchs der Weiterbildung für die Praxis in Wirtschaft und Verwaltung. München/Wien 1984.

Der Bundesminister für Bildung und Wissenschaft (Hrsg.): Stand, Entwicklung und Ergebnisse der Prognoseforschung zum künftigen Arbeitskräfte- und Qualifikationsbedarf. Bericht an den Ausschuß für Bildung und Wissenschaft des Deutschen Bundestages. Bonn 1981.

Deutscher Ausschuß für das Erziehungs- und Bildungswesen: Zur Situation und Aufgabe der deutschen Erwachsenenbildung. Stuttgart 1960.

Deutscher Bildungsrat: Empfehlungen der Bildungskommission: Zur Neuordnung der Sekundarstufe II. Konzept für eine Verbindung von allgemeinem und beruflichem Lernen. Bonn 1974.

Deutscher Bildungsrat (Hrsg.): Empfehlungen der Bildungskommission: Strukturplan für das Bildungswesen. Stuttgart 1972.

Dewe, B.: Wissensverwendung in der Fort- und Weiterbildung. Zur Transformation wissenschaftlicher Informationen in Praxisdeutungen. Baden-Baden 1988.

Dieckmann, B. (Red.): Theorie der beruflichen Bildung und Weiterbildung vor dem Hintergrund von Strukturkrisen des Beschäftigungssystems. Dokumentation des Zweiten Glienicker Weiterbildungsworkshops. Berlin 1989.

Dieterle, W. K. M.: Betriebliche Weiterbildung. Problemfelder und Konzeptionen. Göttingen 1983.

DIHT/Gesamtmetall/ZVEI: Die neuen Metall- und Elektroberufe. Beiträge zur Gesellschafts- und Bildungspolitik des Instituts der Deutschen Wirtschaft Nr. 121. Köln 1986.

Dikau, J.: Berufliche Weiterbildung. Priorität innerhalb der Priorität lebenslangen Lernens. In: Kurzdörfer, K. (Hrsg.): Grundpositionen und Perspektiven in der Erwachsenenbildung. Bad Heilbrunn/OBB 1980, S. 63–74.

Dilthey, W.: Gesammelte Schriften. Bd. V und VII. Göttingen 1970.

Döring, P. A.: Berufliche Bildungsarbeit als Berufsrahmen (Professionalisierung). In: Arnold u. a. 1981, S. 148–158.

Döring, P. A.: Erfolgskontrolle betrieblicher Bildungsarbeit. RKW-Schriftenreihe „Lernen und Leistung". Frankfurt a. M. 1973.

Dörschel, A.: Betriebspädagogik. Bd. 11 der Schriftenreihe Ausbildung und Fortbildung. Berlin 1975.

Doppler, K.; Laterburg, C.: Change management. Den Unternehmenswandel gestalten. Frankfurt/New York 1995.

Drerup, H.: Wissenschaftliche Erkenntnis und gesellschaftliche Praxis. Anwendungsprobleme der Erziehungswissenschaften in unterschiedlichen Praxisfeldern. Weinheim 1987.

Drostlen, S.: Integrierte Organisations- und Personalentwicklung in der Lernenden Unternehmung. Ein zukunftsweisendes Konzept auf der Basis einer Fallstudie. Bielefeld 1996.

Dürr, W.: Betriebspädagogik. In: Blankertz, H. u. a. (Hrsg.): Sekundarstufe II – Jugendbildung zwischen Schule und Beruf. Bd. 9.2 der Enzyklopädie Erziehungswissenschaft. Stuttgart 1983, S. 189–193.

Dürr, W.: Erfahrung und neues Bewußtsein. In: Zeitschrift für Berufs- und Wirtschafts-pädagogik, 83 (1987), 7, S. 654–659.

Dürr, W.: Unternehmenskultur – Restvariable oder Wahrnehmung eines Ganzen? Unver-öffentl. Mskr. Berlin 1988a.

Dürr, W.: Unternehmenskultur und gesellschaftlicher Wandel. In: ders./Liepmann/Merkens/Schmidt (Hrsg.) 1988b, S. 7–16.

Dürr, W.: Vorüberlegungen zu einer Theorie der Betriebspädagogik. In: Frieke, W./Geissler, A. (Hrsg.): Demokratisierung der Wirtschaft. Hamburg 1973, S. 87–108.

Dürr, W. (Hrsg.): Organisationsentwicklung als Kulturentwicklung. Einübung in die Wahr-nehmung eines Ganzen. Baltmannsweiler 1989.

Dürr, W. (Hrsg.): Selbstorganisation verstehen lernen. Komplexität im Umfeld von Wirt-schaft und Pädagogik. Frankfurt a. M. 1995.

Dürr, W./Liepmann, D./Merkens, H./Schmidt, F. (Hrsg.): Personalentwicklung und Wei-terbildung in der Unternehmenskultur. Baltmannsweiler 1988.

Dürr, W./Merkens, H./Schmidt, F. (Hrsg.): Unternehmenskultur und Sozialisation. Balt-mannsweiler 1987.

Edding, F.: Die Weiterbildung läuft gegen das Grundgesetz. In: Weiterbildung, 2 (1989), 4, S. 18–22.

Evangelische Akademie Bad Boll: Berufliche Bildung im Betrieb. Integrierte Ausbildung von fachlichen und persönlichkeitsbezogenen Qualifikationen im Betrieb. Vorträge und Diskussionen einer Tagung. Protokolldienst 37/88. Bad Boll 1988.

Faix, W. u. a.: Der Mitarbeiter in der Fabrik der Zukunft. Qualifikation und Weiterbildung. Beiträge zur Gesellschafts- und Bildungspolitik des Instituts der deutschen Wirtschaft. Nr. 143. Köln 1989.

Falk, R.: Kosten der betrieblichen Aus- und Weiterbildung. Repräsentative Erhebung für 1980. In: Göbel, U./Schlaffke, W. (Hrsg.): Berichte zur Bildungspolitik 1982/83 des Instituts der Deutschen Wirtschaft. Köln 1982, S. 63–172.

Faulstich, P.: Arbeitsorientierte Erwachsenenbildung. Frankfurt a. M. 1981.

Faulstich, P.: Betriebliche Weiterbildung. Neue Technik – Neue Produktionskonzepte. Handlungsfelder für Betriebs- und Personalräte. Kooperationsmaterialien. Nr. 18. Kassel 1986.

Faulstich, P.: Informationstechnik als Herausforderung an die Erwachsenenbildung. In: ders. (Hrsg.): Informationstechnologie – eine Bildungsfrage für alle. München 1985, S. 9–24.

Feld, F.: Betriebsgemeinschaft. Eine wirtschaftspädagogische Untersuchung. Langensalza/Berlin/Leipzig 1936.

Finkielkraut, A.: Die Niederlage des Denkens. Reinbek 1989.

Fischer, H.-P./Merkel, H./Walz, R.: Projektorientierte Fachbildung im Berufsfeld Metall. Ein Gestaltungsansatz der Lernorganisation im Werk Gaggenau der Daimler-Benz AG. Berlin 1982 (= Heft 9 der Reihe Modellversuche zur beruflichen Bildung des Bundes-instituts für Berufsbildung).

Fix, W.: Aspekte, Möglichkeiten und Grenzen der Projektmethode in der betrieblichen Aus-bildung. In: Stuttgarter Beiträge zur Berufs- und Wirtschaftspädagogik. Bd. 1, hrsg. von K.-H. Sommer. Esslingen 1984, S. 129–148.

206

Fix, W.: Juniorenfirmen. Ein innovatives Konzept zur Förderung von Schlüsselqualifikationen. Berlin 1989.

Forschungssymposion Betriebliche Weiterbildung. Gutachten zu Forschungsstand und Forschungsperspektiven im Bereich betrieblicher Weiterbildung unter besonderer Berücksichtigung der Belange der Betriebe/Mitarbeiter. Kurzfassung. Bonn 1989.

Freyer, W.: Der Betrieb als Erziehungssystem. München 1973.

Fricke, E./Fricke W. u. a.: Bedingungen der Vermittlung und Anwendung innovatorischer Qualifikationen im Industriebetrieb. WSI-Mitteilungen, 32 (1979), 6, S. 311–321.

Fricke, F.: Sie suchen die Seele. Die neue psychologische Arbeiterpolitik der Unternehmer. 2. Auflage. Berlin 1927.

Fricke, W.: Arbeitsorganisation und Qualifikation. Ein industriesoziologischer Beitrag zur Humanisierung der Arbeit. Bonn 1975.

Fricke, W./Schuchardt, W. (Hrsg.): Innovatorische Qualifikationen – eine Chance gewerkschaftlicher Arbeitspolitik. Bonn 1985.

Gamm, H.-J.: Pädagogische Ethik. Versuche zur Analyse der erzieherischen Verhältnisse. Weinheim 1988.

Gaugler, E.: Betriebliche Bildungsarbeit als Unternehmensinvestition. In: ders./Schlaffke 1989, S. 28–47.

Gaugler, E./Schlaffke, W.: Weiterbildung als Produktionsfaktor. Beiträge zur Gesellschafts- und Bildungspolitik. Nr. 145. Köln 1989.

Gebert, D.: Organisation und Umwelt. Stuttgart 1978.

Geck, L. H. A.: Soziale Betriebsführung. Berlin 1953.

Geck, L. H. A.: Stichwort „Betriebspädagogik". In: Lexikon der Pädagogik. Bd. 1. Freiburg i. Br. 1964.

Geck, L. H. A.: Wesen und Aufgabe der Betriebspädagogik. In: Feld, F. (Hrsg.): Grundfragen der Erziehung für Beruf und Wirtschaft. Stuttgart/Berlin 1939.

Geißler, H.: Erfahrungen und Visionen betrieblicher Bildung. In: ders. 1990a, S. 7–14

Geißler, H.: Grundlagen des Organisationslernens. Weinheim 1994.

Geißler, H.: Personalentwicklung als Herausforderung der Betriebspädagogik. Zur Einschätzung deutschsprachiger Neuerscheinungen zur Personalentwicklung. In: Zeitschrift für Berufs- und Wirtschaftspädagogik, 84 (1988 b), 2, S. 182–190.

Geißler, H. (Hrsg.): Neue Aspekte der Betriebspädagogik. Bd. 1 der Reihe „Betriebliche Bildung – Erfahrungen und Visionen". Frankfurt a. M. 1990 b.

Geißler, H. (Hrsg.): Organisationslernen und Weiterbildung. Die strategische Antwort auf die Herausforderungen der Zukunft. Neuwied 1995.

Geißler, Kh. A.: Berufserziehung und kritische Kompetenz. Ansätze einer Interaktionspädagogik. München/Basel 1974.

Geißler, Kh. A.: Strukturelle Verschiebungen in der beruflichen Weiterbildung. Vernachlässigte Aspekte zum Thema Technik-Folgen. In: Lisop, I. (Hrsg.): Bildung und neue Technologien. Symposion im Rahmen des Kongresses der Deutschen Gesellschaft für Erziehungswissenschaft. Heidelberg 1986, S. 71–94.

Geißler, Kh. A./Petsch, H.-J./Schneider-Grube, S. (Hrsg.): Opfer der Qualifizierungsoffensive. Tutzinger Studientexte und Dokumente zur politischen Bildung. Nr. 1. Tutzingen 1987.

Geißler, Kh. A./Wittwer, W.: Die Entwicklung der beruflichen Aus- und Weiterbildung – sechs Thesen. In: Arnold/Lipsmeier 1989 b, S. 93–102.

Georg, W./Kissler, L.: Betriebliche Weiterbildung und industrielle Arbeit. In: Die Deutsche Berufs- und Fachschule, 75 (1979), S. 669–683.

Gizycki, R./Weiler, U.: Auswirkungen einer breiten Einführung von Mikroprozessoren auf die Bildungs- und Berufsqualifizierungspolitik für die achtziger Jahre. In: Böckels, L. (Hrsg.): Beschäftigungspolitik für die achtziger Jahre. München 1980b, S. 55–72.

Gizycki, R./Weiler, U: Mikroprozessoren und Bildungswesen. Untersuchung im Auftrage des Bundesministeriums für Bildung und Wissenschaft. Sozialwissenschaftliche Reihe des Batelle Instituts. Bd. 2. München 1980a.

Görs, D.: Entwicklungen und Konzepte im Bereich der beruflichen und betrieblichen Weiterbildung. In: Fricke, W./Schuchardt, W. (Hrsg.): Innovatorische Qualifikationen – eine Chance gewerkschaftlicher Arbeitspolitik. Bonn 1985, S. 85–95.

Görs, D.: „Im Mittelpunkt der Mensch" oder „Weiterbildung als Schlüssel zum Unternehmenserfolg". In: Schlutz, E. (Hrsg.): Erwachsenenbildung zwischen Schule und sozialer Arbeit. Bad Heilbrunn/OBB 1983a, S. 125–139.

Görs, D.: Unternehmerische Praxis der Aus- und Weiterbildung. Probleme und Defizite aus gewerkschaftlicher Sicht. In: Arbeiterfragen, 2/1989, S. 1–24.

Golas, H. G.: Zur Ideologie der Betriebsgemeinschaft. In: Die Deutsche Berufs- und Fachschule, 69 (1973), 7, S. 507–56.

Gonon, P. (Hrsg.): Schlüsselqualifikationen kontrovers. Eine Bilanz aus kontroverser Sicht. Aarau 1996.

Gordon, T.: Managerkonferenz. Effektives Führungstraining. München 1989.

Gorz, A.: Kritik der ökonomischen Vernunft. Sinnfragen am Ende der Arbeitsgesellschaft. Berlin 1989.

Griesinger, H.: Automatisierung in der Fertigung. In: Der Bundesminister für Bildung und Wissenschaft (Hrsg.): Mikroelektronik und berufliche Bildung. Studien zu Bildung und Wissenschaft. Nr. 19. Bonn 1985, S. 12–21.

Groeben, N./Scheele, B.: Argumente für eine Psychologie des reflexiven Subjekts. Darmstadt 1977.

Grüner, G.: Bausteine zur Berufsschuldidaktik. Trier 1978.

Grünewald, U./Kohlheyer, G.: Betriebliche Weiterbildung. Eine Sekundärauswertung der Sachverständigenkommission ‚Kosten und Finanzierung der beruflichen Bildung' im Auftrag des BBF. Vervielfältigtes Manuskript. Bonn 1975.

Grunwald, A.: Betriebliche Bildungsarbeit als Instrument der Organisationsentwicklung. Steigerung der Anpassungsfähigkeit von Organisationen durch zielgerichteten Lerntransfer. Berlin 1987.

Guerra, D./Wollschläger, N.: Hybridqualifikationen. Verschiedene Lösungen für ein Problem. In: Berufsbildung. Zeitschrift des CEDEFOP, (1986), 19, S. 15–19.

Haefner, K.: Die neue Bildungskrise. Lernen im Computerzeitalter. Reinbek 1985.

Häuser, K.: Mikroprozeßgesteuerte Fertigung. Ein bislang vergessener Unterrichtsstoff der Berufsschule. In: Die berufsbildende Schule (1982), 7/8, S. 414–434.

Hank, R.: Lebenslanges Lernen für eine lebenslängliche Beschäftigung. In: Frankfurter Allgemeine Zeitung vom 30.12.1989, S. 39.

Hauptmeier, G.: Professor Dr. Karl Abraham zum 85. Geburtstag. In: Zeitschrift für Berufs- und Wirtschaftspädagogik, 85 (1989), 5, S. 458–460.

Heidack, C.: Das Paradigma der Einflußfaktoren der Betrieblichen Bildungsarbeit. Problemverschiebung und Problemveränderung seit den 70er Jahren. In: Arnold/Lipsmeier 1989, S. 299–321.

Heinze, T.: Qualitative Sozialforschung. Erfahrungen, Probleme und Perspektiven. Opladen 1987.

Hergert, K. H.: Duales System in der beruflichen Weiterbildung. Chance zur Beseitigung qualitativer und quantitativer Engpässe. In: Gestaltung der Zukunft durch Berufsbildung. Sonderheft der Berufsbildenden Schule. Wolfenbüttel 1989, S. 44–48.

Heydorn, H.-J.: Über den Widerspruch von Bildung und Herrschaft. Frankfurt a. M. 1970.

Hölterhoff, H.: Proaktive Aus- und Weiterbildung im Integrationsverbund strategischer Personalentwicklung. In: Arnold/Lipsmeier 1989, S. 71–91.

Hölterhoff, H./Becker, M.: Aufgaben und Organisation der betrieblichen Weiterbildung. Bd. 3 des Handbuchs der Weiterbildung für die Praxis in Wirtschaft und Verwaltung. München u. a. 1986.

Hofstätter, H. u. a.: Betriebliche Weiterbildung in Deutschland. Ergebnisse der Personal/ SCS-Weiterbildungs-Enquete. In: Personal. Mensch und Arbeit, 1/1985, S. 17–25.

Holling, E./Kempin, P.: Identität, Geist und Maschine. Auf dem Weg zur technologischen Zivilisation. Reinbek b. Hamburg 1989.

Huber, M.: Die betriebspädagogische Bedeutung von Betriebsphilosophien. München 1985.

Huber, M.: Diskussionsbeitrag. In: Dürr/Merkens/Schmidt 1987, S. 178.

Hurrelmann, K.: Das Modell des produktiv realitätsverarbeitenden Subjekts in der Sozialisationsforschung. In: Zeitschrift für Sozialisationsforschung und Erziehungssoziologie, 3/1983, S. 91–104.

Institut der Deutschen Wirtschaft (Hrsg.): Streitsache: Mehr Markt in der Weiterbildung. Köln 1988.

Jäger, W.: Industrielle Arbeit im Umbruch. Zur Analyse aktueller Entwicklungen. Weinheim 1989.

Jeserich, W.: Top-Aufgabe. Die Entwicklung von Organisationen und menschlichen Ressourcen. Bd. 8 des Handbuchs der Weiterbildung für die Praxis in Wirtschaft und Verwaltung. München/Wien 1989.

Jung, M./Rolff, A.: Zur Kritik betriebswirtschaftlicher Ansätze der betrieblichen Weiterbildung. In: Die Deutsche Berufs- und Fachschule, 73 (1977), 10, S. 757–767.

Kade, J.: Bildung oder Qualifikation? Zur Gesellschaftlichkeit beruflichen Lernens. In: Zeitschrift für Pädagogik, 29 (1983), 6, S. 859–876.

Kade, J.: Erwachsenenbildung und Identität. Eine empirische Studie zur Aneignung von Bildungsangeboten. Weinheim 1989.

Kade, J./Geißler, Kh. A.: Erfahrung als didaktisches Prinzip der Erziehung im Rahmen einer pädagogischen Theorie der Subjektivität. Ein Beitrag zu einem dialektischen Ansatz der Berufspädagogik. In: Ansätze berufs- und wirtschaftspädagogischer Theoriebildung. Beiheft 1 zur Zeitschrift für Berufs- und Wirtschaftspädagogik. Wiesbaden 1980, S. 54–65.

Kau, W./Ehmann, C.: Szenario Berufsbildungssystem bis 1995. Sonderveröffentlichung des Bundesinstituts für Berufsbildung. Berlin 1986.

Kern, H./Schumann, M.: Das Ende der Arbeitsteilung. Rationalisierung in der industriellen Produktion. München 1984.

Kern, H./Schumann, M.: Gefragt ist der mündige Arbeiter. In: Frankfurter Rundschau. Nr. 250 vom 28. Oktober 1982, S. 10–11.

Kipp, M./Miller-Kipp, G.: Erkundungen im Halbdunkel. Fünfzehn Studien zur Berufserziehung und Pädagogik im nationalsozialistischen Deutschland. Kassel 1990.

Koch, J./Schneider, P. J.: Das Lernziel „Handlungsfähigkeit" in der Facharbeiterausbildung. Ein betrieblicher Modellversuch. In: Passe-Tietjen, H./Stiehl, H. (Hrsg.): Betriebliches Handlungslernen und die Rolle des Ausbilders. Wetzlar 1985, S. 13–22.

Koch, R.: Elektronische Datenverarbeitung in der Industrieverwaltung. Berlin 1984.

Koneffke, G.: Widersprüche im Bildungsbegriff. In: Drechsel, R. u. a. (Hrsg.): Ende der Aufklärung? Zur Aktualität einer Theorie der Bildung. Bremen 1987, S. 131–148.

Krappmann, L.: Neuere Rollenkonzepte als Erklärungsmöglichkeit für Sozialisationsprozesse. In: Betrifft: Erziehung, 4 (1971), 3, S. 27–34.

Krasensky, H.: Betriebspädagogik. Die erzieherische Gestaltung der zwischenmenschlichen Beziehungen im Betriebe. Wien 1952.

Krause, E.: Wesen und Aufgaben der Industriepädagogik. Ratingen 1963.

Kröll, W. u. a.: Veränderte Anforderungen im Betrieb erfordern Angebote in der Ausbildung. Erfahrungen aus dem Modellversuch bei der Ford-Werke AG in Köln von 1979–1983. In: Passe-Tietjen, H./Stiehl, H. (Hrsg.): Betriebliches Handlungslernen und die Rolle des Ausbilders. Wetzlar 1985, S. 29–39.

Kron, F. W.: Grundwissen Pädagogik. München/Basel 1988.

Kruse, W. u. a.: Berufsausbildung im Wandel. Neue Aufgaben für die Berufsschule. Gutachten im Auftrag der Max-Traeger-Stiftung. Frankfurt 1989.

Kühlewind, G./Tessaring, M.: Argumente für und gegen eine beschäftigungsorientierte Bildungspolitik. Göttingen 1975.

Künzel, K.: Erwachsenenbildung und Tradition. In: Schmitz, E./Tietgens, H. (Hrsg.): Erwachsenenbildung. Bd. 11 der Enzyklopädie Erziehungswissenschaft. Stuttgart 1984, S. 59–75.

Künzli, B.: Berufs- und wirtschaftspädagogisches Wissen in Unternehmen. Problemaufriß und systemtheoretischer Beitrag zur Verwendungsanalyse von berufs- und wirtschaftspädagogischem Wissen in ökonomischen Situationen. Dissertation Universität Bern, Bern 1996.

Kuhlenkamp, D.: Programmplanung und Organisation. In: Dahm, G. u. a. (Hrsg.): Wörterbuch der Weiterbildung. München 1980, S. 267–273.

Kuratorium der Deutschen Wirtschaft für Berufsbildung: Grundpositionen der Wirtschaft zur beruflichen Weiterbildung. Bonn 1980.

Kurtz, H.-J./Sattelberger, T.: Organisationsentwicklung in der Betrieblichen Ausbildung. Bd. 7 der Schriftenreihe zur Managementandragogik und Organisationsentwicklung. München 1980.

Kutt, K.: Was wissen wir über die Ausbilder oder was glauben wir zu wissen? Plädoyer für eine Bilanzierung des Wissensstandes im Forschungsfeld ‚Ausbildungspersonal'. In: Zeitschrift für Berufs- und Wirtschaftspädagogik, 84 (1988), S. 525–532.

Kutt, K. u. a.: Ausbilder im Betrieb. Empirische Befunde zur Situation und Qualifikation des Ausbildungspersonals. Berlin 1980.

Laermann, K. H.: Vorwort. In: Kuwan, H./Waschbüsch, E.: Betriebliche Weiterbildung – Ergebnisse einer Befragung von Erwerbstätigen und betrieblichen Experten in Deutschland. Reihe Bildung – Wissenschaft – Aktuell, hrsg. vom Bundesministerium für Bildung und Wissenschaft, 5/1994.

Laube, H.: Ausbildung für die Zukunft. In: Zeitschrift für Berufs- und Wirtschaftspädagogik, 79 (1983), 3, S. 214–215.

Laur-Ernst, U. u. a.: Qualifizierungskonzept für das Arbeiten mit NC-Maschinen im Rahmen der Erstausbildung für Metallberufe. Ein zu diskutierender Vorschlag. Berichte zur beruflichen Bildung des Bundesinstituts für Berufsbildung. Heft 47. Berlin 1982.

Lauterburg, C.: Organisationsentwicklung – Strategie der Evolution. In: Management-Magazin, 49 (1980), 1, S. 1–4.

Leiter, R. u. a.: Der Weiterbildungsbedarf im Unternehmen. Methoden der Ermittlung. Bd. 2 des Handbuchs der Weiterbildung für die Praxis in Wirtschaft und Verwaltung. München/Wien 1982.

Lempert, W.: Berufliche Autonomie. Begriff, Bezeichnung und empirische Relevanz. In: ders.: Leistungsprinzip und Emanzipation. Frankfurt a. M. 1971a, S. 138–160.

Lempert, W.: Feilen, bis einem die Arme abfallen – Erinnerungen junger Facharbeiter an ihre metallhandwerkliche Grundausbildung in der Lehrwerkstatt. In: Arnold/Lipsmeier 1989, S. 197–209.

Lempert, W.: Industriearbeit als Lernprozeß. In: Soziale Welt, 28 (1978), 3, S. 306–327.

Lempert, W.: Leistungsprinzip und Emanzipation. Frankfurt 1971b.

Lempert, W.: Moralische Sozialisation durch den ‚heimlichen Lehrplan‘ des Betriebes. In: Zeitschrift für Berufs- und Wirtschaftspädagogik, 27 (1981), S. 723–738.

Lempert, W.: Moralisches Denken. Seine Entwicklung jenseits der Kindheit und seine Beeinflußbarkeit in der Sekundarstufe II. Essen 1988.

Lempert, W.: Sinn und Chancen einer Verbindung unterschiedlicher sozialwissenschaftlicher Theorien in berufspädagogischer Absicht. In: Heid, H. u. a. (Hrsg.): Ansätze berufs- und wirtschaftspädagogischer Theoriebildung. Beiheft 1 der Zeitschrift für Berufs- und Wirtschaftspädagogik. Wiesbaden 1980, S. 1–6.

Lempert, W.: Zur theoretischen und empirischen Analyse von Beziehungen zwischen Arbeiten und Lernen. Grundprobleme und Lösungsstrategien. In: Groskurth, P. (Hrsg.): Arbeit und Persönlichkeit. Berufliche Sozialisation in der arbeitsteiligen Gesellschaft. Reinbek b. Hamburg 1979, S. 87–111.

Lempert, W./Thomssen, W.: Berufliche Erfahrung und gesellschaftliches Bewußtsein. Stuttgart 1974.

Lipsmeier, A.: Die didaktische Struktur des beruflichen Bildungswesens. In: Blankertz, H. (Hrsg.): Sekundarstufe II. Jugendbildung zwischen Schule und Beruf. Bd. 9.2 der Enzyklopädie Erziehungswissenschaft. Stuttgart 1982, S. 227–249.

Lipsmeier, A.: Didaktik der Berufsausbildung. München 1978.

Lipsmeier, A.: Ganzheitlichkeit als berufspädagogische Kategorie. Pädagogische und betriebliche Illusion und Realitäten. In: Zeitschrift für Berufs- und Wirtschaftspädagogik, 85 (1989), 2, S. 137–151.

Litt, T.: Das Wesen des pädagogischen Denkens. In: Nicolin, F. (Hrsg.): Pädagogik als Wissenschaft. Darmstadt 1969, S. 268–304.

Luckmann, T.: Zum Verhältnis von Alltagswissen und Wissenschaft. In: Reble, K. (Hrsg.): Wissenstransfer in der Weiterbildung. Der Beitrag der Wissenssoziologie. Tübinger Beiträge zum Fernstudium. Bd. 20. Weinheim/Basel 1989, S. 28–35.

Luhmann, N.: Die Wirtschaft der Gesellschaft. 2. Aufl.; Frankfurt a. M. 1989.

Lutz, B.: Das Verhältnis von Technik, Bildung und Arbeit als Problem politischen Handelns. In: Berufsbildung in Wissenschaft und Praxis, 8 (1979), 5, S. 8–11.

Lutz, B.: Welche Qualifikationen brauchen wir? Welche Qualifikationen können wir erzeugen? In: Hesse, J. J. u. a. (Hrsg.): Zukunftswissen und Bildungsperspektiven. Baden-Baden 1988, S. 55–66.

Maier, H.: Allgemeinbildung in der Industrie. In: Lernfeld Betrieb, 11/1988, S. 40–43.

Mann, R.: Das ganzheitliche Unternehmen. Die Umsetzung des Neuen Denkens in der Praxis zur Sicherung von Gewinn und Lebensfähigkeit. 2. Aufl., Bern/München/Wien 1988.

Manstetten, R.: Betriebspädagogik. In: With, I. (Hrsg.): Handwörterbuch der Erwachsenenbildung. Paderborn 1978, S. 100–102.

Markert, W.: Rezension des Buches „Berufliche Weiterbildung" (W. Voigt). In: Literatur- und Forschungsreport Weiterbildung vom 18. Dezember 1986. Münster 1986, S. 16–20.

Markert, W.: Qualifizierungsoffensive. Theoretische Begründungen und praktische Relevanz für die berufliche Weiterbildung. In: Siebert, H./Weinberg, J. (Hrsg.): Literatur- und Forschungsreport Weiterbildung vom 17. Juli 1986, S. 126–138.

McGregor, D.: The human side of enterprise. New York 1960.

Mentzel, W.: Personalentwicklung. Handbuch für Förderung und Weiterbildung der Mitarbeiter. Freiburg 1980.

Mentzel, W.: Unternehmenssicherung durch Personalentwicklung. Mitarbeiter motivieren, fördern und weiterbilden. 2. Aufl., Freiburg 1983.

Merk, R.: Weiterbildungs-Management. Bildung erfolgreich und innovativ managen. Neuwied 1992.

Merkens, H.: Zur Rolle der Weiterbildung in Unternehmenskulturen. In: Zeitschrift für Berufs- und Wirtschaftspädagogik, 84 (1988), 3, S. 212–222.

Mertens, D.: Das Konzept der Schlüsselqualifikationen als Flexibilisierungsinstrument. In: Literatur- und Forschungsreport, 22/1988, S. 33–46.

Mertens, D.: Schlüsselqualifikationen. Thesen zur Schulung für eine moderne Gesellschaft. In: Mitteilungen aus der Arbeitsmarkt- und Berufsforschung, 7 (1974), 1, S. 36–43.

Meyer, N. (Hrsg.): Einführung neuer Informationstechnologien und berufliche Bildung in Entwicklungsländern. In: Arnold, R. (Hrsg.): Neue Informationstechnologien und Entwicklungszusammenarbeit. Baden-Baden 1985, S. 191–201.

Mikroelektronik und Berufsausbildung. Der Anpassungszwang. In: Informationsdienst des Instituts der Deutschen Wirtschaft, 9 (1983), 47, S. 4–5.

Mollenhauer, K.: Erziehen ist mehr als eine Technik. Von der Schwierigkeit, eine Kultur weiterzugeben. In: Frankfurter Allgemeine Zeitung vom 18. März 1989.

Mollenhauer, K.: Erziehung und Emanzipation. Polemische Skizzen. 7. Aufl., München 1977.

Müller, H.-J.: Ausbildungsmethodische Konsequenzen der neuen Ausbildungsordnungen. Die Sechs-Stufen-Methode. In: Brückers, W./Meyer, N. (Hrsg.): Zukunftsinvestition berufliche Bildung. Bd. 4: Nach der Neuordnung: Die Zukunft der Ausbildung in den Elektroberufen. Köln 1988, S. 93–119.

Müller, K. R.: Entscheidungsorientierte Betriebspädagogik. Die Erforschung von Erziehungsproblemen in Betrieben. München/Basel 1973.

Müller, K. R.: Entwicklung und Problemstand der Betriebspädagogik. In: Stratmann/Bartel 1975, S. 164–187.

212

Münch, J.: Berufliche Qualifikation und soziale Kompetenz. In: Günther, J. (Hrsg.): Quo vadis Industriegesellschaft. Perspektiven zu Führungsfragen von morgen. Heidelberg 1984, S. 131–150.

Münch, J.: Berufsbildung und Bildung in den USA. Bedingungen, Strukturen, Entwicklungen und Probleme. Berlin 1989.

Münch, J. Evaluationsprobleme in der betrieblichen Weiterbildung. In: Brückers, W./Meyer, N. (Hrsg.): Zukunftsinvestition Berufliche Bildung. Bd. 2: Aus- und Weiterbildungskonzepte für die Gestaltung von Arbeit und Technik. Essen 1988 b, S. 242.

Münch, J.: Ökonomie betrieblicher Bildungsarbeit. Qualität – Kosten – Evaluierung – Finanzierung. Berlin 1996.

Münch, J.: Personalentwicklung als Mittel und Aufgabe moderner Unternehmensführung. Ein Kompendium für Einsteiger und Profis. Bielefeld 1995.

Münch, J./Michelsen, U./Müller, H.-J./Scholz, F.: Bildungsarbeit im Betrieb. Planung und Gestaltung. Eine empirische Untersuchung der Berufsbildung in einem Unternehmen der metallverarbeitenden Industrie. Kaiserslautern 1975.

Münchner Bildungsforum: Funktionsbild des Weiterbildungsreferenten. München 1978.

Neuberger, O./Kompa, A.: Wir, die Firma. Der Kult um die Unternehmenskultur. Weinheim/Basel 1987.

Nieke, W./Peters, S.: Forschungsbedarf und Forschungsfragen im Blick auf die ‚Problemgruppen des Arbeitsmarktes‘. Gutachten für die Hans-Böckler-Stiftung. Mskr. Essen 1989.

Nikolaus, R.: Das Beziehungsgefüge zwischen betrieblichem Ausbildungspersonal und Auszubildenden. Ein Literaturbericht. Stuttgarter Beiträge zur Berufs- und Wirtschaftspädagogik. Bd. 9. Esslingen 1989.

Nölker, H.: Unterricht: Technik. In: Blankertz, H. u. a. (Hrsg.): Enzyklopädie Erziehungswissenschaft. Bd. 9.2: Sekundarstufe II. Jugendbildung zwischen Schule und Beruf. Stuttgart 1982, S. 652–658.

Nölker, H.: Zum Theorie – Praxis – Verständnis in der Berufspädagogik. In: Arnold/Lipsmeier 1989, S. 21–31.

Nohl, H.: Die pädagogische Bewegung in Deutschland und ihre Theorie. Frankfurt a. M. 1935 und 1963.

Oelkers, J.: Theorie und Praxis? Eine Analyse grundlegender Modellvorstellungen pädagogischer Wirklichkeit. In: Neue Sammlung, 24 (1984), S. 19 – 39.

Offe, C.: Leistungsprinzip und industrielle Arbeit. Frankfurt 1970.

Oser, F.: Die Untersten im Betrieb: Lehrlinge und ihre veränderten Wertvorstellungen. In: Dürr/Merkens/Schmidt 1987, S. 44–73.

Oser, F.: Moralische Lernprozesse in der beruflichen Bildung. In: Achtenhagen, F./John, E. G. (Hrsg.): Lernprozesse und Lernorte in der beruflichen Bildung. Berichte: Band 12. Tagungsband zum internationalen Symposium aus Anlaß der 250-Jahr-Feier der Georgia Augusta. Göttingen 1988, S. 82–113.

Ossig, G. H.: Einführung. In: Comelli, G.: Training als Beitrag zur Organisationsentwicklung. Bd. 4 des Handbuchs der Weiterbildung für die Praxis in Wirtschaft und Verwaltung. München 1985, S. 9–10.

Ott, B.: Ganzheitliche Berufsbildung. Theorie und Praxis handlungsorientierter Techniklehre in Schule und Betrieb. Stuttgart 1995.

Pätzold, G.: Berufliches Lernen unter dem Anspruch praktischer Theorie. In: Zeitschrift für Berufs- und Wirtschaftspädagogik, 78 (1982), 11, S. 803–811.

Pätzold, G.: Technischer Wandel – Herausforderung für die Berufsschule. In: Die Berufsbildende Schule, 40 (1988), 5, S. 285–289.

Pätzold, G.: Zur industriellen Berufserziehung im Nationalsozialismus – „Die Lehrwerkstatt als Exerzierplatz des praktischen Lebens". In: Flessau, K.-J. u. a. (Hrsg.): Erziehung im Nationalsozialismus – „... und sie werden nicht mehr frei ihr ganzes Leben". Köln/Wien 1987, S. 83–100.

Pätzold, G./Drees. G.: Bedingungsrahmen, Handlungsregulatoren und Funktionen betrieblicher Ausbildertätigkeit – Wahrnehmungsformen und handlungsleitende berufspädagogische Orientierungen betrieblicher Ausbilder. In: Bundesminister für Bildung und Wissenschaft (Hrsg.): Ausbildungspersonal im Metallbereich. Schriftenreihe Studien zu Bildung und Wissenschaft. Nr. 52. Bonn 1987, S. 10–51.

Pawlowsky, P./Bäumler, J.: Betriebliche Weiterbildung. Management von Qualifikation und Wissen. München 1996.

Peters, J./Waterman, R. H.: In search of Excellence. Lessons from America's Best-Run Companies (1982). Dt. Fassung: Landsberg 1986.

Peters, S. u. a.: Lernstatt. Ein Konzept für die betriebliche Aus- und Weiterbildung? Eine Problemskizze. Werkstattbericht des Ministeriums für Arbeit, Gesundheit und Soziales des Landtages Nordrhein-Westfalen. Düsseldorf 1989.

Pfoch, E./Liepmann, D.: Ergebnisse des Workshops. In: Dürr/Liepmann/Merkens/Schmidt (Hrsg.) 1988, S. 148–151.

Pleiß, U.: Karl Abraham und die Betriebspädagogik. in: Pädagogische Rundschau, 34 (1980), S. 357–379.

Polanyi, M.: Implizites Wissen. Frankfurt a. M. 1985.

Polzer, H.: Neue Wege in der Berufsausbildung. Die Selbständigkeit fördernde Ausbildung. In: Die Bundesbahn, 12/1985, S. 1111–1114.

Popper, K. R.: Objektive Erkenntnis. Ein evolutionärer Entwurf. 2. Aufl.; Hamburg 1974.

Preyer, K.: Berufs- und Betriebspädagogik. Einführung und Grundlegung. München/Basel 1978.

Probst, G. J. B.: Selbst-Organisation. Ordnungsprozesse in sozialen Systemen aus ganzheitlicher Sicht. Berlin und Hamburg 1987.

Probst, G. J. B/Büchel, B. S. T.: Organisationales Lernen. Wettbewerbsvorteil für die Zukunft. Wiesbaden 1994.

Raapke, H.-D.: Zur didaktischen Planung für die öffentliche Weiterbildung. In: Lange, O./ders.: Weiterbildung der Erwachsenen. Bad Heilbrunn 1976.

Rauner, F.: Gestaltung von Arbeit und Technik. In: Arnold/Lipsmeier 1995, S. 50–66.

Rauner, F.: Zur Konstitution einer neuen Bildungsidee: ‚Befähigung zur Technikgestaltung'. In: Drechsel, R. u. a. (Hrsg.): Ende der Aufklärung? Zur Aktualität einer Theorie der Bildung. Bremen 1987, S. 226–298.

Rauner, F./Heidegger, G.: Soziale Technikgestaltung als Bildungsaufgabe. In: Hessische Blätter für Volksbildung, 39 (1989), 3, S. 211–219.

Reetz, L.: Zum Konzept der Schlüsselqualifikationen in der Berufsausbildung. Begründung und Legitimation eines pädagogischen Konzeptes. In: Berufsbildung in Wirtschaft und Praxis, 18 (1989), 5, S. 3–10.

Reuter, L.-R.: Bildungs- und Beschäftigungssystem. Zum Verhältnis von individuellem Bildungsanspruch, ökonomisch-gesellschaftlichem Qualifikationsbedarf und staatlicher Ausbildungssteuerung. In: Aus Politik und Zeitgeschichte, B 2/1978 (vom 14.1.1978), S. 3–28.

Riedel, J.: Arbeitspädagogik im Betrieb. Essen 1958.

Riedel, J.: Rationell arbeiten. Hinweise für eine Arbeitsschulung. München 1955.

Riesenhuber, H.: Auswirkungen der Schlüsseltechnologie ‚Informationstechnik‘ auf Arbeits- und Lebenswelt. In: Hessische Blätter für Volksbildung, 39 (1989), 3, S. 197–202.

Röhrs, H./Scheuerl, H. (Hrsg.): Richtungsstreit der Erziehungswissenschaft und pädagogische Verständigung. Frankfurt a. M. u. a. 1989.

Rogers, C.: Freiheit und Engagement. Frankfurt a. M. 1989.

Roth, H.: Die realistische Wendung in der Pädagogik. In: Röhrs, H. (Hrsg.): Erziehungswissenschaft und Erziehungswirklichkeit. Frankfurt a. M. 1967.

Rütters, K. u. a.: Curriculare Probleme metallgewerblicher Berufsausbildung. In: Bonz, B./Lipsmeier, A. (Hrsg.): Beiträge zur Fachdidaktik Maschinenbau. Stuttgart 1981, S. 37–69.

Rumpf, H.: Belebungsversuche. Ausgrabungen gegen die Verödung der Lernkultur. Weinheim/München 1987.

Saamann, W.: Auf dem Weg zur Organisation von morgen. Stuttgart 1988.

Sahm, A.: Weiterbildung, betriebliche. In: Gaugler, E. (Hrsg.): Handwörterbuch des Personalwesens. Stuttgart 1975, S. 2015–2017.

Sass, J./Sengenberger, W./Weltz, F.: Weiterbildung und betriebliche Arbeitskräftepolitik. Eine industriesoziologische Analyse. Frankfurt a. M. 1974.

Sattel, U.: Frauenerwerbstätigkeit und Arbeitsmarkt in der Bundesrepublik Deutschland. In: Gegenwartskunde, 1/1989, S. 101–129.

Sattelberger, T.: Die lernende Organisation. Konzepte für eine neue Qualität der Unternehmensentwicklung. Wiesbaden 1991.

Schäffner, L.: Wirtschaftsjob – nein danke? Nach dem Examen verändert sich bei Absolventen oft die Einstellung. In: Deutsche Universitätszeitung, 45 (1989), 11, S. 14–15.

Schein, E.: Wie können Organisationen schneller lernen? Die Herausforderung, den grünen Raum zu betreten. In: Organisationsentwicklung, 3/1995, S. 4–13.

Schein, E. H.: Unternehmenskultur. Ein Handbuch für Führungskräfte. Frankfurt 1995.

Schelten, A.: Aktuelle Problemstellungen einer Fachdidaktik Elektrotechnik. In: Zeitschrift für Berufs- und Wirtschaftspädagogik, 79 (1983), 9, S. 654–664.

Schelten, A.: Grundlagen der Arbeitspädagogik. Stuttgart 1987.

Schenk, B.: Unterricht: Elektrotechnik. In: Blankertz, H. u. a. (Hrsg.): Enzyklopädie Erziehungswissenschaft. Bd. 9.2: Sekundarstufe II: Jugendbildung zwischen Schule und Beruf. Stuttgart 1982, S. 544–548.

Schiller, M.: Betriebliche Weiterbildung im Spannungsfeld unterschiedlicher Interessen. Andragogische und sozioökonomische Überlegungen zur Realisierung und Legitimierung betrieblicher Weiterbildung sowie zur Situation des Pädagogischen Mitarbeiters. Frankfurt a. M. 1985.

Schilling, E.-G.: Von der Fachkunde zur Technologie. In: Deutsche Berufs- und Fachschule, 71 (1975), S. 118–137.

Schindler, K.: Wirkung und Erfolg der Weiterbildung. Zu Fragen der Effizienzmessung. Beiträge zur Gesellschafts- und Bildungspolitik. Heft 37. Hrsg. vom Deutschen Institut der Wirtschaft. Köln 1979.

Schlaffke, W.: Der Bildungsauftrag der Wirtschaft. In: Göbel, U./ders. (Hrsg.): Privatwirtschaftliche Initiativen im Bildungswesen. Köln 1977, S. 11–28.

Schlaffke, W.: Die gesellschaftspolitische Bedeutung der beruflichen Weiterbildung aus der Sicht der Unternehmer. In: Görs, D./ders.: Die gesellschaftspolitische Bedeutung der Weiterbildung aus der Sicht der Unternehmen und der Arbeitnehmer. Berlin 1982, S. 59–98.

Schlaffke, W.: Strukturwandel und Schlüsseltechniken – Neue Qualifikationsanforderungen an die Mitarbeiter. In: Arnold/Lipsmeier 1989 a, S. 43–55.

Schlaffke, W.: Weiterbildung – Zukunftschancen unserer Wirtschaft. In: Gaugler, E./ders.: Weiterbildung als Produktionsfaktor. Beiträge zur Gesellschafts- und Bildungspolitik. Nr. 145. Köln 1989 b. S. 7–27.

Schlaffke, W.: Zukunftsfaktor Bildung. Das Angebot des Bildungsmarktes und der Bedarf des Arbeitsmarktes. Köln 1994.

Schlaffke, W./Weiß, R. (Hrsg.): Tendenzen betrieblicher Weiterbildung. Aufgaben für Forschung und Praxis. Köln 1990.

Schlieper, F.: Handwörterbuch der Berufserziehung. Köln 1964.

Schmidt, G.: Die ‚Neuen Technologien‘ – Herausforderung für ein verändertes Technikverständnis der Industriesoziologie. In: Weingart, P.: Technik als sozialer Prozeß. Frankfurt a. M. 1989, S. 231–255.

Schmidt, H.: Weiterbildung als Instrument der Organisations- und Personalentwicklung. In: Lernfeld Betrieb, 1 (1986), 2, S. 56–58.

Schmidt, H.: Zukunft von Qualifikation und Bildung. In: Hesse, J. J./Rolff, H.-G./Zöpel, C. (Hrsg.): Zukunftswissen und Bildungsperspektiven. Baden-Baden 1988, S. 167–183.

Schmidtkunz, H./Lindemann, H.: Das forschend-entwickelnde Unterrichtsverfahren. München 1976.

Schmiel, M.: Gedanken zur Entwicklung und Weiterentwicklung der Betriebspädagogik. In: Die Deutsche Berufs- und Fachschule, 73 (1977), 11, S. 849–855.

Schmiel, M./Laurisch, V. G.: Betriebspädagogik. In: Herderbücherei: Wörterbuch der Berufs- und Wirtschaftspädagogik. Freiburg 1973, S. 81–85.

Schmittberger, M.: Kooperatives Mitarbeiterführen. Rekonstruktion betrieblicher Formen der kooperativen Führung zur Herleitung von Inhalten einer betriebspädagogischen Weiterbildung von Führungskräften. Magisterarbeit. Universität Heidelberg. Heidelberg 1989.

Schmitz, E.: Betriebliche Weiterbildung als Personalpolitik. In: Weymann, A. (Hrsg.): Handbuch für die Soziologie der Weiterbildung. Neuwied 1980, S. 120–136.

Schmitz, E.: Leistung und Loyalität. Berufliche Weiterbildung und Personalpolitik in Industrieunternehmen. Stuttgart 1978.

Schulenberg, W.: Erwachsenenbildung. In: Groothoff, H.-H. (Hrsg.): Pädagogik. Fischerlexikon. 7. überarbeitete Auflage. Frankfurt a. M. 1980, S. 64–72.

Schwier, H.: Weiterentwicklung der Berufsschule. In: Verbände der Lehrer an beruflichen Schulen in NW (Hrsg.): Berufsbildung morgen – Leitlinien für ein zeitgemäßes Konzept. Frankfurt 1988, S. 11–18.

Seidel, E.: Unternehmenskultur – Warnung vor der Selbstzerstörung eines Konzeptes. In: Zeitschrift für Organisation, 5/1987, S. 295–300.

Seifert, L./Überle, H.: Berufsbildung in Großunternehmen. Hrsg. von der Deutschen Gesellschaft für Personalführung e. V. Göttingen 1974.

Seiler, H.: Die Einplanung des Unplanbaren. Fragen an die betriebliche Sozialisationsforschung. In: Dürr u. a. 1987, S. 9–38.

Senge, P. M.: Die fünfte Disziplin. Stuttgart 1996.

Seyd, W.: Betriebliche Weiterbildung. Daten, Tendenzen, Probleme. Bd. 7 der Schriftenreihe Erziehen – Beruf – Wissenschaft. Alsbach 1982.

Seyd, W.: Qualifikationsanforderungen und Qualifikationsvoraussetzungen der Berufsanfänger – gegenläufige Tendenzen? In: Gewerkschaftliche Bildungspolitik, (1984), 5, S. 131–139.

Sievers, B.: Führung als Perpetuierung von Unreife. In: Gruppendynamik, 20 (1989), 1, S. 43–50.

Sievers, B.: Organisationsentwicklung als Problem. In: ders. (Hrsg.): Organisationsentwicklung als Problem. Stuttgart 1977, S. 10–31.

Sommer, K.-H. (Hrsg.): Handlungslernen in der Berufsausbildung. Juniorenfirmen in der Diskussion. Esslingen 1985.

Sonntag, K.: Zur Rolle der Personalentwicklung bei technisch-organisatorischen Innovationen. In: Zeitschrift für Berufs- und Wirtschaftspädagogik, 85 (1989), 1, S. 3–20.

Sonntag, K./Hamp, S./Rebstock, H.: Qualifizierungskonzept Rechnergestützte Fertigung. Handreichung zur Vermittlung von Fach-, Methoden- und Sozialkompetenz an Mitarbeiter. Erstellt im Auftrag des Bayrischen Staatsministeriums für Arbeit und Sozialordnung. München 1987.

Staehle, W. H.: Funktionen des Managements. 2. Auflage. Bern und Stuttgart 1989.

Staudt, E.: Integration von Personal und Organisationsentwicklung in der beruflichen Weiterbildung. In: Arnold/Lipsmeier 1995, S. 183–199.

Staudt, E./Rehbein, M.: Innovation durch Qualifikation. Personalentwicklung und neue Technik. Frankfurt a. M. 1988.

Stiefel, R. T.: Lektionen für die Chefetage. Personalentwicklung und Management Development. Stuttgart 1996.

Stiehl, H.: Veränderte Anforderungen an den Lernort Betrieb und neue Konzepte handlungs- und problemorientierten Lernens. In: Greinert, W.-D. (Hrsg.): Lernorte der beruflichen Bildung. Frankfurt 1984, S. 88–116.

Stratmann, K.: Didaktische Implikationen der Neuordnung von Ausbildungsberufen. Anspruch und Probleme im Bereich der neugeordneten industriellen Metall- und Elektroberufe. In: Arnold/Lipsmeier 1989 a, S. 211–224.

Stratmann, K.: Erfahrungen mit dem dualen System der Berufsausbildung unter Berücksichtigung der Wandlungen des Begriffs „dual" und der praktizierten Dualität. Gutachten für die Enquete-Kommission „Zukünftige Bildungspolitik – Bildung 2000" des Deutschen Bundestages. Unveröff. Mskr. Bochum 1989 b.

Stratmann, K./Bartel, W. (Hrsg.): Berufspädagogik. Ansätze zu ihrer Grundlegung. Köln 1975.

Strube, A.: Mitarbeiterorientierte Personalentwicklungsplanung. Berlin 1982.

Stütz, G.: Berufspädagogik unter ideologiekritischem Aspekt. Frankfurt a. M.: 1970.

Teichler, U.: Qualifikationsforschung. In: Arnold/Lipsmeier 1995, S. 501–508.

Tietgens, H.: Die Entdeckungen der Deutungen für die Bildung Erwachsener. In: Hoerning, E./ders. (Hrsg.): Erwachsenenbildung: Interaktion mit der Wirklichkeit. Bad Heilbrunn/OBB 1989 a, S. 76–83.

Tietgens, H.: Die Erwachsenenbildung. München 1981.

Tietgens, H.: Erwachsenenbildung. In: Groothoff, H. H. (Hrsg.): Die Handlungs- und For-schungsfelder der Pädagogik. Teil 2. Königstein 1979, S. 197–255.

Tietgens, H.: Professionalität für die Erwachsenenbildung. In: Giesecke, W. u. a.: Professio-nalität und Professionalisierung. Bad Heilbrunn/OBB 1988, S. 28–75.

Tietgens, H.: Von den Schlüsselqualifikationen zur Erschließungskompetenz. In: Petsch, H.-J./ders. u. a.: Allgemeinbildung und Computer. Bad Heilbrunn/OBB 1989b, S. 34–43.

Tippelt, R.: Handlungsstrukturanalyse in der Berufsbildungsforschung. In: Zeitschrift für Berufs- und Wirtschaftspädagogik, 77 (1981), S. 643–660.

Twardy, M./Wilms, D./Zeidler, G.: Innovative Technologien und betriebliche Bildung. Beiträge zur Gesellschafts- und Bildungspolitik. Heft 112. Hrsg. vom Institut der Deut-schen Wirtschaft. Köln 1985.

Uhle, R.: Grundlinien einer Rekonstruktion hermeneutisch praktischer Pädagogik. In: Zeit-schrift für Pädagogik, 27 (1981), 1, S. 7–29.

Ukena, D.: Management und Verwaltung. In: Dahm, G. u. a. (Hrsg.): Wörterbuch der Wei-terbildung. München 1980, S. 234–237.

Ulrich, H./Probst, G. J. B.: Anleitung zum ganzheitlichen Denken und Handeln. Ein Bre-vier für Führungskräfte. Bern und Stuttgart 1988.

VDI-Technologiezentrum: Mikroelektronik wandelt Arbeit und Sozialstruktur. Fernseh-diskussion 1984.

Voigt, J.: Versuch über berufspädagogische Dimensionen sozialer Aspekte neuer Technolo-gien. In: Institut für Schule und Weiterbildung (Hrsg.): Neue Technologien in der Be-rufsbildung. Soziale Aspekte, Selektionsprozesse. Soest 1988, S. 1–54.

Voigt, W.: Berufliche Weiterbildung. Eine Einführung. München 1986.

Voigt, W.: Einführung in die Berufs- und Wirtschaftspädagogik. München 1977.

Voigt, W.: Qualifikation oder Identität? Berufliche Weiterbildung als Bildung Erwachsener. In: Schlutz, E. (Hrsg.): Erwachsenenbildung zwischen Schule und sozialer Arbeit. Bad Heilbrunn/OBB 1983, S. 111–124.

Volmerg, B./Senghaas-Knobloch, E./Leithäuser, Th.: Betriebliche Lebenswelt. Eine Sozial-psychologie industrieller Arbeitsverhältnisse. Opladen 1986.

Watzlawick, P.: Wie wirklich ist die Wirklichkeit? Wahn, Täuschung, Verstehen. 7. Aufl.; München 1980.

Weber, M.: Die Objektivität sozialwissenschaftlicher Erkenntnis. In: ders.: Soziologie, Uni-versalgeschichtliche Analysen, Politik. Stuttgart 1973, S. 186–262.

Weber, W.: Betriebliche Weiterbildung. Empirische Analyse betrieblicher und individueller Entscheidungen über Weiterbildung. Stuttgart 1985.

Weber, W. (Hrsg.): Betriebliche Aus- und Weiterbildung. Paderborn u. a. 1983.

Weiß, R.: Betriebliche Weiterbildung – praxisnah, wirtschaftlich und expansiv. In: Der Ar-beitgeber, 9/94, S. 330–333.

Weiterbildung im Unternehmen: Planung und Organisation. Eine Fibel für Praktiker. Hrsg. vom Ministerium für Wirtschaft, Mittelstand und Verkehr des Landes Baden-Württem-berg. Stuttgar 1977.

Wessels, B.: Über die Zukunft des sogenannten „Musisch-Technischen". In: Beiträge zur Didaktik der technischen Bildung, bearb. v. H. Sellin und B. Wessels. Weinheim/Basel 1970, S. 71–88.

Wiendieck, G.: Zur Einfalt des Sinn-Managements. In: Gruppendynamik, 20 (1989), S. 56–60.

Wimmer, R.: Ist Führen erlernbar? Oder warum investieren Unternehmungen in die Entwicklung ihrer Führungskräfte? In: Gruppendynamik, 20 (1989), 1, S. 13–41,

Winter, H.: Weiterbildungsangebote der Unternehmen und der Wirtschaft. In: Göbel, U./Schlaffke, W. (Hrsg.): Privatwirtschaftliche Initiativen im Bildungswesen. Köln 1977, S. 129–141.

Winter, H./Tholen, H. H.: Betriebliche Weiterbildung. Daten, Strukturen, Trends. Beiträge zur Gesellschafts- und Bildungspolitik. Heft 44. Hrsg. vom Institut der Deutschen Wirtschaft. Köln 1979.

Witt, R. J. W.: Themen und Argumentationsfiguren älterer und neuerer betriebspädagogischer Theorieansätze. In: Brand, W./Brinkmann, D. (Hrsg.): Tradition und Neuorientierung in der Berufs- und Wirtschaftspädagogik. Beiträge zur Theorie und Praxis beruflicher Bildungsprozesse in der Gegenwart. Hamburg 1978, S. 89–116.

Wittwer, W.: Betriebliche Weiterbildung: Empirische Befunde – interpretierende Aussagen. In: Görs, D./Voigt, W. (Hrsg.): Grundfragen der beruflichen Weiterbildung. Beiträge zur Fachtagung Berufliche Weiterbildung der Hochschultage Berufliche Bildung 1984. Tagungsberichte der Universität Bremen. Bd. 11. Bremen 1985, S. 110–127.

Wittwer, W.: Schlüsselqualifikation. Schlüssel zur beruflichen Zukunft? In: Lernfeld Betrieb, 3/1989, S. 28–29.

Wittwer, W.: Verliert die Ausbildertätigkeit an Bedeutung? Fünf Thesen zur Stellung und Qualifikation des hauptamtlichen Ausbilders. In: Lernfeld Betrieb, 5/1987, S. 51–52.

Wittwer, W.: Weiterbildung im Betrieb. Darstellung und Analyse. München u. a. 1982.

Wittwer, W. u. a.: Ausbildung im Betrieb. Neun Lernsituationen für die Praxis. Sindelfingen 1985.

Wöhe, G.: Einführung in die allgemeine Betriebswirtschaftslehre. 12. Aufl.; München 1976.

Wollert, A.: Unternehmenskultur in Großunternehmen. Unveröffentlichtes Mskr. Düsseldorf 1986.

Zabeck, J.: Berufsbildungsreform in der Krise. In: Schlaffke, W./ders.: Berufsbildungsreform – Illusion und Wirklichkeit. Köln 1975, S. 89–161.

Zabeck, J.: „Schlüsselqualifikationen" – Zur Kritik einer didaktischen Zielformel. In: Wirtschaft und Erziehung, 3/1989, S. 77–86.

Zedler, R.: Kunstpädagogik und berufliche Bildung. In: Zeitschrift für Berufs- und Wirtschaftspädagogik, 77 (1981), S. 95–105.

Zedler, R.: Moderne Technik: Impuls für die Weiterbildung. In: Informationen zur beruflichen Bildung. Register 6: Berufliche Weiterbildung. Blatt 16. Köln (v. 25.8.1988) 1988, S. 1–4.

Zedler, R.: Neue Aufgaben beruflicher Weiterbildung. In: Informationen zur beruflichen Bildung. Register 6: Berufliche Weiterbildung. Blatt 9. Köln 1986 a.

Zedler, R.: Neue Konzepte beruflicher Bildung. In: Informationen zur beruflichen Bildung. Register 9: Methoden beruflicher Bildungsarbeit. Blatt 5 vom 26.6.1986 b. Hrsg. vom Institut der Deutschen Wirtschaft. Köln 1986 b.

Zedler, R.: Qualifizierung und Sozialisation. Zur Vermittlung von Qualifikationen und Verhaltensweisen in der betrieblichen Ausbildung. In: Dürr/Merkens/Schmidt 1987, S. 164–174.

Zedler, R.: Wege zur Fabrik der Zukunft. In: Informationen zur beruflichen Bildung. Register 6: Berufliche Weiterbildung. Blatt 20. Köln 1989, S. 1–4.

Ziebart, S./Müller, A.: Berufsgrundbildung als Grundlage fachlicher und sozialer Qualifikationen am Beispiel des betrieblichen Ausbildungszentrums der Daimler-Benz AG in Gaggenau. 2. Aufl.; Karlsruhe 1977.

Zink, K. J.: Traditionelle und neuere Ansätze der Organisationsentwicklung. In: Krüger, K. u. a. (Hrsg.): Industrial Engeneering und Organisationsentwicklung im kommenden Dezenium. München 1989, S. 61–75.

Stichwortverzeichnis

Dieses Stichwortverzeichnis ist nach inhaltlichen Gesichtspunkten erarbeitet worden. Deshalb wurden nicht alle Auftrittshäufigkeiten einzelner Begriffe dokumentiert, sondern i. d. R. nur solche Belegstellen aufgeführt, in denen inhaltlich Substanzielles zu dem jeweiligen Begriff ausgesagt (z. B. Definition, Argumentationsbezug usw.) und dieser nicht lediglich verwendet wird.